法藏知津

七　編

杜潔祥　主編

第 15 冊

經歷特殊年代的高僧
——淨慧法師及其生活禪研究（上）

王　佳　著

花木蘭文化事業有限公司

國家圖書館出版品預行編目資料

經歷特殊年代的高僧——淨慧法師及其生活禪研究（上）／

王　佳　著 -- 初版 -- 新北市：花木蘭文化事業有限公司，2021

〔民 110〕

序 10+ 目 4+174 面；19×26 公分

（法藏知津七編　第 15 冊）

ISBN 978-986-518-014-0（精裝）

1. 禪宗　2. 佛教修持

030.8　　　　　　　　　　　　　　　　　　　　109000281

ISBN-978-986-518-014-0

9 789865 180140

法藏知津七編

第十五冊　　　　　　　　　　　ISBN：978-986-518-014-0

經歷特殊年代的高僧
──淨慧法師及其生活禪研究（上）

作　　者　王佳
主　　編　杜潔祥
副總編輯　楊嘉樂
編　　輯　許郁翎、張雅淋　美術編輯　陳逸婷
出　　版　花木蘭文化事業有限公司
發 行 人　高小娟
聯絡地址　235 新北市中和區中安街七二號十三樓
　　　　　電話：02-2923-1455 ／傳真：02-2923-1452
網　　址　http://www.huamulan.tw 信箱 service@huamulans.com
印　　刷　普羅文化出版廣告事業
初　　版　2021 年 3 月
定　　價　七編 29 冊（精裝）新台幣 86,000 元　　　版權所有・請勿翻印

經歷特殊年代的高僧
——淨慧法師及其生活禪研究（上）

王佳 著

作者簡介

王佳（1984～），女，漢族，遼寧瀋陽人，宗教學博士（中國人民大學），黑龍江省社會科學院民族研究所副研究員。主要從事佛教研究，專著《東北藏傳佛教歷史源流和發展現狀研究》《黑龍江藏傳佛教史》《倓虛大師年譜》，主編《中國佛教和慈善公益事業》《倓虛法師文集》《倓虛法師研究》，在《世界宗教研究》《世界宗教文化》《宗教學研究》《黑龍江民族叢刊》等刊物發表研究論文 30 餘篇。

提　要

　　王佳《經歷特殊年代的高僧——淨慧法師及其生活禪研究》（博士論文原題目《生活禪：淨慧法師對漢傳佛教現代轉型的探索和實踐》），選擇淨慧法師作為當代佛教人物研究的典型個案，從他具體的人生經歷中，反思生活禪興起和發展的歷史時代背景及主客觀原因，釐清他與歷史時代、社會政治的關係。進而，將人物個體作為歷史的連續體，來呈現當代佛教復興過程中一位活生生的「人」。

　　淨慧法師是新舊交替、承上起下的一代僧人，他的經歷是佛教、社會和時代的一個縮影。淨慧法師是大陸佛教真正自覺繼承和推展現代人間佛教運動的主要開拓者之一，他所倡導的生活禪更是迄今大陸唯一具有體系化思想的實踐模式。

　　生活禪不僅是淨慧法師個人強烈的自覺意識和擔當精神，它更代表了大陸改革開放以來佛教復興背景下的一種現代性路徑選擇和積極的主體性實踐。生活禪模式，對當代大陸佛教具有重要價值。淨慧法師為漢傳佛教現代轉型發展、處理佛教與政治的複雜關係，特別是從禪宗角度落實人間佛教、形塑佛教主體性，提供了一種可能。

　　本文共分為七個部分：

　　導論部分，主要闡述選題緣由、研究意義、研究方法，以及相關研究成果等。筆者除了利用已公開的文獻資料以及田野調查資料之外，也注重利用未公開的稀見資料，包括柏林寺藏「淨慧長老文史檔案資料」數據庫、中國佛教協會部分教務檔案，以及筆者收集的上海金剛道場資料和遼寧省佛教協會智悲法師檔案等。此外，也注意利用已有的訪談、採訪、演講視頻、音頻和文字資料。

　　第一章「淨慧法師對佛教傳統的繼承」，主要以淨慧法師早年在傳統叢林的學修經歷——尤其是從虛雲老和尚受戒、得法，傳承禪宗五家法脈，闡發他對禪宗、對佛教傳統的繼承。1949年以後，大陸佛教命運坎坷，佛教人才也出現斷層，淨慧法師正是改革開放以後佛教恢復發展的關鍵一代。而虛雲老和尚在寺院管理、禪宗修持乃至弘法使命方面，對淨慧法師影響深遠，使他一生始終對佛教命運心懷憂患意識、對禪宗振興和佛教發展自覺擔當，既繼承傳統，又開拓創新。

　　第二章「政治與宗教張力下的抉擇」，主要以淨慧法師親身經歷的「雲門事變」「反右」等政治運動為例，考察身處其中的佛教、國家和個體——一方面呈現 50 年代中期至改革開放以前佛教的曲折坎坷歷程，一方面剖析政教關係張力中作為個體的淨慧法師的心理衝突和身份抉擇。20 世紀 80 年代以前，淨慧法師雖然接下禪宗五家法脈，又成為第一批中國佛學院本科生，但他那時尚未成為佛教領袖或高僧，因而他那時的所思所想和所作所為，只能是被動地服從與國家政策和政治安排。這段經歷，也造就了後來他對政治、對時代、對現實、對眾生深切的關懷。

特別是他後來對佛教與政治始終能夠保持清醒的認識、秉持佛教信仰本位和主體性，對自己宗教身份定位非常準確。這雖然是個體的經歷，同時也是社會和時代的縮影，是 1949 年中華人民共和國成立之後，佛教與社會主義社會不斷調適的一個「陣痛」過程。這一過程直至十一屆三中全會，之後宗教政策開始逐步落實。

第三章「生活禪與人間佛教傳統的接續」，主要分析大陸 80 年代重提人間佛教、重新樹立太虛大師和人間佛教旗幟，並將人間佛教確立為中國佛教發展方向的具體經過，以及在此背景下淨慧法師生活禪對人間佛教理論和實踐層面的探索。這一時期，大陸佛教主體性開始逐漸覺醒，堅持信仰為中心，與氣功等剝離，與政府進行對話訴求合法權益。在趙樸初身邊的成長和在中國佛教協會主編《法音》的經歷，使淨慧法師尤為關注佛教現實和時代責任，並且也充分鍛鍊出他對政治政策的把握能力。而外出訪問交流的經歷，則增長了他對世界佛教發展態勢的眼界，使他更能結合中國漢傳佛教自身特點探索出一條發展道路。淨慧法師極其尊崇太虛大師，他對生活禪和人間佛教關係的理解，具體地表現為以禪宗方式落實並推動了人間佛教的學修實踐。

第四章「生活禪提出的思想背景及其基本內容」，主要剖析了生活禪對安祥禪的模仿和超越，以及對當代佛教弘法理念的揀擇、吸收和融攝。生活禪的蘊育、提出和不斷完善，這一過程至今仍在持續進行，淨慧法師的門人弟子自覺承擔起弘揚和發展生活禪的使命。生活禪理念，在社會上逐漸形成一種超越佛教信仰的普世主義理念，被大眾接受並內化為一種日常生活價值和行為方式。

第五章「生活禪實踐與現代佛教主體性建設」，著重界定了宗教主體性、佛教主體性、佛教社會主體性、佛教文化主體性、佛教信仰主體性的內涵，以及生活禪實踐在佛教主體性建設方面的意義。佛教主體性是佛教僧尼信眾從自身角度自覺秉持佛教信仰，發揚大乘精神，參與社會，服務國家，利益人群，是一種明確的角色定位和身份選擇。佛教主體性，使佛教之所以能夠成為佛教，這是其自身的本質屬性，也是佛教存在的內在合法性依據。佛教主體性建設，要求佛教和佛教徒應當與社會文化建立起良性互動的聯繫，不是被動地滿足政治的要求、功能定位，而是要有自覺的宗教身份意識和主動的擔當精神，實現神聖性、文化性和社會性的統一。生活禪的實踐，是淨慧法師探索在社會主義政教關係的具體國情下，堅持漢傳佛教信仰和修證原則、傳承佛教宗風、引導信眾正信正行、提升佛教和僧尼社會形象乃至提升整個社會的道德的嘗試。生活禪，不僅僅是他在人間佛教框架下的努力，更是致力於整個佛教的發展，尤其是漢傳佛教的現代轉型以及禪宗的振興。

結語部分指出，淨慧法師從一個幼小棄嬰成長為一代高僧的歷程，是以微觀的角度連貫地展現當代佛教復興和發展的進程。淨慧法師在歷經政治運動之後，意識到作為宗教的佛教，必須堅持信仰的超越性，要從政治身份重新歸回到宗教身份，確立佛教的主體性，積極自覺踐行大乘佛法菩薩精神。因此，他在落實人間佛教的背景下不失時機地提出生活禪，用現代化的語言文字和思維方式來推動禪在社會文化層面的傳播。生活禪，是他對漢傳佛教現代轉型整體思考和探索實踐的努力。

此外，附錄部分還附有《淨慧法師年譜簡編》《淨慧法師文章著述》《1958 年淨慧法師與虛雲老和尚有關資料》《趙州柏林禪寺法脈源流圖》《慧法師傳法弟子簡表》《生活禪主要道場簡表》等。

序　一

何建明

　　不管是過去，今天，還是未來，中華佛教是中華文化不可或缺的重要組成部分。中華民族的偉大復興，離不開中華文化的復興，而中華文化的復興不能沒有中華佛教文化的復興。兩岸的炎黃子孫不能沒有這樣的文化認同，也不能以任何藉口、任何形式去否定這樣的文化認同。否則，何以自稱「炎黃子孫」？正如基督徒林語堂先生所說，我們每一個中國人，都有道教徒的元素。同樣，我們每一個中國人，都有佛教徒的元素。儒、道、釋和民俗文化的互補結構，是中華民族文化傳統的核心。明清以後的任何外來文化要想在中國的大地上生存下來，都不能不與中國固有的文化傳統相融合而別開新的局面。

　　近百年的中國現代佛教史，是中華佛教文化從傳統形態走向現代形態的重要過渡階段，是兩千年中華佛教文化傳統經歷著傳承、改革和創新的重要歷史時期。近百年的中國現代佛教史，與近百年的中國政治社會史有著密不可分的關係。準確地說，是近百年的政治社會史，決定了近百年中國現代佛教史的艱難曲折和多元一體的特徵。

　　從辛亥革命到 1949 年，臺灣地區經歷了從日據時代到 1945 年回歸祖國，大陸地區從滿清王朝過渡到中華民國，香港和澳門還處於英、葡的統治之下。這一時期的臺灣佛教，長期處於「日本化」，並在 1945 年回歸後逐漸向「中國化」回歸，大陸佛教則發生了「兩千年來未有之變局」——以宋元明清佛教為代表的傳統佛教形態正面臨著新時代的巨大挑戰而迅速轉向現代佛教形態的建構，港澳佛教還處於急劇變動中的中國佛教之邊緣。1949 年以後，臺灣佛教、大陸佛教和港澳佛教因為處於不同的政治體制之下，從而表現出完

全不同的歷史態勢。一大批受過良好現代佛教教育、富有革新精神的大陸高僧來台，很快全面地改變了臺灣佛教的歷史面貌和發展趨勢。「人能弘道，非道弘人」。特別是進入 1980 年代以後，臺灣經濟騰飛、政治轉變、社會開放，給臺灣佛教帶來了千載難逢的發展機遇。臺灣佛教界的主流自覺繼承和發揚太虛大師所開創的現代人間佛教之精神，經過了三十年的傳戒、僧教育、青年學佛營以及面向社會的文化、教育和慈善等弘法利生事業的長期累積，終於開始爆發式地發展，佛光山、慈濟功德會、法鼓山、中台禪寺等一大批現代佛教教團迅速崛起，從臺灣到世界各地，從弘法到文化、教育、慈善等事業的全面開花結果，不僅使臺灣成爲中華佛教文化復興的中心，也使中華佛教文化以嶄新的精神風貌影響世界，成爲構建現代人類文明的重要組成部分。

　　1949 年以後的大陸佛教，由於眾所周知的原因，不得不爲生存而艱難掙扎。1978 年「改革開放」以後，大陸佛教「絕處逢生」，中華佛教文化命脈重獲延續的希望。不過，長期以來的人才斷層和青黃不接，特別是既有願心「爲了佛教，爲了眾生」、又能夠因應時代、適應社會需要的合格僧伽人才的匱乏，大陸佛教的恢復與成長和中華佛教文化的復興與重建之路，還很漫長，也會經歷著不可避免的曲折。在大陸佛教經歷這七十年的曲折發展之道當中，有一位在新政權建立的前兩年（1947 年）出家學佛而命運多舛的僧人，在痛定思痛之後涅盤重生，以佛陀的智慧開啓因應時代的政治智慧，以佛陀的慈悲開啓挽救中國佛教文化傳統的慈悲，孜孜以求，勤勤懇懇，默默耕耘，身體力行，以理論和實踐傳承弘揚著太虛大師所開創的現代人間佛教傳統，爲大陸現代佛教點亮了一束希望之光。他就是本書的研究對象淨慧長老。

　　我與淨慧長老相識於 1995 年冬在天津召開的一次宗教學年會上。他是當時佛教界唯一的學者代表。我於 1990 年正式開始研究近現代中國佛教史，深爲太虛大師所開創的現代佛教革新運動所吸引，但同時也深爲當代大陸缺乏太虛大師的現代人間佛教事業傳承人而遺憾。在會議期間，我對淨慧長老矢志不移地弘揚太虛大師的現代人間佛教思想、以「覺悟人生、奉獻人生」來闡釋現代人間佛教要義的發言，甚是敬佩。當天晚上，我以同爲湖北人的老鄉關係，去向他請教。這是我第一次單獨與一個僧人進行交流。我很冒昧地問他：「您既然那麼推崇太虛大師所倡導的現代人間佛教，太虛大師是主張正知、正信、正行的，可是追隨您的信徒中並非都是正知、正信、正

行的吧？」他並沒有不悅，而是平和地對我說：「何老師，信徒的知見和信行是很複雜的，我們法師的職責就是要引導信徒達到正知、正信和正行。如果信徒從一開始都是正知、正信和正行的，那就不需要我們去做法師了。太虛大師之所以到處講經說法，就是因為廣大的信徒當中還存在著不同程度的非正知、非正信和非正行。你們做佛教研究的，也是幫助我們向社會和信徒宣揚佛法的正知、正信和正行啊，所以我非常支持學者們開展客觀的佛教或佛學研究，這是我們很大的增上緣。」這次交流，我們還談了其他的一些佛教和佛學的問題，讓我驚歎佛教界中還有像淨慧長老這樣有學識、有見地、有擔當的僧人！也就是在這次交談中，淨慧長老希望我應當將研究的範圍擴展到 1949 年以後的海峽兩岸佛教。我說，這個時期牽涉的政治問題太複雜，也太敏感，很多的第一手資料和檔案文獻都很難看到，學術研究的難度太大。他勸告我說：「中國佛教史不能沒有這一段。我們今天和未來的佛教，都與最近幾十年的佛教命運有著不可分割的聯繫，無論是經驗還是教訓，都需要我們從學術的客觀的態度去分析和總結。」我當時只是勉強地答應下來，心裡實在沒有底氣。之後，我也因各種機緣，結識了大陸地區的一些僧人，但是淨慧長老一直是最令我敬佩的一位。他後來在柏林禪寺等處所開展的各項佛教文化教育和弘法活動，以及他發表的各種文章和著作，都是我非常關注的對象。2013 年 4 月 20 日，我應邀參加在普陀山佛學院舉辦的全國青年佛學論文發表會，並擔任評委。中午，我與道慈法師、湛如法師、聖凱法師及魏道儒教授等圍坐在一起餐敘，室外大雨如注，湛如法師突然被人叫走，一會兒他回來坐下，對大家說，一位湖北籍的長老今天早上在黃梅圓寂了。空氣頓時凝結了起來，室外的大雨夾雜著大風顯得格外的野性，大家都不願意接受這突如其來的消息。在瞬間沉默之後，我突然想到淨慧長老當年勸我研究當代佛教的囑託，我意識到是時候開始研究 1949 年以後的大陸佛教了，而研究的首個對象，毫無疑問就是淨慧長老與中國現代佛教的關係。

　　淨慧長老之所以值得作為 1949 年以後大陸佛教的一個重點來進行研究，至少有三點重要的理由：

　　第一，淨慧長老學佛弘法的一生，正是 1949 年前後至 2013 年，他一生的坎坷經歷，正是 1949 年至今大陸佛教歷史的一個縮影。況且，他在 1947 年年僅十四歲披剃于一個傳統佛教道場——武昌卓刀泉寺，1951 年十八歲時到廣東雲門寺受比丘戒，有幸得以親侍中國現代禪門泰斗虛雲老和尚。因他

敏悟過人，深受器重，1952 年即成爲虛雲老和尚傳法弟子，並隨侍虛雲老和尚從武昌往北京。同年多朝禮五臺山後，他奉虛老之命回到雲門寺，擔任雲門寺監院。1954 年，他前往江西雲居山看望虛雲老和尚，短住養病。1955 年多雲居山傳戒，他受虛老之托擔任第三引禮師。1956 年中國佛學院在北京成立，他有幸成爲首批學僧，並擔任學生會主席。1959 年本科畢業之後，他繼續就讀研究班，1961 年被錄取爲中國佛學院研究部第一批研究生。1963 年，他被錯劃爲「右派」，先後被派遣到北京、廣東和湖北老家參加勞動改造。1979 年他「右派」帽子被摘掉，奉命重返北京參與中國佛教協會的各項恢復工作。1981 年中國佛教協會機關刊物《法音》創刊，他受會長趙朴初先生之委託任責任編輯，並開始協助趙朴初先生開展許多重要工作。他於 1984 年起擔任《法音》雜誌的主編，到 2002 年辭去主編之職，之後全力推展河北和湖北兩地的生活禪道場建設與教團的文化、教育和學術事業。可以說，他親身經歷和參與了 1949 年以後大陸地區佛教曲折發展歷程中的幾乎所有重大事件。對他的一生開展研究，是探討 1949 年之後七十年大陸佛教歷史的一個不可多得的重要案例。

第二，近百年以來的中國現代佛教傳統，開啓於辛亥革命時期覺醒起來的以太虛大師等爲代表的一批具有鮮明新時代意識和擔當精神的現代僧伽的出現。太虛大師所開創的使傳統佛教適應時代發展要求的革新運動及其所高舉的現代人間佛教旗幟，成爲中國現代佛教發展的主要方向。可以說，人間佛教的旗幟成爲近百年來中國佛教界是否能夠自覺地適應時代、契理契機地建構現代新型佛教的一個重要標誌。在 1949 年以前的大陸佛教和 1949 年後的臺灣佛教和港澳佛教，其主流都是走人間佛教之路的。1949 年以後的大陸佛教在相當長的時間內忌談太虛大師和人間佛教，直到 1983 年中國佛教協會成立三十年之際趙朴初先生以其特殊的身份和超人的膽識在大陸重樹太虛大師所開創的現代人間佛教之旗幟，兩岸四地的現代人間佛教之路才逐步有了交流的機會。淨慧長老正是趙朴初先生倡導大陸人間佛教之路的重要助手，也正是在趙朴初先生的指導和關懷之下代表中國佛教協會接待了來自臺灣佛光山的星雲大師及其一行在大陸的參訪活動，親身感受到星雲大師所領導的佛光山教團「佛光普照三千界，法水長流五大洲」的偉大弘願，因而最早提出了現代人間佛教的「星雲模式」。他從星雲大師所領導的佛光山教團的人間佛教事業，看到了太虛大師所開創的現代人間佛教之路的時代性、

先進性和未來性。他明確地認識到，道安大師開創了佛教中國化之路，慧能大師開創了佛教大眾化之路，而太虛大師開創了佛教現代化之路。他就是要自覺地繼承和推展太虛大師的人間佛教之路。由此，他以生活禪的實踐為中心，以「覺悟人生、奉獻人生」的理論來闡釋當代人間佛教之精義，成為大陸地區真正具有現代人間佛教之歷史自覺的主要代表。

第三，「生活禪」無疑是淨慧長老積極推展現代人間佛教事業的主要標誌，既包括傳承自其親教師——虛雲老和尚對中國傳統禪宗法脈的繼承和弘揚，也包括太虛大師以禪作為中國佛教傳統之主要特質的現代人間佛教思想，是中國禪宗的歷史傳統與現代人間佛教的創造性融合。在當代大陸地區特殊的政治社會處境之下，淨慧長老所闡釋和實踐的生活禪，是唯一能夠反映中華佛教文化傳統在當代之弘傳的創新形態。這種創新形態的生活禪雖然在制度層面存在著不可避免的缺失，但是不可否認，它為大陸地區佛教的現代形態構建和大陸地區中華佛教文化的傳承和創新點亮了希望之光。

鑒於以上原因，我曾建議此書以「度劫新生——淨慧法師及其生活禪研究」之名正式出版，但是由於在信息溝通上出現了失誤，仍以現名出版。

王佳曾多年研究當代佛教慈善，來中國人民大學攻讀博士學位後，我積極鼓勵她開展淨慧長老與生活禪的學術研究。四年當中，她翻閱了大量的文獻資料，也多次深入田野開展實地調查，終於完成了這篇博士學位論文，並順利地通過了學位論文答辯。各位匿名評審專家和答辯委員給予這篇博士學位論文許多積極的評價和讚賞。作為她的指導老師，我在肯定和欣喜之餘，更多的是指出該論文中存在的不足之處，希望她繼續努力，爭取在中國現代佛教史的研究中取得更好的成績。

是為序。

何建明

2019 年 12 月 7 日晚，於京西六不居

序　二

鄧子美

　　本書之「特殊年代」，狹義指中國大陸「文革」時期（1966～1976 年），廣義可延至大陸改革開放前的三十年（1949～1979 年），殊與常相對而言，改革開放後的大陸無論從社會秩序，還是從人們理智常識的恢復來看，才屬「正常」。在那特殊年代，由於一系列運動，意識形態逐漸控制了人們所有信息源，「文革」乃其最高潮，致使人的精神被普遍戕害，尤其是青少年。對趙高個人的指鹿爲馬，秦國大臣尚可心照不宣地譏笑。然而對整個意識形態機器的指鹿爲馬，在經歷過苦但正常的生活的人們中，老年人不敢說，中年人則往往自己也被其「新」且「洋」（前蘇聯）的形式攪糊塗了，於是至少在精神上，前輩處世經驗正常的代際傳授被打斷，缺乏自身閱歷的青少年群體，就成了那個時代最大的受害者，其影響至今猶在。

　　據慧皎《高僧傳》，凡在譯經、義解、神異、習禪、明律、亡身、興福、經師、唱導等任一方面取得卓越成就的僧人，皆可認定爲「高僧」。如此，淨慧法師至少在義解、習禪、興福（慈善事業）、經師四方面皆有公認的卓越成就，是爲高僧無疑。然而，如今有人不僅對已寂之淨慧長老多所指譑，且對在那個特殊年代被迫「還俗」，在改革開放後又重新出家的僧人，儘管他們言行高潔，成就卓著，亦均不以爲然。這只能說明這些人對那特殊年代的血腥或有所知，然對其精神上的冷酷加狂熱近乎無知了。

　　其實，做人難，做好人更難，做好僧伽本分難上加難，此其所以爲僧寶。治史不易，治信史更不易，治當代史尤爲不易中的不易，此其所以爲史德。王佳博士知難而進，不僅將與淨慧法師一生相關的資料搜羅殆盡，一一整理，且走遍了大江南北，關外關內，凡淨慧法師足跡所到之處皆加勘察。至

於發揮其社會學專長，在淨慧法師常駐寺院作長期田野考察，固為理所當然，其所獲洵為本書特色。然治當代史之不易處，主要在於把握歷史人物評價之分寸。孟子曰：君子之澤，五世而斬。小人亦同。基於王朝興廢的斷代史已被譏為「斷爛朝報」，著眼於社會之斷代史，或可據此在每五代人之間作一區隔，至少這點不失為斷代劃分方法之一。此緣五世之後，怨、親之業力方得消盡。移之於評價當代僧伽成就功過，如以淨慧法師（1933～2013 年）那代人為「僧一代」，由於特殊年代曾阻斷了一代人出家，接續僧一代的大陸「僧二代」大致已為所謂 60 後、70 後，依次類推，對僧一代的評估，大抵須至 2040 年後出生的一代人中的史家才有望作出公斷。而如今對淨慧法師有所批評者，多因他年少無知，在「反右」中被「動員」，寫了「揭發」其師虛雲長老的大字報，以致這些人心中怨業未消。惜其多不知在那特殊年代的紅色氛圍下，學生揭發被「工作組」圈定的老師「正常」，抗拒工作組則涉嫌「包庇」，很「不正常」，因而特殊年代乃「顛倒」年代。那時青年淨慧法師固然犯錯，作為僧伽自應更嚴追究，但就其個體責任而言，追究是為幫助他認錯改錯，難道不是這樣嗎？本人閱歷雖不很廣，但據所見，知錯改錯的僧伽往往比未犯大錯者更精進。而淨慧法師犯錯之後不久即認錯改錯，精進逾常，蓋得之於習禪，且不說其傳禪之功遠蓋其過，僅本之於佛陀悲情，亦當可諒之。對仍不滿於淨慧法師當年行為者而言，也是諒之方能消怨業。同理，在學術研究中因對研究對象關注日深而難免染有親情，此為人情之常。王佳博士為研究所需，雖兼聽不同意見，但與淨慧法師的弟子們似更親近，故未免將其同情流諸筆端。然而怨親同源，五世而斬，而唯悲情與苦同存長在。因此可見當代史作為信史之不易之一。

再者，就法理而言，追究當究首惡。只是特殊年代離我們既太近，又已遠。說太近，也就是未過五世，造成那特殊年代之首惡尚難清晰分辨，至少難言對之已形成社會共識。若因此無奈地去追究被捲入者的個人責任的話，除了本煥、唯賢等因入獄而令人崇敬的長老之外，幾乎可說人人或多或少有份，同時人人皆為受害者，因而關鍵不在懲誡，而在反思，反思冷酷狂熱有以來之種種，以期早日覺醒。唯清醒乃可知人論世，唯清淨乃可治佛史。說已遠，是指親歷那年代的人們如淨慧法師等已寂或將寂，如不抓緊搜集整理史料，隨著他們相繼離世，那年代行將被遺忘。可是，有人在故意抹去或曲解那年代的痕跡，許多檔案仍未開放，即已開放的少部分，查詢時也關卡重

重。即寫成，有見識的當代史著出版亦較前更難，此爲當代史作爲信史之不易之二。

　　然而，那年代不可以被遺忘，王佳博士此書之重大價值不但在於通過對淨慧法師一生成就的梳理，詳述了大陸漢傳佛教現代轉型劇變之由來與演化，也在於並未「爲尊者諱」，而是樸素、忠實地保存了很多歷史「老照片」，以待來者評斷。更重要的是，由於缺乏對特殊年代的深刻反思，淨慧法師那代人似曾相識的搞運動手段、精神戕害手法等等，如今卻在沉渣泛起，重蹈歷史覆轍已不再僅爲預警。於是，通過本書瞭解法師那代人更成爲必要。與首惡相對，特殊年代的青少年皆爲受害者，可悲的是至今，其中很多當年受害最深，雖已年邁卻對自身精神上所受戕害仍不知不覺，於此尤見淨慧法師的可貴。從這一意義上看，將淨慧長老譽爲特殊年代最有代表性的高僧也不過分，而苛求其爲「完人」則過分矣。

　　自就學於江南大學二年級起，王佳博士就請我在佛學研究上加以指點，至今已近十五年。這些年來，她在佛學、佛史研究路上雖艱不以爲艱，雖慢卻未走岔或分心或斷斷續續，因一以貫之而碩果纍纍。本書則爲其在何建明教授指導下，傾其佛學積累與心血所鑄最新成果。此我所引以自豪者，故樂爲之序。

鄧子美

2019 年 8 月 6 日於步跬齋

目

次

導　論

　　本文以淨慧法師（1933～2013 年）作爲當代佛教研究的典型人物個案，圍繞他的人生經歷、社會背景和生活禪思想實踐，試圖反映當代中國佛教的恢復發展歷史，同時呈現他對現代佛教轉型發展的探索，以及生活禪實踐對當代佛教主體性建設的重要現實意義。淨慧法師一生經歷曲折，跨越中華民國和中華人民共和國兩個時代，是新舊交替、承上起下的一代僧人，他的經歷是佛教、社會和時代的一個縮影。在他生前，從 1992 年開始，淨慧法師推動大陸佛教生活禪運動長達二十餘年，通過生活禪夏令營方式面向知識青年介紹佛教文化，同時也培養出一批佛教人才。伴隨著生活禪夏令營的開展，淨慧法師的生活禪理念也不斷豐富完善，逐漸發展成爲改革開放以來落實人間佛教精神、拓展人間佛教理論的最有影響力的生活禪模式。因此，選取淨慧法師，也是作爲理解當代佛教的一把鑰匙──即佛教如何秉持信仰主體性，適應時代的發展和中國社會主義社會的現實國情。

　　淨慧法師幼年成長於尼庵，青年時代從禪宗泰斗虛雲老和尚受戒、得法，傳承五宗法脈，1956 年入中國佛學院深造學習，是新中國佛學院的第一批佛教僧才和佛門領袖。他對中國佛教的發展，始終懷著深切的使命感和責任感，這種「人格特質是他對佛教事業做出傑出貢獻的主觀因素」〔註 1〕。生活禪就是他對中國佛教發展整體思考、抉擇和探索、實踐的產物。

　　1979 年，淨慧法師回到北京，在中國佛教協會工作，不久擔任《法音》

〔註 1〕　方立天：《淨慧法師的傑出貢獻與歷史地位》，載李四龍編：《指月者：「淨慧長老與生活禪」學術研討會論文集》，北京：生活・讀書・新知三聯書店，2015年，第 18 頁。

編輯和主編，在佛協工作、外出訪問以及處理《法音》讀者作者大量來稿來信中，他對佛教如何發展、如何滿足信徒需要等現實問題充滿憂患意識。80年代，儘管趙樸初和學術界一再呼籲佛教是一種「文化」，但社會上還是將佛教當成「封建迷信」和「鴉片」，佛教仍舊是非常邊緣的處境。面對改革開放飛速發展的中國社會、經濟、政治、文化，佛教更需要積極適應時代潮流並滿足大眾需求。淨慧法師說，「回顧『生活禪』的提出，當初，我們內心最明確的意願，也是想實現佛教融入現實生活、融入主流文化、從而更有效地發揮其教化功能這一訴求」〔註2〕，而「生活禪的理念，是為適應今天的生活節奏和時代因緣而提出的佛教修行實踐的新理念」〔註3〕。

淨慧法師認為，現代化的佛教應當是一個「歷史實踐的過程」，佛教必須適應時代。他認為道安大師、慧能大師、太虛大師是中國佛教歷史上的三座里程碑，分別代表了佛教中國化、大眾化（生活化）和現代化，「他們都回應了各自時代佛教所遇到的問題和挑戰，為佛教繼續發展開闢了新的紀元」〔註4〕。淨慧法師尤其推崇太虛大師，因為「他離我們最近」，而「我們現在做到的並沒有超出太虛大師的設想」〔註5〕。生活禪的提出也是希望繼承太虛大師之遺範，努力踐行人間佛教，就如他所說的：「現代化是從太虛大師開始的，我們現在弘揚『生活禪』，還是走他的路」〔註6〕，「我們今天做的一切，都是在踏著太虛法師的足跡，在一點一滴地落實他的思想」〔註7〕。

所以，他提出生活禪的原因和初衷，是基於佛教現實發展考慮，他倡導佛教必須對社會時代做出積極調整，教化引導信眾。同時，面對當時氣功熱、禪學熱，淨慧法師認為佛教應當要擺脫被扭曲的形象以及邊緣的地位，不能完全被動默然。〔註8〕他提出生活禪，既出於個人的悲心宏願，亦是在當時

〔註2〕 淨慧：《融入生活 回歸當下──關於禪宗文化推陳出新的一點思考》（2011年10月27日），《法音》，2011年第11期。

〔註3〕 淨慧：《如來禪、祖師禪、生活禪》（2004年12月5日），載《淨慧禪話──雙峰禪話》，趙州柏林禪寺，2015年，第81頁。

〔註4〕 淨慧：《當代佛教契理契機的思考》，《法音》，1995年第4期。淨慧：《融入生活 回歸當下──關於禪宗文化推陳出新的一點思考》（2011年10月27日），《法音》，2011年第11期。

〔註5〕 淨慧：《當代佛教契理契機的思考》，《法音》，1995年第4期。

〔註6〕 本刊記者：《淨慧長老訪談錄》，《江蘇佛教》，2011年第3期。

〔註7〕 淨慧：《六祖禪：無念、無相、無住》，《生活禪鑰》，北京：生活·讀書·新知三聯書店，2008年，第67頁。

〔註8〕 淨慧：《入禪之門》，上海：上海辭書出版社，2006年，第92頁。

歷史境遇下的順勢而爲。他結合佛教經典、禪宗祖師語錄和自身學修體驗，並吸收安祥禪等弘法經驗，倡導修行不能離開生活，一方面解決信徒和社會民眾的精神和心理需求，尤其引導介乎信與不信之間者來正確信仰佛教；另一方面也在探尋佛教契合時代進步和發展的有效實踐模式。

0.1　選題緣由和研究意義

0.1.1　選題緣由

　　以淨慧法師及其倡導的生活禪實踐爲主線進行研究，意在反映改革開放以來大陸佛教變遷，並透視當代大陸佛教主體意識的覺醒和主體性實踐。中華人民共和國成立以來的佛教發展歷史，是現代佛教進程中的重要組成部分，儘管歷經磨難，但終於在改革開放以後逐漸走向振興之路。淨慧法師的一生，正是這個時代背景下佛教歷史的反映。而且，淨慧法師是大陸眞正自覺繼承和推展現代人間佛教運動的主要開拓者之一，他所倡導的生活禪更是大陸迄今唯一具有體系化思想的實踐模式。

　　在博士論文研究中，有一個問題始終促使筆者不停地思考，並且耗費了巨大的精力和冗長的篇幅來回溯淨慧法師的前大半生經歷。這個問題就是：在同樣的政策政治環境裏，爲什麼只有淨慧法師能提出生活禪？而今，生活禪理念已經遍地開花，甚至被很多人模仿。〔註9〕但是，淨慧法師在90年代初期提出生活禪，當時可謂是一種「創舉」。生活禪出現在佛教剛開始恢復不久，對於重生的大陸佛教來說實在太爲難得。淨慧法師與巨贊法師不同，他沒有寄希望於借助國家政治力量實行從上到下全盤性的佛教改革，而是立足於柏林寺，嘗試踐行自己的佛教理念，逐漸將生活禪向社會鋪展開來。淨慧法師與趙樸初也不同，他首先是出家僧人的身份，而且具有豐富的寺廟管理和僧團建設實際經驗。他致力於在社會層面努力重新振興佛教，通過生活禪夏令營等一系列活動將佛教文化傳播到知識青年群體中。這對佛教融入到當代社會文化階層貢獻卓著，並且也提升了佛教和僧尼信眾的社會形象和地

〔註9〕比如，萬行法師套用了生活禪「覺悟人生，奉獻人生」，提出「東華禪」，主張「以人爲本，借事煉心，覺悟人生，奉獻人生」，他在寺裏製作的茶葉盒上，也題寫了淨慧法師常用的「善用其心」。再如，明月法師和保定兜率寺提出「將修行融入生活，把歡喜帶到人間」的理念，也能看到淨慧法師生活禪的影子——當然，也可以視作一種「共識」。

位。從實踐層面看，他無疑是大陸同時代佛教高僧中的一位佼佼者。

此外，以淨慧法師一生經歷以及生活禪思想實踐來反映當代大陸佛教主體性的問題，也是希望改變以往從上到下的政教關係單一視角，將宗教拉回到現代社會文化場域之中，分析理解生活禪產生的具體的社會背景和時代因素。而政治政策的影響與淨慧法師的角色擔當仍然作爲兩條暗線。生活禪，不僅是淨慧法師推進禪宗現代轉型的探索，同時也是他對佛教與社會主義社會相適應時代課題的回應。生活禪在踐行和落實人間佛教層面上是非常成功的，而且豐富了大陸人間佛教的理論內涵和實踐面向。

長期以來，海外和港臺學者只是片面強調當代中國宗教「被管控」「政治的附庸」「喪失主體性」等，他們忽視了問題的另一個方面。如淨慧法師開展的生活禪夏令營等活動，具有明顯的示範和帶動效應，呈現出大陸佛教主體意識不斷覺醒、宗教身份定位逐漸明晰的發展趨勢。

0.1.2　研究意義

0.1.2.1　學術意義

大陸學界很少探討 1949 年至 1978 年的佛教情況，乃至對 20 世紀 80 至 90 年代佛教如何恢復發展也停留在政策主導的分析範式上。這一領域長期被西方和港臺學界所壟斷。其實，這兩個時段十分重要。1978 年之前，既是佛教與社會主義制度、與社會主義社會相適應的初始階段，某種程度上也是後來中國佛教恢復重建的前提——起到了大浪淘沙的作用，使得改革開放以後佛教能夠重新選擇太虛大師，以人間佛教爲導向，繼續朝向現代化前進。而 80 至 90 年代，則是當代佛教勃興的土壤，奠定了現今大陸佛教的基本格局。本文以淨慧法師的一生，希望反映出當代佛教發展的歷程。

目前，學術界對淨慧法師及生活禪研究，主要有三種視角。第一種，是從人間佛教思潮及佛教現代化的視角闡釋生活禪的內涵和價值。第二種，是從政教關係視角研究柏林寺復建、生活禪開展過程中與政府的博弈。第三種，是從人物角度，分析淨慧法師的思想和對當代佛教的貢獻。但是，三種視角都很難全面地反映淨慧法師的一生，無法呈現出在佛教復興過程中一個活生生的「人」，對於他提出生活禪的緣由和背景也鮮有深入的研究。本文以時間爲基本線索，避免碎片化的問題導向，盡力連貫和完整地顯示出具體歷史事件的細節。同時，也注意微觀與宏觀的互動，剖析政治、政策等對佛教、對個體的影響，進而把握生活禪出現的具體背景因素、生活禪實踐對當代佛教

的現實意義等。

0.1.2.2　現實意義

　　20 世紀 80 年代開始，大陸佛教復興，是與氣功和特異功能流行、國學和傳統文化熱等背景相伴隨的。淨慧法師提出「生活禪」，創辦《禪》刊，開展生活禪夏令營，創建禪學研究所，接引青年和知識分子等活動，起到了純化佛教信仰、傳播佛教文化知識的作用。而他提出「覺悟人生、奉獻人生」理念，是自覺適應時代、服務社會，發揚大乘佛法的精神。考察淨慧法師繼承、發展和實踐太虛大師佛教革新思想，積極推進佛教現代轉型的嘗試和努力，是從微觀視角來折射出大陸佛教從廢墟中重建的歷史脈絡。生活禪模式，是淨慧法師從禪宗角度落實人間佛教、推進漢傳佛教現代轉型、處理佛教與政治關係的探索實踐，這也是當代佛教界真正主動面向社會的弘法經驗，對當代大陸佛教界具有重要現實價值和指導意義。

0.2　相關研究述評

0.2.1　綜合性現代佛教史研究

　　西方學界最早對近現代中國佛教進行系統研究的，是美國學者維慈（Holmes Welch〔註 10〕，1921～1981 年）。他被譽為是中國現代佛教研究領域的開拓者和奠基人。他的三卷本「現代佛教研究系列」，率先將田野調查、參與觀察、口述史、個案研究、量化分析、文獻與田野互證等方法成功地應用到了中國佛教研究領域，開闢了佛教研究的新範式。第一卷《近代中國佛教的制度》著重探討了現代佛教的實踐，包括寺院組織、制度體系、修行方式等，主要敘述性地描繪出傳統的中國佛教樣貌。〔註 11〕第二卷《中國佛教的復興》重點分析近代佛教復興的發展史，以佛教人物、組織和事件為主，反映 1949 年以前三十年的佛教急劇變遷。〔註 12〕第三卷《毛澤東時代的佛

〔註 10〕Holmes Welch，漢譯名也作尉遲酣、霍姆斯・維慈、唯慈等，本文簡稱維慈。

〔註 11〕Holmes Welch, The Practice of Chinese Buddhism: 1900-1950.Cambridge: Harvard University Press, 1967.〔美〕唯慈（Holmes Welch）著，包可華、阿含譯：《近代中國的佛教制度》，臺北：華宇出版社，1988 年。

〔註 12〕Holmes Welch, The Buddhist Revival in China. Cambridge, Massachusetts: Harvard University Press, 1968.〔美〕霍姆斯・維慈（Holmes Welch）著，王雷泉、包勝勇、林倩等譯：《中國佛教的復興》，上海：上海古籍出版社，2006 年。

教》，主要從歷史和制度層面考察中華人民共和國時期佛教的變化。〔註 13〕
這「三部曲」，是近現代中國佛教領域的最為重要的經典著作，並且也保存
下來大批珍貴的佛教訪談記錄、照片及史實資料。

維慈非常關注 1949 年以後中國佛教的現實問題。他考察了 1949 年至
1960 年中國佛教的情況，於 1961 年發表《共產主義制度下的佛教》論文，
指出：由於土地改革等一系列社會劇變，寺廟失去了傳統維持生計的地租田
產，僧人們成為了普通勞動者，這打破了千年佛教的生存圖景。土地改革之
後，僧人數量大大減少。國家將佛教納入到管控之下，並通過佛教協會施加
影響。儘管國家也加強了對佛教文化的保護，修復了一些寺廟，但這並非出
於佛教，而是出於這些著名寺廟的國際影響考慮的。至於佛教協會，則扮演
了向佛教和信徒傳遞黨的政策、反饋黨的政策執行效果、接待來訪外賓參觀
寺廟的多重角色。〔註 14〕隨後的《「文革」以來的佛教》則記述了「文革」
初期佛教的遭遇。〔註 15〕之後，維慈又出版了專著《毛澤東時代的佛教》
一書，系統探討佛教在社會主義中國的變遷和命運。他利用了大陸新聞和報
刊資料以及一些參訪大陸者的見聞，以政教關係為背景，分析了 1949 年之
後的佛教僧團、寺院、信徒、修行生活、佛教制度等各方面的變革。維慈認
為，直到「文革」爆發之前，人民政府和共產黨對佛教採取的是保護而非迫
害的政策，同時也在外交關係中控制和利用佛教，佛教被嚴格限制在了寺院
之內和個人信仰之中，無法在社會上傳佈發展。〔註 16〕他時刻小心翼翼地
提醒讀者注意佛教在社會主義中國的各種變化，尤其是與《近代中國佛教的
制度》中的佛教生態圖景相對照──僧人數量銳減，很多信仰儀式不復存
在，傳統的叢林修學和宗教生活被政治運動嚴重干擾甚至破壞殆盡，很多寺
廟被挪作他用。他認為其中的原因既有建國初期教職人員的彷徨，也有諸如
對佛教信眾造成影響的巨變──土地改革、合作化、政治學習、政治運動、
階級鬥爭，等等。儘管維慈對大陸佛教抱有深深的同情和憂患意識，他對「文

〔註 13〕Holmes Welch, Buddhism under Mao. Cambridge: Harvard University Press, 1972.

〔註 14〕Holmes Welch, Buddhism under the Communists. The China Quarterly, No. 6, 1961, pp.1~14.

〔註 15〕Holmes Welch, Buddhism since the Cultural Revolution. The China Quarterly. No. 40, 1969, pp.127~136.

〔註 16〕Holmes Welch, Buddhism under Mao. Cambridge：Harvard University Press, 1972.

革」之後中國佛教的未來仍抱有一定信心和希望——一方面因爲民眾的宗教心理需求無法被消滅，另一方面佛教在國際外交和文化團結方面仍有現實功能。〔註 17〕

　　學術界涉及 1949 年以後當代大陸佛教的專著很少，而維慈《毛澤東時代的佛教》堪稱是扛鼎之作，這本書至今仍是最有影響力的學術成果。然而，誠如一些學者所批評的，維慈所運用資料和訊息的侷限性，以及所持觀點先入爲主，而使部分學術判斷有所失眞。〔註 18〕在結論分析方面，維慈由於缺乏對共產主義的同情，以致他在闡釋大陸佛教「消亡」時忽略了其中主要的原因——佛教徒不再對佛教感興趣，是因爲他們被改造成了毛澤東主義的擁護者。土地改革對佛教經濟基礎的衝擊、迫害佛教徒、鼓勵僧人還俗參加生產勞動，這些只是佛教消亡的一半原因。另一半原因在於，許多人不再是佛教徒，一方面是因爲佛教徒會面臨政治壓力和困難，同時也因爲他們希望選擇做毛澤東主義的擁護者。〔註 19〕另外，維慈將與世俗世界相區隔的彼岸世界，視爲宗教的一個前提，所以他對服務眾生的大乘佛教觀念也沒有給予正確的理解。〔註 20〕並且，維慈接觸到的多是江浙叢林傳統派僧侶，加上他作爲禪宗法脈的第四十七世傳人的身份〔註 21〕，也影響了他對中國佛教「復興」

〔註 17〕 Holmes Welch, Buddhism under Mao. Cambridge：Harvard University Press, 1972.

〔註 18〕 Yu, David C., Maoism and Buddhism in China: Maoism and Buddhism in China. BUDDHISM UNDER MAO（Book）. Journal for the Scientific Study of Religion, No.3, 1975, pp.298~301. JM Kitagawa, Buddhism under Mao by Holmes Welch. Journal for the Scientific Study of Religion, No. 5, 1973, pp.78.

〔註 19〕 John Strong, Buddhism under Mao by Holmes Welch, The Journal of Asian Studies, Vol. 33, No. 3 （May, 1974）), p.474.

〔註 20〕 Michael Pye, Buddhism under Mao by Holmes Welch, Religious Studies, Vol. 10, No. 2 （Jun., 1974）, p.237~238.

〔註 21〕 維慈 20 世紀 60 年代在臺灣訪談來自大陸的僧侶期間，曾經接受江蘇鎮江金山寺方丈太滄和尚（1895～1968 年）臨濟宗傳法。金山寺是禪宗著名的叢林，太滄和尚屬於當時的保守派僧侶。據美國俄亥俄州克利夫蘭市的雲水禪寺（Cloud Water Chando）的官方網站介紹，維慈是該寺傳承江蘇鎮江金山寺臨濟法脈的一位重要導師。該寺對維慈的介紹文字是：「維慈，法名釋墨華（Shih Mo-Hua）……太滄和尚將維慈作爲弟子，後來還給他傳法，囑咐他要爲美國建立禪寺奠定基礎。太滄和尚將私人珍藏的《禪門日誦》複本送給維慈，這也成爲後來傳到西方的第一批的佛教《禪門日誦》之一。龍華禪寺和雲水禪寺誦經以《禪門日誦》爲基礎。」1980 年，維慈傳法給釋神龍（Shih Shen-Lung）。釋神龍 1972 年出家，2006 年圓寂，是龍華禪寺的方丈。釋神龍 1998 年傳法給釋應法（Shih Ying-Fa）。釋應法是雲水禪寺的創立者和住持，也是釋神龍

的態度和立場。他在《毛澤東時代的佛教》出版一年之後，也修正了原有的結論，認爲佛教沒有消失，共產主義制度下佛教復蘇也是存在的。〔註22〕由於維慈所處的歷史條件的限制，他當然也無法預知改革開放之後佛教的重興。不過，他的經典研究範式以及運用口述史資料的方法，仍然非常值得學習和借鑒。〔註23〕

香港佛教聯合會、香港佛教僧伽聯合會、友聯研究所出版的《中國大陸佛教資料彙編：1949～1967》，彙集了有關大陸佛教政策、現狀的有關文件和報刊報導等原始史料，保存了大量客觀眞實訊息。此書將大陸1949年之後佛教二十年的發展視爲「劫難」，其編纂主旨就是爲佛教史保存資料，所以一切資料皆原貌照錄，不作改動，末後附加按語。全書包括宗教政策、佛教情況、中國佛教協會、佛教徒活動、佛教典章文物、佛教教育、佛教徒生活以及藏傳佛教等內容。〔註24〕它對研究中華人民共和國初期佛教的史料價值極高。

東初法師《中國佛教近代史》，以一章的篇幅敘述了1949至1971年前後大陸佛教狀況──他認爲是「名存實亡」，「佛教與馬列主義絕對不能共存於同一社會中」。〔註25〕由於兩岸隔閡嚴重，政治意識形態方面具有強烈的差異和衝突，加之大陸爆發「反右」「文革」等一系列政治運動，因而他對當時佛教的處境特別擔憂，有強烈的護教心態，所以造成了研究結論失實。

唯一的法子，他在師父逝後繼任龍華寺方丈，後來又於2008年又接虛雲和尚法脈，他的弟子有釋明興（Shih Ming-Xing）等。維慈的法脈在美國龍華禪寺和雲水禪寺都得到了一定繼承，他在雲水禪寺的法脈傳承情況爲：金山寺太滄和尚─維慈（釋墨華）─釋神龍─釋應法─釋明興。（詳見美國雲水禪寺網站：http://www.cloudwater.org/index.php/ch-an-zen/our-lineage。）另外，也需要指出，太滄和尚1951年12月從香港移往臺灣，而維慈是在1957年抵達香港的，且他《近代中國的佛教制度》中也明確說明在臺灣訪問太滄和尚，當時太倉約70歲。因此，雲水禪寺網站上的「在香港」遇到太滄和尚並接受傳法，應爲在「臺灣」。

〔註22〕Holmes Welch, The Buddhists' Return. Far Eastern Economic Review, No.16, 1973, pp.26-30.

〔註23〕詳見王佳：《視角、史料和方法：Holmes Welch與當代大陸佛教史研究》，北京：「第二屆中國現代佛教論壇──尉遲酣（Holmes Welch）與中國現代佛教史研究」論文集，2017年，第139～159頁。

〔註24〕香港佛教聯合會、香港佛教僧伽聯合會、友聯研究所：《中國大陸佛教資料彙編：1949～1967》，香港：友聯書報發行公司，1968年。

〔註25〕釋東初：《中國佛教近代史》下冊，臺北：東初出版社，1974年，第1036～1037頁。

以上研究，都是出版（發表）於「文革」結束之前，因此對於當時佛教和政治的關係過分強調「緊張性」「衝突性」。至於改革開放以後的佛教情況，上述論著當然也是無法涵蓋的。

20 世紀 80 年代中後期開始，海峽兩岸陸續出版了數部有關近現代佛教歷史、思想史方面的研究著作。不過，這些著作時間斷代大多以 1949 年之前爲截點，沒有涉及中華人民共和國時期的佛教情況，如郭朋等《中國近代佛教思想史稿》、高振農《佛教文化與近代中國》、麻天祥《晚清佛學與近代社會佛教思潮》、李向平《救世與救心——中國近代佛教復興思潮研究》、鄧子美《傳統佛教與中國近代化——百年文化衝撞與交流》、何建明《佛法觀念的近代調適》、江燦騰《中國近代佛教思想的爭辯與發展》、麻天祥《20 世紀中國佛學問題》、陳永革《佛教弘化的現代轉型——民國浙江佛教研究（1912～1949）》、賴永海主編《中國佛教通史（第十四、十五卷）》、麻天祥《中華佛教史（近代佛教史卷）》、何建明《近代中國宗教文化史研究》等。目前，在近現代佛教史研究中關涉到新中國時期的大陸佛教的綜合性學術著作，只有《中國近現代佛教人物志》《20 世紀中國佛教》《浩劫與重生：1949 年以來的大陸佛教》《新中國佛教大事記》《中國佛教的社會主義改造》等很少幾部。〔註 26〕

于凌波《中國近現代佛教人物志》考察了百位佛教僧侶和居士，概述其生平、貢獻和歷史評價。此書雖以晚清民國時期佛教人物爲多，但有虛雲老和尙、圓瑛法師、來果禪師、持松法師等在解放後的簡要情況，並且包括了巨贊法師、正果法師、明眞法師、淨嚴法師、澍培法師等在恢復宗教政策後弘法利生的行業。這本著作資料性較強，得益於作者走訪兩岸知情人士，口述史料和文獻史料互相對照，人物事蹟及年代相對準確。同樣是佛教人物研究的成果，意大利學者田水晶（Daniela Campo）《虛雲禪師（約 1864～1959）與其高齡神話的建構》《在現代中國成佛作祖：虛雲生平研究（約 1864～1959）》學術視角新穎、史料解析細緻，深得學界好評，她將虛雲高齡與特定歷史政治處境結合分析，理解一百二十歲年齡背後蘊含的社會意義。〔註 27〕

〔註 26〕于凌波：《中國近現代佛教人物志》，北京：宗教文化出版社，1995 年。陳兵、鄧子美：《二十世紀中國佛教》，北京：民族出版社，2000 年。侯坤宏編著：《浩劫與重生：1949 年以來的大陸佛教》，臺南：妙心出版社，2012 年。張琪：《新中國佛教大事記》，北京：宗教文化出版社，2013 年。學愚：《中國佛教的社會主義改造》，香港：香港中文大學出版社，2015 年。

〔註 27〕「通過高齡神話等諸多方式，虛雲成功保留了中國佛教的僧侶制度，並使其

陳兵和鄧子美合著的《二十世紀中國佛教》，從中西文化碰撞交融和社會劇變的背景出發，探討近現代中國佛教轉型發展，其關注重點雖然仍側重20世紀上半葉，但卻是大陸學者中最早將研究視野拓展至中華人民共和國成立之後的。而且，書末還附有截至1999年的佛教大事紀年簡編。書中將趙樸初作爲繼承太虛大師人間佛教思想在大陸佛教的解釋者和實踐者，並且認爲大陸佛教應當將人間佛教深入到各宗派、教法之中，「人間佛教是20世紀中國佛教最可寶貴的智慧結晶……人間佛教最有希望成爲佛教的現代形態（相對於歷史上的原始形態、部派形態、大乘形態、密乘形態而言）」。〔註28〕

侯坤宏編著的《浩劫與重生：1949年以來的大陸佛教》，是「第一本從1949年到2010年的最完整的中文關於大陸當代佛教巨變與發展的體系建構型完整專著」。全書以1978年爲分界點，分析前、後兩個時段佛教在政治和馬列主義意識形態背景下的發展境況。在方法上，運用個案研究，以巨贊法師、康寄遙、范文瀾、茗山法師等人物命運來反映佛教與時代、佛教與政治的關係。這本書是關於當代大陸漢傳佛教方面填補空白之作，但是其「佛教完全處在黨（國）支配之下」「佛教已喪失主體性，完全成爲政治之附庸」的結論則未免失於武斷。〔註29〕

張琪《新中國佛教大事記》，記錄了1949年6月至2013年5月（1967年至1977年除外）的佛教大事編年。此書主要採用中國佛教協會會刊《現代佛學》和《法音》中的報導，並結合公開發行的書刊資料，呈現新中國佛

傳續至今……爲80年代重建佛教傳統奠定了基礎。」田水晶（Daniela Campo）：《虛雲禪師（約1864～1959）與其高齡神話的建構》，《漢語佛學評論》第4輯，上海古籍出版社，2014年，第271～289頁。Daniela Campo, La construction de la sainteté dans la Chine moderne: la vie du maître bouddhiste Xuyun（env. 1864～1959），Paris: Les Belles Lettres, 2013.

〔註28〕 陳兵、鄧子美：《二十世紀中國佛教》，北京：民族出版社，2000年，第223頁。對於此書的書評，有江燦騰《二十世紀中國佛教研究的百年回顧》，呂建福《百年中國佛教之回顧與展望——評陳兵、鄧子美〈二十世紀中國佛教〉》，彭彤《二十世紀中國佛教的總體掃描和理性總結——評〈二十世紀中國佛教〉》，埃斯特·比奇、鄧恬寧《評二十世紀中國佛教〉》等。

〔註29〕 侯坤宏編著：《浩劫與重生：1949年以來的大陸佛教》，臺南：妙心出版社，2012年，第266、74頁。對於此書的書評，有何建明《政教關係視野下的當代大陸佛教史觀——評侯坤宏等著〈浩劫與重生：1949年以來的大陸佛教〉》、姚彬彬《「他者」心態——讀侯坤宏著〈浩劫與重生〉》等。

教「發展、曲折、挫折、恢復」的歷程。〔註30〕此書不足之處在於在事件選取上，過於偏重於中國佛教協會的活動介紹，其他方面信息內容較少。

學愚《中國佛教的社會主義改造》，聚焦的是 1949 年至 1980 年代的大陸佛教。以往，學界多關注晚清民國佛教和當代中國佛教，而對改革開放以前大陸佛教的研究，卻長期無人問津，尤其大陸學界對這一領域敏感忌諱。《中國佛教的社會主義改造》則彌補了這個缺憾。作者運用大量檔案資料以及《現代佛學》《弘化月刊》《覺有情》《覺訊》等佛教期刊進行分析，指出：佛教在社會主義中國的發展，反映了那個時期的中國社會和政治，因而佛教的社會主義改造，其核心乃是處理佛教與國家、佛教與社會之間的關係。在很大程度上，當代中國佛教最多只能算是佛教文化、寺院經濟的恢復，根本談不上佛教復興，眞正的復興尚有待當代佛教徒創造出新的佛教思想和文化、重新規範佛教與政治和社會的關係、重建佛教修行和道德倫理。〔註31〕

以上著作，基本反映了學界在近現代佛教史領域對 1949 年以後大陸佛教研究的最新進展。不過，一些研究仍深受維慈的影響。例如，維慈對「中國佛教的復興」提出質疑，認爲近代佛教的大部分情況不是過去的新生，而是一系列的革新；不是宗教復興，而是把宗教改爲世俗。所謂的復興，大部分要素都是新的，如在家信徒聚會、佛教學校、診所、廣播電臺、佛學院、佛教會等。他認爲，佛教衰弱的趨勢是由三股不可遏制的力量決定的，即：居士支持的減少、寺院經濟的惡化和脫離修道。〔註32〕這些分析和結論，在《浩劫與重生：1949 年以來的大陸佛教》《中國佛教的社會主義改造》等中都有展開相關闡述和討論。同樣，關於「佛教復興」的命題，在西方學界也仍然在持續討論，並將其延展到改革開放以後的佛教發展之中。例如，勞爾・鮑曼（Raoul Birnbaum）認爲，儘管新中國的政治、經濟和社會領域發生了深刻變革，但是當前佛教界的很多實踐模式實際上都來自於近代的佛教改革，如慈善、教育等。他以廈門南普陀寺爲例，著重分析了僧伽教育、寺院經濟、佛教領袖方面的變化，指出：畢業於佛學院的年輕僧侶取代了傳統的禪堂修行

〔註30〕張琪：《新中國佛教大事記》，北京：宗教文化出版社，2013 年，第 1 頁。
〔註31〕學愚：《中國佛教的社會主義改造》，香港：香港中文大學出版社，2015 年，第 6 頁。對於此書的書評，有雨山：《一部研究中國佛教社會主義改造的開山力作》等。但事實上，大陸佛教僧伽已經意識到這一問題，而淨慧法師及其生活禪實踐，也是正是爲了眞正振興禪宗、振興佛教的探索和努力。
〔註32〕〔美〕霍姆斯・維慈著，王雷泉、包勝勇、林倩等譯：《中國佛教的復興》，上海：上海古籍出版社，2006 年，第 218～221 頁。

僧侶的領導地位，而且獲得到了良好的社會聲譽。〔註33〕並且，南普陀寺的復興過程，本身就體現著一種政府、佛教協會、寺廟三方的政治博弈，其中中國佛教協會發揮了巨大的作用，它是協助政府管理佛教的組織，更代表著佛教的利益。〔註34〕弗朗西斯卡·塔羅科（Francesca Tarocco）也認為，早在20世紀的前五十年，佛教就已經參與到文化和社會實踐中，如豐子愷畫、弘一大師書的《護生畫集》等均產生了很大社會影響。佛教在形塑中國文化和現代性過程中扮演了積極的角色。書畫、詩歌等藝術弘法，直接影響到了後來的臺灣佛光山星雲法師，他率先在臺灣以佛歌、佛曲弘法，很多佛歌在當代大陸也相當流行。〔註35〕總體而言，學者不僅關注改革開放以後佛教復興背後的政治、經濟、社會、思想因素，而且也相當重視佛教在這些領域中的表現。

0.2.2　對當代大陸佛教的理論研究和實證研究

對佛教現狀的理論研究和實證研究，也即宗教學界所謂的「當代宗教」研究範圍。「當代」，即從時間上說是研究當代的而非歷史的，但它其實是一個模糊的時間概念。當代宗教研究，也有著理論性、綜合性、現實性、實踐性的特點。〔註36〕

在當代佛教現狀的理論研究領域，主要涉及佛教與社會主義社會相適應、世俗化、人間佛教、都市佛教、佛教與社會、佛教與現代性等議題，這其實也是學界從佛教歷史思想文獻研究逐漸開始轉向對佛教現實功能的關注。王雷泉在《佛教在市場經濟轉軌中的機遇與挑戰──兼論當代中國宗教的若干理論問題》中分析了鴉片論、特區論（社會主義制度下的特區）、適應論、文化論、兼容論、制衡論這六種相互矛盾的理論框架，指出：由於理論不清，才造成了實踐和信仰方面的混亂。他認為，「文革」結束之後，中國宗教有二個轉折階段，第一個是在1978年，中共十一屆三中全會為宗教

〔註33〕 Raoul Birnbaum, Buddhist China at the Century's Turn, China Quarterly, 2003, No.174, pp.428~450.

〔註34〕 Ashiwa Yoshiko and David L. Wank, "The Politics of a Reviving Buddhist Temple: State, Association, and Religion in Southeast China." Journal of Asian Studies 65, No. 2（2006）: 337~60.

〔註35〕 Francesca Tarocco: The Cultural Practices of Modern Chinese Buddhism: Attuning the Dharma. London and New York: Routledge, 2007.

〔註36〕 邱永輝：《當代宗教研究30年綜述》，載金澤、邱永輝主編：《中國宗教報告（2008年）》「宗教藍皮書」，北京：社會科學文獻出版社，2008年，第68、70頁。

恢復提供政策保障；第二個是在 1992 年鄧小平南巡講話之後，全國轉入市場經濟，這爲宗教復興提供了社會基礎和經濟基礎。他主張，佛教必須調整在信仰、社會、文化三大層圈中的關係，使信仰素質、組織規模和文化品位三者保持均衡發展。〔註 37〕90 年代中期來，佛教研究的社會學取向開始顯現，首先是對佛教功能的關注。〔註 38〕關於佛教社會的社會轉型，鄧子美引入韋伯理論，認爲近代以來的人間佛教同樣具有推動工商業社會發展的「天職觀」，人間佛教在大陸也完全能勝任引導各宗派趨向理性化、多元化、法治化、教育社會化等。〔註 39〕李向平從宗教社會學的視角指出，佛教與中國社會的關係，並非神聖與世俗的二元對立結構，而是一種嵌入的關係，所以基於西方啓蒙運動產物的世俗化不適用於中國佛教和社會的內在關聯，並由此提出了人間佛教的「社會化」命題，認爲中國當代佛教所面臨的基本問題是佛教與社會及社會變遷的複雜關聯。〔註 40〕並且，隨著現代化、城市化進程的發展，都市佛教也成爲人間佛教發展的一種新形式或新階段，其面向的對象主要是市民社會，「都市佛教」與「山林佛教」構成了大陸「人間佛教」的全部內容。〔註 41〕回溯傳統，佛教與現代性、佛教如何適應時代從傳統向現代的轉型發展，也是一個非常關鍵的理論議題。何建明特別提出「現代佛教」這一概念，是指辛亥革命以後，以太虛大師爲代表的現代新佛教運動。其特徵爲積極提倡救世救民，適應科學化時代要求並補科學之不足、繼承佛陀和佛門祖師本懷、適應時代需要等。他認爲在當代大陸佛教界，眞正將現代人間佛教運動傳承和發展起來的要算淨慧法師 1993 年在柏林寺開始的「生活禪夏令營」活動。〔註 42〕

〔註 37〕 王雷泉：《佛教在市場經濟轉軌中的機遇與挑戰——兼論當代中國宗教的若干理論問題》，《佛學研究》，1995 年，第 1～9 頁。

〔註 38〕 李向平、楊靜：《當代中國佛教的社會性研究述評》，載曹建中主編：《中國宗教研究年鑒（2003～2004）》，北京：宗教文化出版社，2006 年，第 112 頁。

〔註 39〕 鄧子美：《超越與順應——現代宗教社會學關照下的佛教》，北京：中國社會科學出版社，2004 年，第 280 頁。

〔註 40〕 李向平：《佛教信仰與社會變遷》，北京：宗教文化出版社，2007 年，第 35 頁。

〔註 41〕 覺醒：《人間佛教的新形式》，復旦大學博士學位論文，2011 年，第 24、38 頁。覺醒：《都市佛教與社會主義社會相適應內涵初探》，載中國佛教協會、上海市佛教協會主編：《佛教與社會主義社會相適應研討會論文集》，宗教文化出版社，2002 年。覺醒、潘德榮：《人間佛教的都市發展模式：以上海玉佛寺爲例》，中國社會科學出版社，2002 年。

〔註 42〕 何建明：《中國現代佛教史上的淨慧長老》，載李四龍編：《指月者：「淨慧長

對佛教現狀的實證調查研究，既有定量的抽樣調查分析，也有定性的個案研究和區域研究。對當代佛教的整體性社會調查，據美國普度大學中國與社會中心 2010 年公布的數據顯示，佛教自改革開放以來是中國恢復最為迅速的宗教，信教人數比例最大，占全體人口的 18%，約 1.85 億人。〔註 43〕佛教信仰總體上呈現個人化、私人化的特點。〔註 44〕中國社會科學院世界宗教研究所當代宗教研究室 2008 年開始每年組織出版一冊《中國宗教報告》，將上一年度重要宗教活動、事件及熱點問題給予學術評述分析，兼及評述宗教學術研究情況。而據 1997 年至 2013 年《中國宗教研究年鑒》，佛教研究論文和專著索引，大陸學界有關當代佛教的研究數量近年持續增長，涉及當代寺廟經濟、佛教慈善、佛教教育、佛教制度的內容尤其多，認為當代佛教商業化的問題最大。

在佛教經濟研究方面，汲喆總結了改革開放以來佛教經濟發展的三個階段，分別是改革開放初期的「農禪並重」階段、以信眾捐資為主的「福田功德」階段、90 年代以後的政府「文化搭臺，經濟唱戲」階段。他指出，佛教信眾數量的增長帶給寺廟經濟巨大變化，佛教經濟從單純勞動生產到以佛教文化信仰本位獲得捐款收入，再到捲入進地方經濟利益之中。由於政府的政治資本只有轉換成佛教的文化資本，才能與信眾及遊客的經濟資本進行交換，因此地方政府也不得不與寺院和僧眾合作。〔註 45〕對於寺院經濟的管理，紀華傳和何方耀根據寺廟經濟模式將當代漢傳佛教寺院分為七種管理類型，分別是僧人自主型管理、政府主導型管理、投資人主導型管理、政僧合作型管理、僧商合作型管理、家庭包辦型管理、政商僧三方合作管理型。〔註 46〕于飛以古代和近代、新中國初期、改革開放以後不同歷史時期佛教寺院經濟

老與生活禪」學術研討會論文集》，北京：生活·讀書·新知三聯書店，2015年，第 249～263 頁。

〔註 43〕 李向平、王瑩：《美國普度大學中國宗教與社會研究中心：最多為 3000 萬基督徒》，《中國民族報》，2010 年 8 月 24 日，第 6 版。

〔註 44〕 李向平《「信仰但不歸屬」的佛教信仰形式——以浙閩地區佛教的宗教生活為中心》，《世界宗教研究》，2004 年第 1 期。

〔註 45〕 Zhe Ji, Buddhism and the State: The New Relationship Increasing, China Perspectives, No. 55, 2004, pp.1-13. ZHE JI, Buddhism and the State: A New Relationship: Increasing numbers of believers bring great changes to the monastic economy in China, China Perspectives, No. 55, 2004, pp.2~10.

〔註 46〕 紀華傳、何方耀：《當代漢傳佛教寺院經濟現狀及其管理探析》，《世界宗教文化》，2014 年第 1 期。

的演變爲例，說明寺院經濟發展是佛教適應中國社會變遷、轉型並不斷制度化的過程。〔註47〕周齊針對商業化等現象，指出佛教經濟問題是佛教發展的伴生性問題，需要社會隨時動態地綜合協調解決。〔註48〕

在佛教慈善研究方面，魏德東較早關注當代佛教慈善活動，他將中國當代佛教界的救災活動分爲五種類型：一是祈禱、禳災儀式。二是募捐活動。三是災區佛教界的救災活動。四是外地佛教組織及個人直接到災區的救災活動。五是佛教類專業公益事業團體的救災活動。〔註49〕宋躍華以光孝寺爲研究個案，提出了以「需求」爲關聯的「寺廟—慈善行爲—眾生」循環模式，認爲這有助於寺廟組織被社會認可，獲得生存與發展空間。〔註50〕王佳以廈門南普陀寺慈善會、同心慈善會、福建省佛教教育基金委員會等三個佛教慈善組織爲個案，提出當代佛教慈善組織「救濟型慈善」、「服務型慈善」和「弘法型慈善」三種理想類型，認爲服務型慈善是佛教慈善組織的發展方向。她指出，在投身於社會性的慈善活動同時，又秉承超越性的佛教信仰，這是佛教慈善組織的內在發展動力。〔註51〕林志剛運用 SWOT 理論分析，提出佛教慈善組織管理模式，應當採取「政府爲主導，佛協作協調，寺廟成主體，居士齊參與，教外相合作」的戰略協作策略。〔註52〕

在佛教教育研究方面，黃夏年比較了佛教傳統叢林教育和現代學院教兩種模式的差異，提出當前佛學院教育中尤其要重視修學關係。〔註53〕李向平

〔註47〕 于飛：《漢傳佛教寺院經濟演變研究》，成都：巴蜀書社，2014 年。

〔註48〕 周齊：《2012 年中國佛教及其經濟問題報告》，載金澤、邱永輝主編：《中國宗教報告（2013 年）》「宗教藍皮書」，北京：社會科學文獻出版社，2013 年，第 61 頁。

〔註49〕 魏德東：《與時偕行——2008 年的中國佛教》，載金澤、邱永輝主編：《中國宗教報告（2009 年）》「宗教藍皮書」，北京：社會科學文獻出版社，2010 年，第 36～37 頁。

〔註50〕 宋躍華：《關於寺廟慈善事業可持續發展探討——以廣州光孝寺爲例》，《宗教學研究》，2010 年第 2 期，第 72～79 頁。

〔註51〕 王佳：《當代福建佛教慈善組織運作模式剖析》，《世界宗教研究》，2010 年第 5 期，第 43～52 頁。王佳：《中國佛教慈善組織的發展現狀》，《黑龍江民族叢刊》，2010 年第 5 期，第 173～179 頁。王佳：《當代佛教公益慈善實踐的觀察和思考》，《宗教與民族》第 8 輯，2013 年，第 280～295 頁。

〔註52〕 林志剛：《當代中國佛教慈善組織管理研究》，廈門大學博士學位論文，2009 年。

〔註53〕 黃夏年：《當代中國佛教教育三題》，《浙江學刊》，2001 年第 2 期，第 17～22 頁。

也指出當前佛教教育存在的問題，如忽視居士教育、沒有妥善應對世俗主義衝擊、未能處理好內學與世學的關係，佛學院以義理性知識方面的教授爲多，缺少對佛教信仰方面的強調，佛教教育體系無法與國民教育相適應。〔註 54〕就佛教教育的內涵而言，也有廣義和狹義之分。如陳星橋認爲廣義佛教教育指的是佛陀教法，而狹義佛教教育指的是寺院叢林教育或現代佛學院教育等。但是，他強調佛教教育與世俗教育不同，著重指導宗教修行，完善人格，是一種道德性、普世性和終身的教育。〔註 55〕

　　在佛教制度研究方面，溫金玉從僧伽制度、教育制度、文化制度、慈善制度、外交聯誼制度等方面考察了新中國佛教的發展，指出從建國開始中國佛教就一直致力於自身建設。〔註 56〕李向平和高虹選取 4 個寺廟爲個案，指出當代佛教的發展路徑是人間佛教進入社會的社會化，這種由傳統僧團向現代教團的變遷和改革，體現爲從注重個人修持的傳統叢林到整合社會資源的現代寺廟組織的轉變。〔註 57〕

　　此外，有關當代大陸佛教和環保、佛教和女性、佛教與科技文化、佛教信仰與倫理道德等主題，也有一些成果。

0.2.3　人間佛教思想及代表人物研究

　　人間佛教的思想、實踐、傳承及代表人物，是整個現代漢傳佛教研究的核心議題之一，相關論著成果數量也非常可觀。

　　1983 年，中國佛教協會第四屆理事會第二次會議一致通過了趙樸初會長所作的《中國佛教協會三十年》報告，將其作爲中國佛教協會一個重要的歷史性文件。〔註 58〕這份報告，明確提出了「應提倡人間佛教思想」，「它的基本內容包括五戒、十善、四攝、六度等自利利他的廣大行願」。〔註 59〕由此，

〔註 54〕李向平：《佛教教育的當代困境及其改革路徑》，《普陀學刊》，2015 年刊，第 27～47 頁。

〔註 55〕陳星橋：《二十一世紀中國佛教教育的理念與展望》，《法音》，2000 年第 5 期，第 11～13 頁。

〔註 56〕溫金玉：《中國當代佛教制度建設——以大陸漢傳佛教爲中心》，《佛學研究》，2006 年，第 244～256 頁。

〔註 57〕李向平、高虹：《人間佛教的制度變遷模式——當代中國四大寺廟的比較研究》，《法音》，2008 年第 10 其，第 18～28 頁；第 11 期，第 45～53 頁。

〔註 58〕《中國佛教協會第四屆理事會第二次會議決議》（1983 年 12 月 11 日），《法音》，1983 年第 6 期，第 26 頁。

〔註 59〕趙樸初：《中國佛教協會三十年——在中國佛教協會第四屆理事會第二次會議

學界和教界也開始關注對人間佛教思想及實踐、傳承和發展等方面的研究。關於 80 年代以後大陸佛教的探討，大多數研究都是在人間佛教理論框架下展開的。

　　鄧子美、陳衛華、毛勤勇合著的《當代人間佛教思潮》是迄今爲止最爲全面系統闡述人間佛教思想來源、理論發展和當代實踐的著作。作者指出：1981 年趙樸初撰寫的《佛教常識答問》首先在《法音》上發表，其最後一節即《發揚人間佛教的優越性》，這是大陸重新提倡人間佛教的開始，也表明了趙樸初對太虛思想的繼承。〔註 60〕有關人間佛教的起源和內涵，學界一般認爲當代海峽兩岸人間佛教思想的源頭是近代太虛大師所倡導的，之後由趙樸初、印順法師等人分別在大陸和臺灣進一步發展。〔註 61〕但是，有關人間佛教內涵，學者的看法並不完全一致。對於當代各種對人間佛教的誤解，鄧子美等也書中也一一釐清，強調在承認人間化的同時，必須堅持佛教的超越性。〔註 62〕相同的主張，鄧子美在其專著《超越與順應——現代宗教社會學關照下的佛教》一書中也有專題論述，後者採用了韋伯的理論範式，因而較之同類其他研究更爲深入。他認爲，人間佛教推動了漢傳佛教現代化，人間佛教理論對佛教現代化具有引導意義，而實踐人間佛教的寺廟和佛教團體則起到了一定的示範作用。〔註 63〕

　　對於大陸人間佛教代表人物及其思想實踐的研究，主要體現對趙樸初、巨贊法師、茗山法師、淨慧法師等佛門領袖的研究。

　　趙樸初是領導改革開放大陸佛教恢復發展的關鍵人物，已有文集、傳記、年譜等整理出版〔註 64〕，其中以倪強、黃成林《趙樸初傳》史料最爲

上》，《法音》，1983 年第 6 期，第 13～21 頁。

〔註 60〕 鄧子美、陳衛華、毛勤勇：《當代人間佛教思潮》，蘭州：甘肅人民出版社，2009 年。

〔註 61〕 也有學者持異說，如王仲堯認爲近代中國人間佛教的思想源頭在藕益智旭。王仲堯：《中國人間佛教思想的先驅》，《世界宗教研究》，2004 年第 1 期，第 16～25 頁。

〔註 62〕 對於此書的書評，有尹邦志《人間佛教釋疑——評鄧子美教授等著〈當代人間佛教思潮〉》等。

〔註 63〕 鄧子美：《超越與順應——現代宗教社會學關照下的佛教》，北京：中國社會科學出版社，2004 年。

〔註 64〕 趙樸初：《趙樸初文集》，北京：華文出版社，2007 年。沈去疾：《趙樸初年譜》，上海：上海辭書出版社，2008 年。朱洪：《趙樸初傳》，北京：人民出版社，2004 年。倪強：《赤子佛心趙樸初》，北京：宗教文化出版社，2007 年。倪強、黃成林：《趙樸初傳》，北京：人民出版社，2017 年。

豐富。學術研究方面，蕭秉權先後編著《趙樸初與新中國佛教》和《趙樸初宗教思想研究》，梳理趙樸初在宗教工作及佛教恢復發展中的貢獻。論文方面代表性成果有楊曾文《趙樸初人間佛教思想試論》、方立天《總結趙樸老的宗教思想　發揮宗教的積極作用》、鄧子美《趙樸初人間佛教思想追論》、洪修平《趙樸初的人間佛教思想及其現實意義》、華方田《趙樸初的人間佛教及其特點》、汲喆《趙樸初同志：紅旗下的菩薩》和《趙樸初和他的人間佛教》等。〔註65〕由於很多書信、檔案材料尚未公開，趙樸初研究實際上只處於起步階段。

　　巨贊法師，作為太虛大師高足，致力於倡導新佛教運動，倡導佛教學術化和生產化，是20世紀60年代以前中國佛教最重要的引路人之一。有關巨贊法師的資料，有《巨贊集》《中國近代思想家文庫·巨贊卷》《人間佛教思想文庫·巨贊卷》《巨贊法師文集》《巨贊法師全集》等，其中朱哲主編的《巨贊法師全集》收錄內容最為全面。〔註66〕關於巨贊法師是的研究，臺灣信融法師專著《巨贊法師研究》一書較為深入，她頗有洞見地指出：近代中國佛教僧侶，身處於政治、社會、文化劇烈變遷之下，如何去適應環境並且嘗試與社會互動，巨贊法師是一個典型的、最好的例子。〔註67〕此書內容，也被分置到侯坤宏編著《浩劫與重生：1949年以來的大陸佛教》的上篇和下篇之中。學愚在《中國佛教的社會主義改造》中，也有大量篇幅專門分析巨贊法

〔註65〕蕭秉權：《趙樸初宗教思想研究》，上海：上海交通大學出版社，2010年。蕭秉權：《趙樸初與新中國佛教》，西安：陝西人民出版社，2005年。楊曾文：《趙樸初人間佛教思想試論》，《佛學研究》，2005年刊，第5～16頁。方立天：《總結趙樸老的宗教思想　發揮宗教的積極作用》，《法音》，2010年第6期，第20～22頁。洪修平：《趙樸初的人間佛教思想及其現實意義》，《世界宗教文化》，2015年第2期，第1～4、158頁。鄧子美：《趙樸初人間佛教思想追論》，《佛學研究》，2003年刊，第22～25頁。華方田：《趙樸初的人間佛教及其特點》，《佛學研究》，2004年刊，第60～64頁。Ji Zhe. Comrade Zhao Puchu: Bodhisattva under the Red Flag, David Ownby, Vincent Goossaert, and Ji Zhe（eds.）, Making Saints in Modern China, Oxford University Press, 2017. Ji Zhe. Zhao Puchu and His Renjian Buddhism, The Eastern Buddhist NEW SERIES, Vol. 44, No. 2 （2013）, pp.35~58.

〔註66〕黃夏年編：《巨贊集》，北京：中國社會科學出版社，1995年。黃夏年編：《中國近代思想家文庫·巨贊卷》，北京：中國人民大學出版社，2015年。黃夏年編：《人間佛教思想文庫·巨贊卷》，北京：宗教文化出版社，2017年。朱哲主編：《巨贊法師文集》，北京：團結出版社，2001年。朱哲主編：《巨贊法師全集》，北京：社會科學文獻出版社，2008年。

〔註67〕釋信融：《巨贊法師研究》，臺北：新文豐出版公司，2006年，第37頁。

師在新中國初期的佛教社會改革，以及他努力調和佛教和社會主義的具體實踐。這比他之前的《中國佛教社會主義改造中佛教徒的貢獻：巨贊法師1949～1953年的具體實踐》歷史視野更爲貫通。〔註68〕此外，有關巨贊法師的代表性論文還有陳衛華和鄧子美的《巨贊法師的人間佛教理念與實踐》《巨贊與中共關係的歷史考察》《巨贊對建國初期佛教建設的歷史貢獻》、宗曉的《巨贊法師及其「新佛教運動」》、趙翠翠和李向平的《「人間佛教」的社會觀研究——以太虛、巨贊和趙樸初的佛教思想爲中心》、李華華的《人間佛教視閾中的「生產化」與「學術化」——巨贊佛教改革思想論》等。〔註69〕

　　諸如正果法師、茗山法師、眞禪法師、本煥法師、昌明法師、佛源法師、惟賢法師等一批佛門大德領袖，都是改革開放以後恢復佛教的中堅力量，他們是秉承人間佛教思想的實踐者。〔註70〕回溯80年代以來的大陸佛教重建和發展進程，他們都是非常值得關注的典型個案。尤其《茗山日記》《茗山日記續編》《茗山文集》《玉佛丈室文集》《昌明大師詩文選》《遍能法師傳》《慈雲全集》《佛源妙心禪師廣錄》《一代宗師清定上師》等文集譜傳資料整理問世，更增進人們對那個時代佛門大德的弘法心路和實踐行動的認識理解。其中《茗山日記》，史料價值很高，已被學者所重視。相關代表性的研究成果有：鄧子美《茗山法師的「人間佛教」》、沈海燕《「人間佛教」的實踐者——論眞禪法師的思想及其對當代佛教的影響》、溫金玉《眞禪法師與當代佛教制度建設——以玉佛寺爲中心》、金欣《昌明法師對「人間佛教」思想的踐行與貢獻》等。〔註71〕

〔註68〕 X Yu, Buddhist Contribution to the Socialist Transformation of Buddhism in China: Activities of Ven. Juzan during 1949-1953, Journal of Global Buddhism, 2009, 10: 217~253.

〔註69〕 陳衛華、鄧子美：《巨贊法師的人間佛教理念與實踐》，《宗教學研究》，2009年第4期，第104～108頁。陳衛華、鄧子美：《巨贊對建國初期佛教建設的歷史貢獻》，《西南民族大學學報》，2010年第6期，第235～238頁。陳衛華、鄧子美：《巨贊與中共關係的歷史考察》，《宗教學研究》，2013年第4期，第227～233頁。宗曉：《巨贊法師及其「新佛教運動」》，山東大學碩士學位論文，2007年。趙翠翠、李向平：《「人間佛教」的社會觀研究——以太虛、巨贊和趙樸初的佛教思想爲中心》，《宗教學研究》，2015年第1期，第115～121頁。李華華：《人間佛教視閾中的「生產化」與「學術化」——巨贊佛教改革思想論》，《安徽大學學報》，2009年第4期，第30～34頁。

〔註70〕 詳見鄧子美、陳衛華編著：《當代人間佛教傳燈錄（1949～2015）》，北京：宗教文化出版社，2017年。

〔註71〕 鄧子美：《茗山法師的「人間佛教」思想》，《佛教文化》，2006年第5期，第

0.2.4　淨慧法師與生活禪研究

　　淨慧法師，是秉承太虛大師、趙樸初等人間佛教思想精髓，並結合時代發展的人間佛教事業的實踐者。他是繼趙樸初之後第一位真正自覺地繼承和推展現代人間佛教運動的人，也是迄今在大陸比較成功地探索現代佛教建設的一個典範。〔註 72〕而創立和弘揚生活禪的理念，是淨慧法師在佛教思想理論上的最大貢獻。〔註 73〕淨慧法師著述頗豐，正式出版的有《中國佛教與生活禪》《生活禪鑰》《做人的佛法》等 20 餘部。

　　生活禪最初進入學術視野，是緣於生活禪夏令營現象。生活禪夏令營等活動，被視為當代佛教面向社會弘法的具有佛教主體性意義的一個標誌。而生活禪思想，則是改革開放以後大陸佛教界最具有實踐成效的理論體系。在淨慧法師的推動和支持下，圍繞生活禪、禪文化，國內學術界舉辦了多次系列研討會，積累了很多成果，其中淨慧法師和生活禪都是重要的研究議題。目前，已經出版了至少 6 部《生活禪研究》專題論文集。〔註 74〕專著方面，近年主要有高永順《生活禪的理論與實踐》、黃敏《禪與生活世界——生活禪的過去、現在、未來》、陳雲君《淨慧長老與生活禪論稿》和《生活禪啓示錄》等。〔註 75〕

　　69〜75 頁。沈海燕：《「人間佛教」的實踐者——論真禪法師的思想及其對當代佛教的影響》，《佛教文化》，2005 年第 6 期，第 31〜32 頁。溫金玉：《真禪法師與當代佛教制度建設——以玉佛寺為中心》，《佛教文化》，2005 年第 6 期，第 32 頁。金欣：《昌明法師對「人間佛教」思想的踐行與貢獻》，中南民族大學碩士學位論文，2013 年。

〔註 72〕何建明：《淨慧長老與中國現代佛教》，《中國民族報》，2013 年 9 月 24 日，第 7 版。

〔註 73〕方立天：《淨慧法師的傑出貢獻與歷史地位》，載李四龍編：《指月者：「淨慧長老與生活禪」學術研討會論文集》，北京：生活・讀書・新知三聯書店，2015 年，第 18 頁。

〔註 74〕黃夏年主編：《生活禪研究》，鄭州：中州古籍出版社，2011 年。黃夏年主編：《生活禪研究 2》，鄭州：中州古籍出版社，2012 年。黃夏年主編：《生活禪研究》，鄭州：大象出版社，2012 年。黃夏年主編：《生活禪研究 2》，鄭州：大象出版社，2013 年。黃夏年主編：《生活禪研究》，鄭州：大象出版社，2015 年。明海主編：《淨慧長老與生活禪研究》，北京：宗教文化出版社，2015 年。

〔註 75〕高永順：《生活禪的理論與實踐》，武漢：湖北人民出版社，2016 年。黃敏：《禪與生活世界——生活禪的過去、現在、未來》，武漢：湖北人民出版社，2016 年。陳雲君：《淨慧長老與生活禪論稿》，北京：宗教文化出版社，2016 年。陳雲君：《生活禪啓示錄》，北京：宗教文化出版社，2018 年。另外，明堯居士整理淨慧法師生活思想的《生活禪綱要》也即將正式出版，其講座視頻

　　對於生活禪與人間佛教的關係、生活禪與禪宗的關係，學者有諸多討論。主要有六種觀點：第一種觀點是將生活禪作爲人間佛教的具體實踐方式之一。如王雷泉認爲，生活禪的理念和實踐，是 20 世紀以來「人間佛教」的一個表現方式。〔註 76〕第二種觀點是將生活禪作爲人間佛教的禪宗化。如鄧子美指出，河北佛協提倡的「生活禪」實質上應屬人間佛教的禪宗化。〔註 77〕方立天也認爲，生活禪既是對太虛大師提出的「人間佛教」思想的落實和深化，也是對如來禪和祖師禪的繼承和回歸。〔註 78〕張志軍認爲，生活禪是「禪宗史上的一次變法」，是「祖師禪根本精神的回歸」，同時也是「人間佛教」的昇華。〔註 79〕陳兵認爲，淨慧法師倡導的「生活禪」將人間佛教的精神具體化，適應現代人的生活，賦予傳統禪宗新的活力。〔註 80〕第三種觀點，是認爲生活禪超越禪宗，是一種整體性的現代佛教形態，是對傳統佛教的反省和發展。如學愚認爲，生活禪不是中國傳統禪宗的重複，「而是佛法應化典範與模式的轉換」，是人間佛教思想的具體實踐。〔註 81〕汲喆認爲，生活禪是 1949 年後唯一一種能夠以創造性的方式再造漢傳禪宗傳統的新佛教運動。〔註 82〕侯坤宏認爲，淨慧法師生活禪的提出，也可以說是對中國大陸在改革開放以後的佛教如何發展所提的一種新方案。〔註 83〕第四種觀點，

見黃梅四祖寺網站：http://www.hmszs.org/115/2018/0803/1128.html。

〔註 76〕鳳凰網：《專訪王雷泉教授》，轉引自李四龍編：《指月者：「淨慧長老與生活禪」學術研討會論文集》，北京：生活·讀書·新知三聯書店，2015 年，第 99 頁。

〔註 77〕鄧子美：《二十世紀中國佛教智慧的結晶——人間佛教理論的建構與運作（下）》，《法音》，1998 年第 7 期，第 16～22 頁。

〔註 78〕方立天：《淨慧法師的傑出貢獻與歷史地位》，載李四龍編：《指月者：「淨慧長老與生活禪」學術研討會論文集》，北京：生活·讀書·新知三聯書店，2015 年，第 19 頁。

〔註 79〕張志軍：《生活禪興盛之原因探析》，《禪文化》第一輯，鄭州：中州古籍出版社，2011 年，第 586～591 頁。

〔註 80〕陳兵：《中國佛教的回顧與展望》，《法音》，2000 年第 2 期，第 6～12 頁。

〔註 81〕學愚：《生活禪今論》，《生活禪研究》，第 88 頁。載李四龍編：《指月者：「淨慧長老與生活禪」學術研討會論文集》，北京：生活·讀書·新知三聯書店，2015 年，第 187 頁。

〔註 82〕汲喆：《人間佛教、生活禪與「化現代」公案》，載李四龍編：《指月者：「淨慧長老與生活禪」學術研討會論文集》，北京：生活·讀書·新知三聯書店，2015 年，第 167 頁。

〔註 83〕侯坤宏：《淨慧法師倡導生活禪的當代意義》，載李四龍編：《指月者：「淨慧長老與生活禪」學術研討會論文集》，北京：生活·讀書·新知三聯書店，2015 年，第 162 頁。

是將生活禪作爲一種禪修方式和佛教制度。如李向平認爲，生活禪是當代中國人間佛教「農禪並重」「學術研究」「國際交流」三大傳統同時的第四個傳統——「將信仰落實於生活」，生活禪固然是一種禪修方式，但同時也是一種佛教實踐制度，生活禪與叢林管理是一體的。〔註84〕第五種觀點認爲，生活禪是現代改良型的禪法。如聖凱法師認爲將當代漢地流行的禪法歸納爲四種形態，即傳統型、改良型、變革型、外來型，認爲生活禪與臺灣佛光禪、法鼓禪、中臺禪等禪法均屬於改良型的禪法，其特點是以佛教原典作爲理論依據，默契人間佛教思想，強調古老禪宗在現代條件下的具體運用，這些禪法都是現代禪宗轉型之路上的不同形態。〔註85〕第六種觀念認爲，生活禪不是具體的法門或禪法，而是一種修行理念。如淨慧法師的弟子明堯認爲，生活禪不是一個具體的法門，不能把它同「話頭禪」「默照禪」「念佛禪」乃至南傳佛教的「四念處」和藏傳佛教的「持明觀想」等並列起來，它不是某種具體的禪法。「生活禪」這個概念的外延要遠遠超過禪宗，而是一種「在生活中修行，在修行中生活」的修行理念。〔註86〕這些對生活禪理念的不同理解，一方面反映出學界對於生活禪的關注，另一方面也折射出對於淨慧法師生活禪理念的認知尚不夠準確深入。其實，淨慧法師在《關於「生活禪」理念提出二十週年的一點感想》〔註87〕這篇文章中，已經透露出提出生活禪的諸種因緣和初衷，也概要總結了生活禪的落實方法，可惜此文尚未引起足夠重視。

除了對生活禪思想的研究，也有不少關於柏林寺和四祖寺的生活禪實踐尤其是生活禪夏令營、禪文化夏令營的調查研究。汲喆考察了柏林寺自 1988

〔註84〕 李向平：《生活禪與人間佛教「第四個傳統」》，載李四龍編：《指月者：「淨慧長老與生活禪」學術研討會論文集》，北京：生活・讀書・新知三聯書店，2015年，第134、136頁。

〔註85〕 聖凱：《禪宗現代轉型之路剖析——以當今漢傳佛教界所流行的禪法爲中心》，載李四龍編：《指月者：「淨慧長老與生活禪」學術研討會論文集》，北京：生活・讀書・新知三聯書店，2015年，第307頁。聖凱：《禪宗現代轉型之路剖析——以安祥禪、現代禪、生活禪爲中心》，《中國禪學》第3卷，2004年。聖凱：《佛教現代化與化現代》，北京：金城出版社，2014年。

〔註86〕 明堯：《關於生活禪的定位問題》，載李四龍編：《指月者：「淨慧長老與生活禪」學術研討會論文集》，北京：生活・讀書・新知三聯書店，2015年，第222～223頁。

〔註87〕 詳見淨慧：《關於「生活禪」理念提出二十週年的一點感想》，載黃夏年主編：《生活禪研究》，鄭州：中州古籍出版社，2011年，第14～21頁。

年開始的重建過程，指出在當代中國佛教的復興首先是一種象徵性的記憶重構過程。柏林寺通過趙州塔、趙州禪師、趙州禪、虛雲和尙法脈傳人等宗教權威元素，賦予了自身新建寺廟的合法化身份和宗教神聖性意蘊。〔註88〕楊鳳崗和魏德東也非常注重社會和政治因素對柏林寺重建和發展的影響。他們認爲淨慧法師在《法音》主編和中國佛教協會的經歷使他具有卓越的政治經驗和人脈資源，熟悉宗教政策和對外宣傳，他與僧侶、宗教活動家、港臺和外國佛教領袖及政府負責宗教事務的官員都建立了良好的關係，復建柏林寺也得到了他們很多支持。而夏令營等系列活動的成功舉辦，也得益於淨慧法師的一批受過高等教育、高度敬業的年輕弟子，如畢業於北京大學的明海法師、畢業於中山大學的明奘法師等，他們是柏林寺的核心力量。他們強調，柏林寺成功最關鍵的因素是政府官員的政治支持，夏令營被視爲河北佛教文化的一個亮點，也被作爲全省宗教事務的一個亮點。〔註89〕柏林寺自1993年開始的生活禪夏令營，主要面向青年大學生群體持續舉辦，開啓了一種面向年輕知識群體的夏令營弘法模式。據學者統計，截止2009年全國約有16所寺院舉辦佛教夏令營和禪修活動〔註90〕，2016年約有50所寺廟開展各式夏令營活動。魏德東運用宗教市場理論，將柏林寺作爲「宗教紅市」的典型個案。他分析了十五屆生活禪夏令營的學員特徵、活動形式，將生活禪夏令營發展分爲四個階段。第一至六屆（1993～1998年）爲探索期，而且夏令營也贏得信徒的認可，成爲柏林寺發展的重要的推動力量。第七至九屆（1999～2001年）爲調整期，是夏令營的一個低潮，也表現出活動所面對的社會壓力。第十至十二屆（2002～2004年）是勃發期，夏令營成爲合法的被認可的宗教活動形式。第十三至十五屆，是平穩發展期，開始進入活動效果優化的探索突破階段。〔註91〕樊旭琴對第十三屆生活禪夏令營營員的問卷分析，指出：許多營員並不是直接通過柏林寺的網站或者刊物而得知夏令營，而是通過學校

〔註88〕 Ji Zhe, Mémoire Reconstituée: Les Stratégies Mnémoniques Dans la Reconstruction d'un Monastére Bouddhique, Cahiers Internationaux De Sociologie, 2007, 122（1）: 145~164.

〔註89〕 Fenggang Yang and Dedong Wei, The Bailin Buddhist Temple: Thriving under Communism, Religion & the Social Order, 2005, pp.63~86.

〔註90〕 紀華傳：《佛教的發展及其在商業大潮中的困境》，載金澤、邱永輝主編：《中國宗教報告（2008年）》「宗教藍皮書」，北京：社會科學文獻出版社，2008年，第42～43頁。

〔註91〕 魏德東：《當代中國宗教紅市的發展：以生活禪夏令營爲例》，載黃夏年主編：《生活禪研究》，鄭州：中州古籍出版社，2011年，第461～486頁。

社團或者是往屆營員間接知道的，如北京大學禪學社、清華禪學社、中醫藥大學的傳統文化社團、北京外國語大學的太極拳協會等。〔註92〕徐智考察了四祖寺第七屆生活禪夏令營，通過問卷分析揭示出生活禪理念對營員的積極影響，通過七天活動，轉變了青年人對於佛教趨於神鬼觀的誤解，使其對佛教的印象也有消極悲觀避世向積極適應生活的方向扭轉，擴大了佛教在青年人中的影響力，同時也緩解了青年營員的心理壓力，使他們的心靈更平和。〔註93〕朱文通、崔魯威認爲，生活禪夏令營是人間佛教融入與適應現代社會生活的新探索，營員構成具有年青化、知識化，宗教性與生活性特點，具有認同佛教的文化屬性。〔註94〕

　　生活禪不僅是柏林寺的一個文化品牌標誌，也成爲淨慧法師門下傳人的宗風。如湖北黃梅四祖寺、河北邢臺大開元寺、湖南常德藥山寺等，都是當代弘揚生活禪的道場。淨慧法師的弘法經驗也被佛教界稱爲「人間佛教的生活禪模式」。〔註95〕陳兵指出，生活禪的特質在於靈活運用祖師禪，將佛法「生活化」和「化生活」相結合。〔註96〕何建明從中國現代佛教史的角度指出，生活禪是淨慧法師創造性地探索出的適應新時期大陸政治、經濟和文化社會發展之需要的現代佛教之路，它的主要特徵有五個方面，即年輕化、知識化、生活化、學術化和國際化。生活禪不僅成爲大陸佛教生存與發展的典範，也爲大陸佛教的未來發展提供了重要的歷史經驗和思想啓示。〔註97〕

0.2.5　現有研究之不足

　　在上述研究成果中，筆者盡可能呈現相關代表性專著和論文，以及其觀點、史料、方法、分析視角等方面的價值。但是，目前在現當代佛教史研究中，仍然存在一些明顯的問題，試舉如下：

〔註92〕樊旭琴：《生活禪理念及其當代實踐》，中央民族大學碩士學位論文，2006年。
〔註93〕徐智：《生活禪夏令營的研究：以四祖寺爲中心》，中南民族大學碩士學位論文，2011年。
〔註94〕朱文通、崔魯威：《人間佛教融入與適應現代社會生活的新探索：以柏林禪寺生活禪夏令營爲例》，載黃夏年主編：《生活禪研究》，鄭州：中州古籍出版社，2011年，第451～460頁。
〔註95〕傳印：《人間佛教的生活禪模式——淨慧長老示寂三週年追思》，《中國民族報》，2016年4月26日，第8版。
〔註96〕陳兵：《生活禪淺識》，《法音》，1996年第8期，第7～11頁。
〔註97〕何建明：《淨慧長老與中國現代佛教》，《中國民族報》，2013年9月24日，第7版。

　　首先，在研究對象上，學者存在混淆「佛教」和「佛教學術研究」的錯誤。將「佛教」和「佛教學術研究」相混雜的情況，在研究清代以前的佛教，可能還不至產生太大的麻煩，因爲文人士大夫的有關佛教的詩文著作，本身可以看做是特定歷史的佛教觀，也是被當作佛教社會史和文化史研究的素材，而且也他們多有一定佛教信仰。但是，自從近代專業化的學術研究發展起來以後，情況則大爲不同，倘若再將獨立的佛教學術研究作爲「佛教史」內容討論，其錯誤就太明顯了。比如，《浩劫與重生：1949 年以來的大陸佛教》的研究對象是「佛教」，其第八章「改革開放以來的大陸佛學研究與代表性佛學著述的相關考察」的研究對象是「佛學研究」，而這一章關於李四龍《歐美佛教學術史：西方的佛教形象與學術源流》、郭朋《明清佛教》、陳兵和鄧子美《二十世紀中國佛教》、賴永海主編《中國佛教通史》等四節內容的書評，無論怎樣都不應該屬於「1949 年以來的大陸佛教」這個範疇之內。誠然，佛教學術研究具有時代特徵，能夠反映出著作者所處的歷史政治文化態勢並間接透視社會對佛教的觀感，但是這些著作本身並不是「佛教」，它們僅是可供研究的「史料」。〔註98〕然而，這種問題並不是個案，似乎是模仿了之前的《二十世紀中國佛教》的結構，其最後一章即爲「佛學研究的成果和方法」，諸如胡適、范文瀾、任繼愈、方立天等學者的佛教研究以及世界宗教研究所、高校宗教學的設立。儘管學術界與佛教界有交流互動，可是簡單地將所有「佛教研究」全部籠統納入「佛教」名下，無疑是混淆了學術史和佛教史。最近的《中華佛教史（近代佛教史卷）》依然是將「佛教史研究」和「佛教哲學研究」等作爲單獨的章目。〔註99〕這些都反映出了當前學者在進行近現代佛教史研究時，對於研究對象缺乏明確的界定，對於「佛教」和「佛教學術研究」的認識仍然比較模糊，由此才產生了這種錯誤和混亂。這可能也與長期以來中國佛教研究以哲學爲主，而「歷史學家缺位」有

〔註98〕在江燦騰教授序言中，表明這部分內容是應其建議而「增加針對當代大陸學界的最新論述觀點的應有學術史探索」，這似乎說明序者和著者都混淆了「佛教史」和「佛教研究學術史」二者巨大的差別。江燦騰教授有關郭青《塵緣袈裟》小說的背景分析和歷史還原都十分經典，侯坤宏教授對於范文瀾《唐代佛教》一書中折射的政教關係也處理得非常成功，但近現代「佛教史」和關於佛教研究「學術史」畢竟是涇渭分明的。

〔註99〕例如，按照常識，我們不會把王陽明援佛入儒的著述歸爲「佛教哲學」，可是一些學者卻將同樣是援佛入儒的熊十力著述《破破新唯識論》放於「佛教哲學研究」範疇之中，實在令人費解。

關。〔註100〕

第二，在研究範式上，尚未擺脫政教關係視角和精英人物史觀。即使作為目前此主題最出色的三部專著成果《毛澤東時代的佛教》《中國佛教的社會主義改造》和《浩劫與重生：1949年以來的大陸佛教》，也仍未突破政教關係研究模式，缺乏對佛教社會層面及民眾信仰情況的考察，主要表現在對歷史中的個人關注不足。1949年以後的中國佛教命運確實很大程度上受到政治的影響，但是在民眾信仰層面也具有很大的適應性、靈活性和個體性，況且個體的經歷是不能簡單地被政治分期所割裂。另外，在研究路徑上，也不能侷限傳統的宗教人物思想史主線，必須輔以社會史、文化史等面向的延展。

第三，在現實問題研究上，整體性思考不足。現狀研究雖然多以描述個案為主，分析解釋深度及理論性探索仍然比較欠缺。當然，大陸宗教政策恢復也才40年，所以在現實問題的學術研究層面未免不夠敏銳，情有可原。另一方面，在方法論和理論提升方面亟待加強，在傳統哲學和史學進路上以口述史和田野調查資料充實比照十分必要，〔註101〕分析方法和理論提升也亟待加強。

總之，對於中華人民共和國時期佛教歷史的研究，有價值的著作成果還很少，並且尚未完全突破維慈的經典範式。而對於改革開放後的佛教現狀，研究成果比較零散，缺乏深入系統的理論提升。儘管1949年以後中國社會和政治發生了翻天覆地的變化，但對於佛教的考察也不應忽視基於時間線索的整體連貫視角，不能生硬割裂人物、事件以及佛教的發展脈絡，尤其不能肢解或湮沒作為個體的具體的「人」的生活經歷。這樣重新審視新中國佛教的歷史脈絡，才可能會有新的發現。而這也正是人物研究的優越性所在──

〔註100〕張偉然：《歷史學家缺席的中國佛教研究》，《華東師範大學學報》，2008年第4期，第19～21頁。

〔註101〕比較系統的佛教口述史成果，有臺灣「國史館」出版的20餘冊佛教人物口述資料、佛光山星雲大師的口述資料等，部分內容涉及到了兩岸佛教交流及近現代大陸佛教情況。香港中文大學2015年曾召開過「當代中國佛教寺廟口述歷史（1949～至今）學術研討會」，鳳凰網等媒體有對惟賢法師、慈學法師、佛源法師等進行過口述史採訪並有視頻影像。大陸學界方面，口述採訪還多是寺廟或學者個人行為，沒有形成廣泛學術共識，已知的有：中國人民大學宣方副教授自2005起開始在中國佛學院收集佛教高僧人物口述資料，寧波天童寺也有自己的口述史團隊在收集整理資料，河北柏林寺等在收集整理「淨慧長老與生活禪」口述史資料等。

人物研究並不會過時，因爲它能夠以小見大，從細節處展現整體，貫通個體與歷史，進而呈現出人物、時間、事件與宏大社會的發展譜系。

0.3　資料、方法和創新、不足

0.3.1　基本史料

0.3.1.1　淨慧法師文章著述

淨慧法師著述文字較多，主要有三種類型：第一種是完全由他本人執筆撰述的論文、文章、詩偈、法語、講話稿等。第二種，是經他授意、認可，由門人弟子代筆或撰寫、起草的文字，如明海法師和明堯居士等都曾爲他代筆或草擬過文字。第三種，是根據淨慧法師講經、講演、講話的現場錄音或視頻整理出的文字。其中，第一種和第三種，比第二種可信度更高。但是，現實中除非是知曉其中內情之人，旁人則很難知曉分辨。

淨慧法師的論文，主要刊載於《法音》和《禪》刊等，還有一些書籍的序言。〔註102〕其著作流通則有教內印行和正式出版發行兩種方式。由於涉及宗教主題的書籍，在正式出版發行時都不可避免遭遇刪改和文字潤色，因此相對而言，教內印行流通的版本比公開出版的更爲接近作者文字原貌。淨慧法師圓寂之後，門下弟子開始有計劃地系統整理流通淨慧法師著述文字。2014 年，柏林寺流通《夏令營的腳步——柏林寺生活禪夏令營》《夏令營的腳步——四祖寺禪文化夏令營》，收錄自 1993 年至 2012 年歷屆生活禪夏令營和禪文化夏令營期間淨慧法師講話、開示、問答交流等，並且注明時間地點。2005 年，柏林寺流通「淨慧禪話」系列《柏林禪話》《雙峰禪話》《紫雲禪話》《眞際禪話》《玉泉禪話》《雲水禪話》，是淨慧法師在不同道場舉辦禪七法會的開示和講話。這些資料，都是根據原始錄音整理成文字，如實呈現淨慧法師思想原貌。因此，筆者優先選用以上這些文獻。2016 年，柏林寺流通《淨慧聯韻》，是淨慧法師所作對聯。2018 年，生活禪文化公益基金會印行《淨慧長老選集》，將之前教內流通零散單行本集中出版，內容包括《水月道場》《何處青山不道場》《入禪之門》《雙峰禪話》《柏林禪話》《處處是道場》《禪在當下》《守一不移》等。淨慧法師的著述，在社會上公開出版發

〔註102〕明傑法師等將淨慧法師序跋題記整理成《五葉堂序跋記集》，由東方出版社即
　　　　將出版。

行的主要有：《生活禪鑰》、《生活禪鑰》（增訂本）、《經窗禪韻》、《經窗禪韻》（增訂本），以及《入禪之門》（中英文對照）、《中國佛教與生活禪》《做人的佛法》《花都法雨》《〈壇經〉一滴》《雙峰禪話》《入禪之門》《何處青山不道場》《〈心經〉禪解》《禪在當下》《禪堂夜話》《生活禪語》《空花佛事》等。而這些社會上公開出版的著作，教內之前也曾有流通。

0.3.1.2　生活禪夏令營歷屆活動《專輯》

自 1994 年柏林寺印行《生活禪──第一、二屆生活禪夏令營專輯》，之後歷屆夏令營活動都有《專輯》，每年一冊，主要收錄開營式所有來賓致辭講話、生活禪講座、淨慧法師等授課講師開示、夏令營閉營式總結、與營員的對話交流等，有的還附有生活禪夏令營活動基本情況概述，如營員基本構成、活動心得、贊助情況、各方面反響等。每屆《專輯》的內容，也都全文登載在柏林禪寺網站（http://www.bailinsi.net/）上。

0.3.1.3　柏林寺藏淨慧法師未公開資料

2013 年，淨慧法師圓寂之後，門下弟子發起編輯《淨慧長老全集》，由明海法師聯合四祖寺、開元寺、玉泉寺、眞際禪林、藥山寺、虛雲禪林、老祖寺、蘆花庵等寺廟和相關法師負責。首期工程歷經三年，於 2016 年初步完成「淨慧長老文史檔案資料」（一期）數據庫電子版。其內容包括大量未公開的書信、日記、檔案、照片、自述錄音、採訪錄音和視頻等資料。〔註 103〕2016年 7 月，明海法師委託中國人民大學何建明教授主持開展《淨慧長老年譜長編》，將「淨慧長老文史檔案資料」數據庫三份副本中的一份硬盤提供何建明教授作爲學術研究之用，同時允許筆者複製一份作爲博士論文寫作和研究使用。這份資料，極其珍貴，即使對柏林寺常住僧人，都未曾公開。

0.3.1.4　柏林寺藏中國佛教協會部分教務檔案未公開原件

在明海法師的支持下，筆者得以閱讀到寺內收藏的中國佛教協會部分教務檔案原件。這批檔案，主要有個人來信、各地來函、佛協函文、佛協及部

〔註 103〕據明海法師告訴筆者，淨慧法師有每天記日記的習慣，連「文革」期間都沒有中斷。但是，現存的日記都是 80 年代以後的。1978 年以前的日記，被淨慧法師親手燒毀了。那時正值《茗山日記》（2001 年）出版，因爲日記內容關涉很多健在的人物，在佛教界引發一定爭議。淨慧法師對文字非常慎重，他有鑑於此，就在柏林寺將自己 1978 年以前的日記付之一炬。（筆者 2016年 7 月於柏林寺訪談明海法師。）

委文件等四類，共 81 冊。包括：個人來信 54 冊，各地來函 14 冊，佛協回函、發文 5 冊，以及佛協及部委文件 8 冊。其中，以個人來信居多，有 54 冊。檔案大多為原件，來信、來函都有佛協教務處收存日期章和編號，有的還附有轉教務、領導批示、處理意見等內容。佛協回函發文，也多附有發函文草稿、油印稿、反映情況的來信原件。並且檔案中有很多高僧大德的親筆信或批示意見，如正果法師、明暘法師、隆蓮法師、淨嚴法師、行孝禪師、明哲法師、明學法師、昌明法師、妙湛法師、彌光法師、定然法師、果一法師等。這些都是「遺留性史料」，歷史價值和學術價值極高。

　　其具體分冊情況是：第 1～7 冊，是 1982 年來信；第 8～12 冊，是 1983 年來信；第 13～17 冊，是 1984 年來信；第 18～21 冊，是 1985 年來信；第 22～24 冊，是 1986 年來信；第 25～30 冊，是 1987 年來信；第 31～35 冊，是 1988 年來信；第 36～41 冊，是 1989 年來信；第 42 冊，是 1990～1991 年來信；第 43～44 冊，是 1992 年來信；第 45～47 冊，是 1993 年來信；第 48～50 冊，是 1994 年來信；第 51～53 冊，是 1995 年來信；第 54 冊，是 1996～1999 年來信；第 55 冊，是湖南、湖北、黑龍江、吉林來函；第 56 冊，是福建來函；第 57 冊，是江蘇來函；第 58 冊，是廣東來函；第 59 冊，是江蘇、江西、遼寧來函；第 60 冊，是安徽、北京、重慶來函；第 61 冊，是河北、河南來函；第 62 冊，是甘肅、廣西、貴州、海南來函；第 63 冊，是四川來函；第 64 冊，是青海、寧夏、山西、內蒙古來函；第 65 冊，是浙江來函；第 66 冊，是陝西、上海、遼寧來函；第 67 冊，是雲南、天津、西藏等地來函；第 68 冊，是浙江、福建、江蘇、天津來函；第 69～73 冊，是佛協回函、發文；第 74～81 冊，是佛協及部委文件、講話稿、會議紀要等。

　　這批檔案，真實地展現了落實宗教政策初期中國佛教的發展歷史。

　　首先，從個人來信和各地來函內容看，反映落實政策、要求歸還廟產，恢復宗教活動場所、保護正常宗教信仰生活的訴求最多。當時，寺廟被園林、文物部門侵佔的情況比較嚴重，一些地方政府對於宗教政策理解有偏差，仍不時有毀寺驅僧的現象發生，甚至連中國佛教協會的《法音》刊物都被收繳焚毀。此外，在個人來信中，諮詢宗教政策法規、申請出家、反映寺廟問題及領導權歸屬的內容也不少。

　　第二，在個人來信中，寫給中國佛教協會的信件最多，其次是《法音》編輯組和趙樸初，也有寫給正果法師和班禪大師的。可以看出，他們在信教

群眾中具有較高的社會影響力。尤其趙樸初，很多寫信的人在信封上寫「中國佛教協會」收，但是信紙正文的抬頭會寫「趙樸初」。除了稱呼其爲趙樸初先生、趙樸初同志、趙會長外，也有稱其爲趙師父（傅）、趙樸初大師、樸初長老等字樣，以爲他是出家人。〔註104〕由此可見，寫信人並不熟悉趙樸初。他們有的在來信中說，自己在新聞報紙和《法音》上見到趙樸初先生，非常崇敬。一位來信人還將趙樸初與正果法師、巨贊法師並稱爲「三菩薩」。

第三，據所來信件內容和收信人名稱來看，《法音》起到了團結佛教信眾、宣傳落實宗教政策法規的重要作用。很多來信者都表明是從《法音》刊物上瞭解到國家的宗教政策及《憲法》三十六條，瞭解到佛教動態訊息，如佛學院招生等。

第四，這批檔案中的個人來信，絕大多數是「存」，只是作爲存檔收錄以備查用的。少數反映的問題非常嚴重且有代表性的來信，中國佛教協會會擬出具體意見，致函或轉呈至國家宗教局或相應地方宗教局、統戰部等，協同處理。個別具有針對性的問題，中國佛教協會也會覆函幫助。例如，魯迅美術學院李翎來信詢問佛教造像事宜，中國佛教協會即轉函至四川尼眾佛學院隆蓮法師幫忙解答。這些檔案資料中，有些來訪、來電記錄和會議討論記錄，是手寫原始草稿；有些關於佛教教育、漢傳佛教重點寺廟會議紀要等，也是現場記錄的原始手稿；另外，還有個別道教、伊斯蘭教信徒的來信。有的寄信人，本身是道教、民間信仰的信徒，但他們也將重修城隍廟、恢復龍華會等請求，寫信向中國佛教協會求助。這說明，當時五大宗教中，中國佛教協會在社會上的影響力較大。

0.3.1.5　佛教期刊

佛教期刊，能夠一定程度反映出當時佛教的歷史情況。筆者主要系統閱讀了 1949 年以後的《覺訊》月刊《弘化月刊》《覺有情》《現代佛學》《法音》和《禪》刊 6 種期刊。期刊能夠反映出政治和宗教的一種時代性和連續性，有助於迅速把握當代佛教的整體背景。

0.3.1.6　當代佛門人物著作、文集、譜傳、檔案等

筆者主要利用 90 年代中期以前中國佛教高僧大德相關著述、文集、譜傳等，以此來瞭解當時佛教界的思想狀況，尤其關注虛雲老和尚門下弟子和太

〔註104〕日本佛教代表致辭中，有的也稱呼趙樸初爲「趙樸初長老」。

虛大師門下弟子的相關資料，進而把握淨慧法師提出生活禪的時代意義。筆者主要閱讀了圓瑛法師、趙樸初居士、巨贊法師、持松法師、茗山法師、遍能法師、昌明法師、惟賢法師、淨嚴法師、隆蓮法師、明暘法師、清定法師、昌臻法師等人相關資料，以及《虛雲老和尚全集》《太虛大師全書》等。

此外，筆者所藏的遼寧省佛教協會智悲法師檔案（「遼寧省政法幹部學校案卷」，1962～1965 年），因為時段集中在「社教」「交心」政治運動期間，可以近似地理解淨慧法師當時的處境。這份資料，大多是智悲法師親筆，一些是宗教工作幹部的記錄。目錄頁共有 9 類內容，分別是：1. 遼寧省佛教協會佛教研究組員登記表（1962 年 3 月 17 日），共 2 頁。2. 遼寧省宗教愛國團體、工作人員登記表（1964 年 3 月 29 日），共 21 頁。3. 社教運動敝思想、擺問題材料（1965 年 5 月 21 日）及落實、補遺，共 16 頁。4. 學習心得（省佛協研究組）（1965 年 9 月 19 日），共 7 頁。5. 1962 年期間思想反映及言論資料，包括：《智悲對「寺廟管理試行草案的看法」》《對宗教問題的看法》《對國內問題的看法》《智悲材料：對國際形勢問題的看法》，係其他人對智悲法師的「告密」「揭露」材料，共 9 頁。6. 1963 年期間思想反映及言論資料，包括：智悲法師自己寫的《回憶（中國佛教協會第三屆全國代表）大會上的活動》《大會會議》《我對於寫文史資料的一點經驗體會》，以及宗教幹部寫的《智悲在宗教團體負責人座談會期間的表現》、遼寧省人民委員會宗教事務處《智悲的表現》《智悲對我反封建迷信的反映》，以及其他人等檢舉材料，共 37 頁。7. 1964 年期間思想反映及言論資料，包括：智悲《學習體會》、其他人「揭露」材料，共 5 頁。8. 智悲給宗教處阿處長的信，共 2 頁。9. 智悲給運廣法師提的意見《還請運廣法師上陣　替您敝出幾條思想》，共 2 頁。由於《現代佛教》自 1964 年停刊，佛教信息鮮于見諸報導，並且佛教期刊上也不會反映如此詳盡的政治運動經過。因此，智悲法師這份檔案資料，非常具有研究價值，他反映出佛教人物的內心掙扎、信仰與政治的衝突和妥協，以及觀念變化的過程。而這種變化，在當時比較普遍。

另外，文中所附的《1956 年心禪揭發上海金剛道場材料》，也是從未被利用過的史料。本來，當時上海佛教界組織批判清定法師的資料大都登於《弘化月刊》，這份資料為什麼沒有被刊登，不得而知。但是細心比較內容，也會發現心禪法師與淨慧法師採取了同樣的做法，即：服從政治要求，但盡可能將真相藏在這些材料中，努力「不妄語」。這在特殊的歷史時期，也是一種無奈之下的策略。

0.3.1.7 柏林禪寺、黃梅四祖寺、邢臺大開元寺網站，以及生活禪時代微信公眾號、四祖寺雙峰學堂公眾號、柏林禪寺公眾號等

當代佛教網絡和自媒體傳播非常廣泛，淨慧法師門下弟子也很重視文宣。通過柏林禪寺、黃梅四祖寺、邢臺大開元寺網站，以及生活禪時代微信公眾號、四祖寺雙峰學堂公眾號、柏林禪寺公眾號等，可以瞭解生活禪的傳播，以及生活禪修學者的互動等情況。

其中，創辦於 2017 年的邢臺大開元寺微信公眾號《生活禪時代》，有「淨慧長老與生活禪」（原名「淨慧長老在河北」）口述史系列，至 2019 年 3 月 26 日已發布口述史訪談 70 則，是極爲難得的珍貴資料。

0.3.1.8 田野調查訪談一手資料

筆者在淨慧法師生前，並未有機緣見面訪問，但是生活禪夏令之名早在 2005 年上大學時代即已知曉。2009 年讀研究生期間，筆者第一次參與式考察佛教夏令營，就是淨慧法師的弟子明奘法師在無錫靈山祥符禪寺舉辦的「春日禪夏令營」。之後，爲了撰寫博士論文收集資料需要，2016 年又全程參加了柏林寺第二十三屆生活禪夏令，實地調查，觀察感受，並與營員訪談，收集資料。

開展博士論文研究期間，筆者主要訪問了明海法師、明傑法師、明基法師、崇諦法師、明堯居士，以及生活禪營員 8 人、義工 12 人、四祖寺常住居士 5 人、蘆花庵常住居士 1 人。並且，筆者在不同場合中，也親耳聽聞楊曾文先生、何建明教授、鄧子美教授、黃夏年研究員、溫金玉教授、張文良教授、宣方教授、王雷泉教授、何燕生教授、邢東風教授、汲喆教授、包勝勇教授、高永順副教授等師長，以及静波法師、定明法師、印順法師、如瑞法師等憶述與淨慧法師交往的點滴。這些資料、訊息，雖然比較零星，但是都是非常生動、眞實而具體的側面記錄。

0.3.1.9 已公開的有關生活禪、淨慧法師的二手資料

已公開的二手資料，包括網絡上已有的對淨慧法師、弟子訪談的視頻、音頻和文字，以及柏林寺和四祖寺等在每年紀念淨慧法師圓寂法會活動期間的採訪、回憶、討論等。這些資料，主要登載在在鳳凰網、禪林網、優酷網、土豆網、四祖寺網站等，有的已經被收錄進柏林寺「淨慧長老文史檔案資料」數據庫。未收錄的，主要是門下弟子近期憶述，如 2018 年淨慧法師圓寂五

週年探討生活禪的學習和傳承的視頻等，都是重要的資料。

　　此外，網絡上散見的營員日記、接觸生活禪的因緣、修學感想、答疑互動等，也作爲補充性研究資料。

0.3.2　研究方法

0.3.2.1　社會學方法

　　社會學將宗教視爲整體社會系統中的子系統，宗教發展和變遷其實折射出的社會結構、社會制度、社會觀念、社會文化等方面的變化。筆者運用社會學方法研究淨慧法師及其倡導的生活禪現象，將生活禪作爲一個社會事實進行闡釋，分析它所產生的社會背景、社會因素、社會影響等。

　　社會學亦名群學，它所關注的個體，乃是在社會中的個體。個人生命歷程、角色定位、身份選擇無不體現社會的作用，絕非偶然而孤立的個體存在。因此，淨慧法師的思想理念和探索實踐，也是社會作用的反映。聚焦於人物個案研究，透過淨慧法師的人生經歷，從具體的歷史事件中，可以呈現出個體與政治、佛教與社會、佛教與時代的關係，從而把握大陸佛教發展歷程。

　　在收集資料時，主要運用田野調查法，進行實地調查和走訪，考察柏林寺、四祖寺、虛雲禪林、眞際禪林、蘆花庵等寺廟，訪談僧尼信徒。在分析資料時，也注重田野調查資料與其他文字資料互證比較。

0.3.2.2　歷史學方法

　　歷史學的研究，側重時間的主線，闡述事件發生、發展、變遷的具體經過。在淨慧法師提出生活禪之前的人物生平經歷部分，主要採用歷史學的方法，分析一代高僧的成長歷程，尤其是其幼年寺廟經歷、親近禪門泰斗虛雲老和尙、「雲門事變」和「反右」運動等一系列政治衝擊、俗世鄉間務農、主編《法音》等經歷，從中理解生活禪產生的人格因素——正是這些坎坷、曲折，加深了他對人間、對眾生、對信仰、對現實的理解，能夠自覺是運用禪法對治這些苦難和問題。

　　另一方面，時間線索也貫穿於其思想。從早期的模仿安祥禪，到晚期自如地將生活禪突破佛教信仰群體推廣到社會層面，形成普世主義價值理念和生活方式，時間都是很關鍵的線索。而作爲中國佛教協會副會長，淨慧法師在貫徹《中國佛教協會章程》和制度方面不遺餘力，生活禪的醞釀、發展、成熟無不體現出他對政治政策的時代回應，生活禪的發展歷程亦是當代中國

佛教歷史的具體展現。

0.3.2.3　文獻學方法

文獻學的方法，主要是分析淨慧法師著述文字，儘量選用依照錄音不刪節的底本，以及早期的初始發表的底本進行研究。由於宗教內容出版的嚴格和敏感性，公開出版的佛教相關書籍被刪改字句的情況嚴重，因此筆者更傾向於採用教內流通的底本，從中剝離出他對人間佛教、對佛教與社會主義社會關係的理解認知、對生活禪的定位，以及對佛教現代轉型和未來發展的思考等。

0.3.3　創新之處

0.3.3.1　資料層面

筆者注重發掘有關淨慧法師和生活禪的新史料，尤其是運用了柏林寺所藏的中國佛教協會 80 至 90 年代部分教務檔案、「淨慧長老文史資料」數據庫，還有「淨慧長老與生活禪」（原名「淨慧長老在河北」）口述史等資料。其中，淨慧法師日記、書信，最能反映具體事件經過，以及他最真實的想法。這些資料，有的從未公開，更沒有被學界研究使用；有的是活態的、不斷生成的口述史料，它們都有助於更真實地接近歷史、時代和人物，展現淨慧法師及其所處時代的豐富細節。

0.3.3.2　方法層面

「歷史活動的中心是人」，〔註 105〕筆者不是採取單一的思想史或者人物生平研究，而是將人物思想及其實踐努力放置在當時具體的歷史情境和時代背景中展現，「將其人放在關係脈絡中展現」，〔註 106〕將個體作為歷史的連續體，折射其所處之歷史時代。在方法上，採取社會學、歷史學和文獻學的多學科方法，立體展現歷史中的個人。在視角上，不是採取絕對宏觀或微觀的立場，而是從淨慧法師人物經歷的具體過程中來展現出個體與國家社會的互動，以及佛教、佛教徒的在不同歷史時期的處境。人物經歷是一條比較完整而連貫的主線。

〔註105〕桑兵：《治學的門徑與取法──晚清民國研究的史料與史學》，北京：社會科學文獻出版社，2014 年，第 220 頁。

〔註106〕桑兵：《治學的門徑與取法──晚清民國研究的史料與史學》，北京：社會科學文獻出版社，2014 年，第 224 頁。

0.3.3.3　觀點和結論層面

首先，結合淨慧法師人生經歷展現當代佛教發展的歷史，並通過生活禪與佛教主體性的問題意識，呈現生活禪思想和實踐所代表的時代價值。儘管筆者也非常重視政治、政策對宗教的影響，但不限於政教關係從上到下的單一視角和「管控論」「市場論」等理論模式的束縛，而是從淨慧法師人物經歷、思想轉變、僧寺建設中鮮活地勾勒時代的縮影，以及內在的佛教主體性作用和價值。

其次，避免單就一個寺廟、一位人物思想進行討論的做法，而是將個體與社會時代相結合，重視以僧伽為核心的生活禪教團在淨慧法師佛教事業中的作用，進而展現生活禪實踐與當代佛教主體性建設的有關問題。之前，王雷泉教授、何建明教授、明生法師、慧靜法師等論文都曾涉及到佛教主體性的問題，但是對社會主體性、文化主體性、信仰主體性的闡釋不夠深入，也缺乏對這三個概念具體內涵的界定。本文第四章中專門界定了這些概念，並討論生活禪在塑造當代佛教信仰主體性、文化主體性、社會主體性方面的意義。尤其重要的是，淨慧法師積極與社會文化階層互動，努力將佛教傳播到社會主流文化中，這種自覺的身份定位和角色擔當，乃是實踐佛教主體性的關鍵所在。淨慧法師真正實施自己的生活禪理念，是從住持柏林寺之後開始的，他門下弟子文化素質之高，在佛門是不多見的，這批優秀的僧眾是生活禪開展的中流砥柱。而且，生活禪法脈傳承道場具有一定的團結性和統一性，堅持以漢傳佛教信仰為本位，積極推展佛教文化傳播，面向社會服務眾生，這種佛教主體性意識和實踐，也會繼續拓展生活禪在社會和文化層面的傳播和影響。

第三，之前研究較少關注生活禪產生的思想背景和歷史背景，本文通過淨慧法師自述資料，證實了早期他有意模仿安祥禪這一歷史。另外，學界研究生活禪的產生，多是從淨慧法師自述中探尋初衷，缺少對時代和社會背景的考量。80 年代和 90 年代初期，氣功、特異功能、傳統國學復興、養生、鈴木大拙等禪學著作引入等，是禪學熱的重要因素。本文注重深入發掘社會群體、社會環境和社會心態層面的因素。

0.3.4　不足之處

本文不足之處主要有四：

第一，由於筆者自身學科基礎的限制，本文比較側重史學分析，對生活

禪思想及哲學闡釋把握不夠,只做了思想史方面的梳理和比較,缺乏哲學概念的深入研究。並且,對於生活禪在有關禪修方面的論述內容,也有避重就輕之嫌。

第二,行文風格比較平直,對微觀細節特點把握較好,但對缺少整體理論框架和更廣闊的宏觀視野,思想深度不夠。

第三,偏重分析淨慧法師對生活禪、對人間佛教等的思考和定位,以及學術界對之評價,但是對於佛教內部的評價,尤其是否定和批評生活禪及人間佛教的聲音,關注不足。

第四,重點研究生活禪提出及其之前的歷史,以及淨慧法師主持柏林寺期間的生活禪實踐,而對他晚年在四祖寺時期的弘法事業和佛教貢獻沒有充分彰顯出來。

0.4　章節結構和基本內容

本文共分為七個部分:

導論部分,主要闡述選題緣由、研究意義、研究方法,以及相關研究成果等。筆者除了利用已公開的文獻資料以及田野調查資料之外,也注重利用未公開的稀見資料,包括柏林寺藏「淨慧長老文史檔案資料」數據庫、中國佛教協會部分教務檔案,以及筆者收集的上海金剛道場資料和遼寧省佛教協會智悲法師檔案等。此外,也注意利用已有的訪談、採訪、演講視頻、音頻和文字資料。

第一章「淨慧法師對佛教傳統的繼承」,主要以淨慧法師早年在傳統叢林的學修經歷——尤其是從虛雲老和尚受戒、得法,傳承禪宗五家法脈,闡發他對禪宗、對佛教傳統的繼承。1949 年以後,大陸佛教命運坎坷,佛教人才也出現斷層,淨慧法師正是改革開放以後佛教恢復發展的關鍵一代。而虛雲老和尚在寺院管理、禪宗修持乃至弘法使命方面,對淨慧法師影響深遠,使他一生始終對佛教命運心懷憂患意識、對禪宗振興和佛教發展自覺擔當,既繼承傳統,又開拓創新。

第二章「政治與宗教張力下的抉擇」,主要以淨慧法師親身經歷的「雲門事變」「反右」等政治運動為例,考察身處其中的佛教、國家和個體——一方面呈現 50 年代中期至改革開放以前佛教的曲折坎坷歷程,一方面剖析政教關係張力中作為個體的淨慧法師的心理衝突和身份抉擇。20 世紀 80 年

代以前，淨慧法師雖然接下禪宗五家法脈，又成爲第一批中國佛學院本科生，但他那時尚未成爲佛教領袖或高僧，因而他那時的所思所想和所作所爲，只能是被動地服從與國家政策和政治安排。這段經歷，也造就了後來他對政治、對時代、對現實、對眾生深切的關懷。特別是他後來對佛教與政治始終能夠保持清醒的認識、秉持佛教信仰本位和主體性，對自己宗教身份定位非常準確。這雖然是個體的經歷，同時也是社會和時代的縮影，是 1949 年中華人民共和國成立之後，佛教與社會主義社會不斷調適的一個「陣痛」過程。這一過程直至十一屆三中全會，之後宗教政策開始逐步落實。

第三章「生活禪與人間佛教傳統的接續」，主要分析大陸 80 年代重提人間佛教、重新樹立太虛大師和人間佛教旗幟，並將人間佛教確立爲中國佛教發展方向的具體經過，以及在此背景下淨慧法師生活禪對人間佛教理論和實踐層面的探索。這一時期，大陸佛教主體性開始逐漸覺醒，堅持信仰爲中心，與氣功等剝離，與政府進行對話訴求合法權益。在趙樸初身邊的成長和在中國佛教協會主編《法音》的經歷，使淨慧法師尤爲關注佛教現實和時代責任，並且也充分鍛鍊出他對政治政策的把握能力。而外出訪問交流的經歷，則增長了他對世界佛教發展態勢的眼界，使他更能結合中國漢傳佛教自身特點探索出一條發展道路。淨慧法師極其尊崇太虛大師，他對生活禪和人間佛教關係的理解，具體地表現爲以禪宗方式落實並推動了人間佛教的學修實踐。

第四章「生活禪提出的思想背景及其基本內容」，主要剖析了生活禪對安祥禪的模仿和超越，以及對當代佛教弘法理念的揀擇、吸收和融攝。生活禪的蘊育、提出和不斷完善，這一過程至今仍在持續進行，淨慧法師的門人弟子自覺承擔起弘揚和發展生活禪的使命。生活禪理念，在社會上逐漸形成一種超越佛教信仰的普世主義理念，被大眾接受並內化爲一種日常生活價值和行爲方式。

第五章「生活禪實踐與現代佛教主體性建設」，著重界定了宗教主體性、佛教主體性、佛教社會主體性、佛教文化主體性、佛教信仰主體性的內涵，以及生活禪實踐在佛教主體性建設方面的意義。佛教主體性是佛教僧尼信眾從自身角度自覺秉持佛教信仰，發揚大乘精神，參與社會，服務國家，利益人群，是一種明確的角色定位和身份選擇。佛教主體性，使佛教之所以能夠成爲佛教，這是其自身的本質屬性，也是佛教存在的內在合法性依據。佛教主體性建設，要求佛教和佛教徒應當與社會文化建立起良性互動的聯繫，不是被動地滿足政治的要求、功能定位，而是要有自覺的宗教身份意識和主動

的擔當精神，實現神聖性、文化性和社會性的統一。生活禪的實踐，是淨慧法師探索在社會主義政教關係的具體國情下，堅持漢傳佛教信仰和修證原則、傳承佛教宗風、引導信眾正信正行、提升佛教和僧尼社會形象乃至提升整個社會的道德的嘗試。生活禪，不僅僅是他在人間佛教框架下的努力，更是致力於整個佛教的發展，尤其是漢傳佛教的現代轉型以及禪宗的振興。

結語部分指出，淨慧法師從一個幼小棄嬰成長為一代高僧的歷程，是以微觀的角度連貫地展現當代佛教復興和發展的進程。淨慧法師在歷經政治運動之後，意識到作為宗教的佛教，必須堅持信仰的超越性，要從政治身份重新歸回到宗教身份，確立佛教的主體性，積極自覺踐行大乘佛法菩薩精神。因此，他在落實人間佛教的背景下不失時機地提出生活禪，用現代化的語言文字和思維方式來推動禪在社會文化層面的傳播。生活禪，是他對漢傳佛教現代轉型整體思考和探索實踐的努力。

此外，附錄部分還附有《淨慧法師年譜簡編》《淨慧法師文章著述》《1958年淨慧法師與虛雲老和尚有關資料》《趙州柏林禪寺法脈源流圖》《慧法師傳法弟子簡表》《生活禪主要道場簡表》等。

第一章　淨慧法師對佛教傳統的繼承

1.1　出家因緣和成長環境

　　淨慧法師從小生長在佛門，由尼師撫育成人。在解放以前，小孩子幼年被送到寺廟出家，一般是出於兩個原因，或者是因為家境貧窮無力養活，或者是因為小孩體弱有病，家人擔心養不活，送到寺廟祈求保祐。

　　淨慧法師幼年被父母賣給佛寺，在尼庵長大，這種經歷對他的一生影響深刻。如若按照佛教信徒來說，童真出家可謂宿世善根，佛緣深厚；然而若以人世常情來看，不知父母，孤苦無依，身世堪稱非常可憐。回顧自己初入佛門的因緣，淨慧法師晚年既感恩有機會能幫助父母度過饑荒，同時也慨歎自己從出家開始，一生都是「被動的」。

> 　　這就是我走入佛門來最初的因緣。從這個地方開始，從這個時候開始，就決定了我這一生的命運，做一切事情都是被動的。我從來沒有主動地做過一件事，都是被動的。比如我出家，那麼小走到寺院來，我肯定是被動的，我那個時候什麼也不知道。〔註1〕

　　儘管他小時候住在廟裏，卻並不稱呼兩位尼師為「師父」，而是按湖北地方風俗，稱呼海善尼師為「細爹」（意為「祖母」），稱呼仁德尼師為「爺爺」（意為「姑姑」），但這個「家庭」畢竟不同於普通人家。這種成長環境，薰染了淨慧法師的佛教信仰，同時也塑造了他的性格。他常說：「我自小就生活

〔註1〕淨慧：《雲水舊蹤——淨慧老和尚訪談》（2004 年 4 月於湖北當陽玉泉寺），明海法師提供。

在尼庵中，養成了一生逆來順受、柔弱無剛的性格。」〔註2〕從 1 歲 5 個月，一直到 15 歲，淨慧法師生活在尼庵，與女性接觸較多。他如女孩子一樣乖巧聽話，舉止安靜順從，做事認眞細心，他也認爲這是自己後來能夠被虛雲老和尙選中擔任侍者的一個原因。由於海善尼師、仁德尼師撫育的恩情，淨慧法師始終對比丘尼僧團深懷感激，他後來特興建虛雲禪林和蘆花庵兩座女眾寺廟，作爲回報。

1.1.1　出生家庭和身世背景

　　淨慧法師，俗姓黃，1933 年 10 月 16 日生於湖北黃岡新洲（今武漢市新洲區）賀橋黃瓦匠灣一戶農家。

　　有關淨慧法師的身世，公開材料上通常比較簡略，一般說因家庭貧困，他一歲半被父母送寺廟，由海善、仁德二位比丘尼撫養。例如，柏林寺官方網站的介紹，淨慧法師「因家庭貧困，一歲半即被父母送入尼庵，由海善、仁德二位尼師撫養」〔註3〕，2015 年出版的《柏林禪寺志》文字相同〔註4〕。這種說法，也長期被學術界引用。例如，2016 年黃敏《禪與生活世界──生活禪的過去現在未來》新著，仍是持這樣敘述，「因家庭貧困，一歲半即被父母送入湖北黃岡縣的汪集仙姑廟，由海善、仁德二位尼師撫養」。〔註5〕事實上，這段經歷頗爲曲折，並非「送入」，亦非被父母直接送入「尼庵」。從淨慧法師的多次口述回憶中〔註6〕，可以大致「復原」當時的場景──

　　淨慧法師在五個兄弟姊妹中排行老二。他俗家父母以耕織爲生，本來家境尚可，但是他的父親嗜賭成性，有了錢就拿去賭博，漸漸把家產輸得一乾二淨。〔註7〕在他出生的時候，家裏已經一貧如洗。

　　新洲位於黃岡東部，屬於丘陵地帶，土地貧瘠，生活艱難。淨慧法師出

〔註2〕淨慧：《雲水舊蹤──淨慧老和尚訪談》（2004 年 4 月於湖北當陽玉泉寺），明海法師提供。

〔註3〕柏林禪寺網站：http://www.bailinsi.net/index.php/Home/Index/mingren/id/1.html。

〔註4〕淨慧主編：《柏林禪寺志》，鄭州：大象出版社，2015 年，第 176 頁。

〔註5〕黃敏：《禪與生活世界──生活禪的過去現在未來》，武漢：湖北人民出版社，2016 年，第 135 頁。

〔註6〕相關文字和錄音資料有：《雲水舊蹤──淨慧老和尚訪談》（2004 年 4 月）、《淨慧長老自述生平錄音》（2011 年）、《淨慧長老的晚年感言：痛苦將身心調柔》（黃梅四祖寺明建整理）、《母親的精神──代眾生受苦》等。

〔註7〕淨慧法師：《做人的佛法》，北京：國際文化出版公司，2014 年，第 31 頁。

生時，家中已有一個二歲的哥哥。不久，因遇荒年，顆粒無收，父母帶著兩個兒子外出逃荒，來到汪集一帶沿門乞討。汪集在黃岡西部，屬於平原，土地比較肥沃，當地生活要比新洲稍好。但逃荒討飯不易，加之淨慧法師年歲幼小，剛剛一歲零五個月，身體又很孱弱，父母為了全家不至餓死，只好將他賣入汪集陶家河一個鄉間小廟〔註8〕，換取 5 塊大洋。〔註9〕

　　幼小的淨慧法師在這座僧寺只停留了很短的時間。由於他每日啼哭，嗷嗷待哺，十分可憐，寺中男眾比丘又不善照顧，於是附近村裏一位叫「徐齋公」的女居士就和寺裏商量，將他送到了汪集鎮四萬湖村仙姑廟。仙姑廟也是一座小廟，最初是由一位俗名叫萬壽田的老和尚修建的，繼而有董姓醫生和妻、女一家三口在此一起出家修行。董醫生的妻子，出家後法名海善，女兒出家後法名仁德。淨慧法師就由海善、仁德二位尼師收養，取名「如意」。

1.1.2　尼師撫育與私塾讀書

　　淨慧法師得到海善尼師、仁德尼師悉心撫育，親如家人。他小時候身體非常不好，到三歲時仍不會走路，坐也坐不穩，多虧了二位尼師的照顧。晚年淨慧法師常說，「沒有當時那兩位比丘尼的撫養，也就沒有老和尚這條命」。〔註10〕

　　淨慧法師從小就非常聰慧，海善尼師和仁德尼師教導念誦觀世音菩薩聖號，他很快就能學會。儘管小廟生計艱難，只有兩畝旱地、三畝水田，靠一位老人耕種，產出的八擔穀子勉強維持一年口糧，但兩位尼師仍然節衣縮食，每年拿出一擔穀子供淨慧法師讀書。

　　小廟的生活非常清苦，在淨慧法師的記憶中，每天早餐都是稀粥，中午是瓜菜、米飯悶在一起的菜飯，晚餐是用中午剩飯加水和菜所煮的湯飯，天天如此。每隔兩三個月，能吃一次豆腐或豆渣，就算是改善伙食了，而倘若能

〔註8〕小廟，是與大廟（叢林）相對，意為子孫廟、家廟。

〔註9〕淨慧法師回憶這段經歷時說：「父母把我賣到一個廟裏，賣了 5 塊大洋。這 5 塊大洋可以幫助父母度過災荒的年景，是我對父母的回報，使他們能夠走出困境，能夠生存下去。」不過，據他的弟子明基法師講，民國時期新洲黃岡一帶有不少窯廠，當地有以嬰兒祭窯的陋習，他認為淨慧法師最先是被賣到窯廠，後來被佛寺得知而解救出來。（筆者 2018 年 4 月 29 日於四祖寺訪談明基法師。）

〔註10〕淨慧：《母親的精神——代眾生受苦》，《淨慧長老選集·守望良心》，生活禪文化公益基金會，2018 年，第 32 頁。

吃到油條，那「簡直就是在天堂，簡直就是最幸福、最最幸福的生活」。〔註11〕

在那個缺衣少食的年代，淨慧法師能夠有機會識字讀書，是非常不容易的。這得益於兩位尼師的培養和愛護。從 8 歲到 13 歲這五年，淨慧法師在鄉間私塾讀書，先後學習了《三字經》《百家姓》《千家詩》《論語》《大學》《中庸》《孟子》《幼學瓊林》等。私塾的先生屬於舊派風格，帶著學生讀儒書。也因為有私塾的底子，識文認字，淨慧法師後來才有可能幫助虛雲老和尚謄抄整理《虛雲和尚法彙》以及考入中國佛學院深造學習。

淨慧法師非常聰穎，自尊心強，十分上進。在私塾也還有位小沙彌一起跟他讀書。他先住在學堂附近的映月寺大約半年，之後又回仙姑廟居住。

在仙姑廟長大的歲月裏，兩位尼師潛移默化地感染著淨慧法師，使他對佛教產生了堅定的信仰。其中，有兩件事情，更堅固了他的佛教信仰。

一件事情是在他大約十歲的時候，海善尼師往生。她去世那天晚上，臥病不能講話，但右手、右腳不斷用力揮動。大家都不明白這到底是怎麼回事，淨慧法師則突然領會到她的意思，問她是不是要坐起來，她馬上點頭，這樣在大家幫助下跏趺坐在圓椅上，手結彌陀印，安然而逝，享年 70 歲。臨終保持神識清醒，趺坐往生，這在佛教來說是非常殊勝的場景，使淨慧法師深受觸動。

還有一件事情，是他十一二歲時候，有次不小心掉入田間水渠之中。當時四周無人，情況危急，他只有按照之前二位尼師的教導，心中誠念觀音菩薩名號，後來竟然在頭上斗笠的浮力作用下迷迷糊糊地平安回到岸邊。

從此，淨慧法師更對觀音菩薩虔信不疑。後來，他駐錫的柏林寺和四祖寺等，也都以觀音菩薩為主尊。四祖寺還特將觀音菩薩立於山門殿──這一般是彌勒佛的位置，以示這是觀音道場。

1.1.3　武漢叢林正式修學

淨慧法師雖然在尼庵長大，穿著出家人的衣服，也習慣於「小和尚」的身份，但按照佛教戒律，這還只是小沙彌，他還需要正式拜比丘為師受三壇大戒才算正式的出家僧人。

仁德尼師的師父能慶尼師，在武昌有座小廟，常常往來仙姑廟。她看到淨慧法師逐漸長大，就想送他到武昌去正式拜師。那時，正值國共內戰激烈

〔註11〕《淨慧長老自述生平》（錄音，講於 2011 年），明海法師提供。

之時，國民黨軍隊到處抓壯丁上前線。仙姑廟的仁德尼師聽聞村裏要抓壯丁，趕緊將淨慧法師帶去武昌。在能慶尼師的引薦下，淨慧法師於 1947 年冬天在武昌卓刀泉寺禮宗樵法師正式披剃，法名宗道，字淨慧。此後，直到「雲門事變」之前，淨慧法師用的都是「宗道」這個名字。

他的師父宗樵法師，俗名劉漢民，湖南長沙人，曾在國民黨汽車連當過連長，頗有文化，讀過佛學院，那時出家不久，任武昌普渡寺知客，在僧尼中很受尊敬。宗樵法師的師父是武昌伏虎山卓刀泉寺宗鎰法師。宗鎰法師的師父是武昌三佛閣的大鑫法師。大鑫法師（1887～1961 年），湖北黃岡人，是現代著名高僧，於 1912 年在黃岡茅店橫山寺禮宗閥法師剃度，法名宗德，號大鑫。大鑫法師所傳承的剃度派，收徒都以「宗」字為法名的字頭，即：宗閥——宗德（大鑫）——宗鎰——宗樵——宗道（淨慧）。

淨慧法師剃度之後，先後在武昌四個寺廟修學，最先來到普渡寺。普渡寺的住持是同體法師，湖北隨州人，很有學問，管理寺院非常嚴格。首座慧通法師，每天上午都會講《析疑論》一個多小時，淨慧法師也跟著聽講學習。普渡寺道風很好，儘管僧尼不多，大約 10 人，但是卻如同一個學習班。淨慧法師在這裏每天上殿、聽講、學習功課、背誦佛經，薰染叢林規矩和僧人威儀，很快已能熟背《四十二章經》《遺教經》《八大人覺經》和《溈山警策文》等，對佛法也有所領悟。可是，這種平靜的生活並沒有維持很久，半年之後由於時局動盪人心惶惶，淨慧法師離開了普渡寺，來到師公宗鎰法師的小廟——武昌卓刀泉寺。

卓刀泉寺，是三佛寺下院，住持是宗鎰法師，由淨慧法師的師叔宗林法師當家。宗鎰法師是半路出家，他的妻子、兒女一家人也都出家了。他年紀很老，戒律方面較鬆散，每天抽煙、喝酒、打麻將，但是為人豪邁，慷慨激昂，大家也很敬重他。在這裏，淨慧法師經歷了武漢解放，親眼目睹國民黨潰敗撤退和解放軍進城，也加深對人世滄桑的體認。不過，他那時年少，又一直在寺院成長，對於「改朝換代」好似完全沒有概念，對「解放」也是懵懵懂懂。〔註12〕

1949 年，武漢解放不久，淨慧法師又來到武昌城內的正覺寺。正覺寺是一座叢林寺院，寺中有二三十位比丘，方丈體敬法師那時已去香港，住持是

〔註12〕淨慧：《雲水舊蹤——淨慧老和尚訪談》（2004 年 4 月講於湖北當陽玉泉寺），
　　　　明海法師提供。

慧榮法師，首座是印覺法師。印覺法師是普渡寺住持同體法師的俗兄、慈舟律師的俗侄，律儀精嚴，每日爲寺中年輕僧人講《沙彌律儀》。淨慧法師每天上午、下午聽講《沙彌律儀》，熟記背誦，晚間集體念佛，並且學習敲打法器和打坐。在上殿、學習、念佛之餘，寺中也響應政府提倡生產號召，組織僧人進行種菜勞動以及織布、裁縫等。

這樣，在正覺寺居住半年之後，淨慧法師又來到三佛寺依止師太大鑫法師學習經教和禮儀，任大鑫法師侍者。大鑫法師非常認同太虛大師的僧伽制度改革的主張。他自 1932 年出任三佛寺住持，就將子孫規制改爲十方叢林，又將原「三佛閣」之名改成「三佛講寺」。他堅持「餓死不做應付僧」的誓言，不爲人做經懺佛事，率領大眾一心念佛，並仿效印光法師將三佛寺建成了弘揚淨土的專修道場。三佛寺清規甚嚴，每天兩堂殿、七支香，上午三支香，下午兩支香，晚上兩支香。大鑫法師門下徒眾在武漢佛教聲望頗高，有人將這個僧團稱爲「一窩宗」〔註13〕。

「一窩宗」這個詞匯在方言中帶有貶義的色彩──因爲大鑫法師在武漢淪陷時期不與日方合作，這或許是日僞政權或親日勢力對其徒眾的蔑稱。他以自己「文化程度太低」拒絕出任「中日友好協會」中日親善團主席。1939年，僞「武漢佛教會」成立，由慧光〔註14〕任理事長，會址就設在三佛寺，但大鑫法師始終不爲所動。抗戰勝利以後，1946 年 12 月 20 日中國佛教會湖北省分會整理委員會在三佛寺成立，大鑫法師與沈肇年、李書城居士以及葦舫法師、龍波法師、普琨法師、博雅法師等 7 人爲整理委員，李書城、葦舫法師、普堃法師等 3 人爲常委。三佛寺於是也逐漸成爲武昌佛教中心寺廟。那時由於戰亂，很多佛教僧侶都離寺出走，武昌數十座廟宇無人看管，大鑫法師還組織弟子定期巡查，保護寺廟。

大鑫法師倡導僧眾一心念佛，而且他本人在禪修方面也有非凡的造詣。他曾在寧波天童寺、揚州高旻寺等江浙禪宗名刹叢林參學二年，在 1927 年冬回到武昌，協助寶通禪寺方丈了塵和尚恢復禪堂坐香制度，領眾參禪，使寶通禪寺禪堂獲得了湖北「小金山」之稱〔註15〕，贊其禪風如同禪宗名刹金山

〔註13〕釋慈學圖，劉謙定、高雙桂文：《愛國愛教的大鑫法師》，漢網：http://www.cnhan.com/。

〔註14〕據《湖北省志‧宗教志》（武漢：湖北人民出版社，1997 年，第 28 頁），日僞時期三佛寺方丈爲慧光。但慈學長老尼在 2009 年口述回憶中，慧光是三佛寺住持，且是抗日名僧。

〔註15〕湖北省地方志編纂委員會：《湖北省志‧宗教志》，武漢：湖北人民出版社，

寺一般。〔註16〕淨慧法師最初接觸到「禪」，就是在三佛寺。在三佛寺禪堂坐香，淨慧法師雖然年紀很小，卻像個老修行，從來也不東張西望。〔註17〕也是在這裡，他閱讀了虛雲和尚、來果禪師的傳記，對禪產生了崇敬和嚮往之情。他憶述：「在十五歲時知道有參禪這件事，當時我住在三佛閣，又叫三佛講寺……我就在念佛堂裏和大眾一起念佛，念佛之餘也看幾本書……在老參師父指導下，我看的第一本書是《來果禪師自行錄》，第二本書就是《虛雲老和尚事蹟》」。〔註18〕這也是後來淨慧法師思慕並追隨虛雲老和尚修禪的一個重要因緣。

那時，三佛寺住眾二百多人，來自全國各地，既有傳統的參禪、念佛者，也有一些從佛學院畢業的富有新思想的年輕法師。也是在這裡，淨慧法師知道了印光法師和太虛大師。

武漢，是太虛大師佛教改革的重鎮。他這這裡興辦武昌佛學院，組織和指導漢口佛教正信會，廣開演講，推行人生佛教，培養一批振興佛教的新派人才。淨慧法師來到武昌時，太虛大師剛剛圓寂不久，武漢佛教界凝聚著很多太虛大師的追隨者。1948 年，太虛大師高足法舫法師來到武漢，大鑫法師在歡迎致辭中，即言「中國佛教已經到了非『變』不可的階段」，希望法舫法師繼承太虛大師之「志在整理僧伽制度，行在瑜伽菩薩戒本」，引導推進改善佛教制度及僧眾生活，著力興辦僧教育，弘揚佛教文化。〔註19〕雖然淨慧法師非常畏懼大鑫法師的威嚴，但是作爲侍者，又是同鄉徒孫，多少也接觸並瞭解到大鑫和尚擁護太虛大師佛教革新的想法。在三佛寺，還有很多深受太虛大師影響的新派僧眾，如常印法師，是大鑫法師的俗家外甥，曾就讀於太虛大師的漢藏教理院。他對佛教現狀常常抱有憂患的意識，不時與淨慧法師交談，這也促使淨慧法師意識到，佛教弘揚固然要有修行，但也必須具有文化，能夠瞭解佛經、講經說法，這樣才能爲佛教承擔更多的責任。〔註20〕

1997 年，第 13 頁。

〔註16〕明清以來，禪門有「上有新都寶光，下有金山高旻」、「金山腿子高旻香」，金山寺是禪宗最有名的叢林之一。禪和子莫不以在金山禪堂參學爲榮。

〔註17〕慈學法師憶述，見《生活禪者》紀錄片（上集），柏林禪寺，2017 年 4 月製作。

〔註18〕淨慧法師：《學禪六十年》（2012 年 1 月 14 日，講於黃梅四祖寺第九屆禪七法會），載於《淨慧禪話——雙峰禪話》，趙州柏林禪寺印行，2015 年，第 363 頁。

〔註19〕大鑫：《歡迎法舫法師》，載梁建樓主編：《法海寶舟》，法舫文化研究會，2013 年內部版。

〔註20〕淨慧：《雲水舊蹤——淨慧老和尚訪談》（2004 年 4 月講於湖北當陽玉泉寺），

1.1.4　武漢佛教的社會主義改造

　　從 1947 年至 1951 年初，淨慧法師先後在普渡寺、卓刀泉寺、正覺寺、三佛寺四座寺廟修學，所接觸到的基本仍然是傳統的佛教環境，生活也比較平靜。但是，社會制度已經悄然劇變，佛教也面臨適應和融入社會主義制度的形勢。1950 年 6 月 30 日，中央人民政府頒布了《中華人民共和國土地改革法》，全國性土地改革就此開啓，很多寺廟僧尼也分得土地選擇還俗。仙姑廟在「土改」時被四萬湖村村民強行拆除，淨慧法師的養母仁德尼師無力苦撐，被迫還俗。在城市中，各地僧人響應黨和國家號召，參加勞動，組建工廠，自食其力。淨慧法師在正覺寺時，就已經在修學之餘生產勞動，在寺中種菜、學習織毛巾和作裁縫等；來到三佛寺後，也加入大鑫法師組織的僧尼工廠，製作支持抗美援朝軍需毛巾和鞋底。〔註21〕在這段時間，武漢佛教界儘管也要進行勞動生產，倡導「工禪」「農禪」，但似乎沒有受到太多政治影響，一般僧眾並未脫離寺廟的生活，也沒有出現其他地區僧人大批還俗、易裝的現象。例如，1950 年武漢市佛教叢林 21 座、小廟 251 座，僧 410 人、尼 803 人；1955 年時佛教叢林 21 座、小廟 247 座，僧 397 人、尼 614 人，〔註22〕兩者數字相距不大，說明 50 年代中期以前，武漢佛教僧伽總體比較穩定。

　　淨慧法師儘管在三佛寺裏的年紀最小，佛教信仰卻非常堅定，從未萌生過「還俗」或「到社會上討生活」的念頭。他深受有修行、有道德的高僧大德的感染，認爲像虛雲老和尚、來果老和尚、大鑫法師這樣人格高尚、眞修實證又有神通的人才是出家人的師範。因此，當他聽聞虛雲老和尚將在雲門寺開壇傳戒，立即下定決心前往受戒。可以說，在武漢叢林薰修的幾年，標誌著他選擇人生出家之路的正式定型。

明海法師提供。

〔註21〕淨慧：《柏林夜話》（1996 年 8 月 16 日）淨慧：《柏林夜話》（1996 年 8 月 16 日），載於《夏令營的腳步──柏林禪寺生活禪夏令營》，趙州柏林禪寺印行，2014 年，第 70 頁。

〔註22〕湖北省地方志編纂委員會：《湖北省志·宗教志》，武漢：湖北人民出版社，1997 年，第 158 頁。

1.2　成爲禪宗五家法脈的傳人

1.2.1　雲門受戒

對於出家人來說，受戒是非常重要的大事。只有正受三壇大戒，才堪稱比丘。明清以來，佛法式微，戒律鬆弛，人才凋零，一些佛門大德意識到「濫傳戒」的病弊，皆以傳戒爲整頓僧制之要務。虛雲老和尚也認爲，近代「佛法之敗，敗於傳戒不如法，若傳戒如法，僧尼又嚴守戒律，則佛教不致如今日之衰敗」〔註23〕，所以他尤其強調「戒律是佛法之根本」〔註24〕，「用功辦道，首要持戒」〔註25〕，他每興復一座道場，必進行傳戒，並將戒期改爲 53日，讓新戒有充分時間來學戒。雞足山、鼓山、南華寺等，都由虛雲老和尚改革傳戒而扭轉衰頹，宗風大振。1943 年冬，虛雲老和尚駐錫雲門寺，歷經八載艱辛，至 1951 年殿宇佛像初具規制，因而計劃傳戒，並舉行佛像升座開光暨祈禱世界和平法會。可是，「好事難成，無故罹難」〔註26〕，戒期因發生「雲門事變」被迫推延，求戒僧眾也多被迫離散。

淨慧法師和剃度師宗樵法師前來雲門寺，就是要參加虛雲老和尚擬於1951 年春季的千佛大戒。可是意外遭遇「雲門事變」，宗樵法師被拘押，後來還俗。淨慧法師則一直留在雲門。「雲門事變」風波平息之後，淨慧法師等幾位外地求戒者哀誠祈求，懇請虛雲老和尚「以路遠跋涉爲念，請施方便，傳授戒法」〔註27〕。虛雲老和尚乃於 1951 年農曆六月炎暑之際，在雲門寺抱病傳戒。

這次傳戒得戒和尚是虛雲老和尚，羯磨阿闍黎是覺澄律師，教授阿闍黎是正虛律師，尊證阿闍黎是明空律師、遍印律師、傳芳律師、天應律師、素

〔註23〕淨慧主編：《虛雲和尚全集》第 1 冊《法語・開示》，鄭州：中州古籍出版社，2009 年，第 281 頁。

〔註24〕淨慧主編：《虛雲和尚全集》第 1 冊《法語・開示》，鄭州：中州古籍出版社，2009 年，第 333 頁。

〔註25〕淨慧主編：《虛雲和尚全集》第 1 冊《法語・開示》，鄭州：中州古籍出版社，2009 年，第 165 頁。

〔註26〕淨慧主編：《虛雲和尚全集》第 2 冊《書信・文記》，鄭州：中州古籍出版社，2009 年，第 211 頁。

〔註27〕淨慧主編：《虛雲和尚全集》第 2 冊《書信・文記》，鄭州：中州古籍出版社，2009 年，第 211 頁。

風律師、宏悟律師、滿覺律師。六月初八日受沙彌戒，六月十五日受比丘戒，六月十九日受菩薩戒。〔註28〕戒場於農曆六月二十一日圓滿。

1950 年 10 月之前，雲門寺僧眾有 80 餘人，參加冬季禪七僧眾有 170 餘人〔註29〕，1951 年春夏有僧眾 120 人以上，包括各地前來的求戒者數十人。不過，因受到「雲門事變」影響，最後新戒只有 12 人，其中男眾 10 人，女眾 2 人。白光法師爲沙彌頭，淨慧法師爲沙彌尾，一同受戒者還有彌光法師、陀光尼師等。另有常住僧人求增戒、補戒者十多人。如佛源法師，既是第五引禮師，在這次傳戒又增受戒品。

這是中華人民共和國成立後雲門寺第一次傳戒，雖然規模較小〔註 30〕，戒壇持續時間不長〔註 31〕，但虛雲老和尚仍非常重視，「遵佛儀範，循序授之」，還親作《雲門山大覺禪寺同戒錄序》，告誡淨慧法師等新戒：「一代時教，總以戒爲入道之本，成佛作主之基礎也！勿輕小罪以爲無殃。」同時，也講解佛制戒律歷史來源，以及戒法、戒體、戒行、戒相四種義理，勉力淨慧法師等新戒勿忘雲門文偃祖師開山艱難，道場重興不易，要「依教奉行，守持無染」，「冀諸來學，仰體佛祖宏規，勿忘諸師訓誨，造成法門棟樑，庶使人天有歸矣」。〔註32〕

近代以來，佛教界革新派多對「傳戒」持批判態度，中華人民共和國成立初期各地寺廟傳戒也極其鮮見，認爲這是「舊套」，擔心落入「濫傳戒」之口實。據不完全統計，1911 年至 1949 年間，各地共舉行傳戒活動 116 次，平均每年 3 次〔註33〕。1949 年至 1951 年間，寧波觀宗寺和乳源雲門寺各舉

〔註28〕 佛源法師親筆所寫《浮緣回憶錄》手稿第 4 頁言授戒時間爲「六月十九」，指的應是菩薩戒時間。

〔註29〕 淨慧主編：《虛雲和尚全集》第 7 冊《追思錄》，鄭州：中州古籍出版社，2009 年，第 232 頁。

〔註30〕 通常傳戒，新戒都有百人以上。例如，南華寺 1947 年春戒，受戒者 500 人，稱爲「五百羅漢大戒」，爲一時之最。1948 年，南華寺首堂（比丘）新戒 180 餘人。淨慧主編：《虛雲和尚全集》第 7 冊《追思錄》，鄭州：中州古籍出版社，2009 年，第 231、280 頁。

〔註31〕 例如，虛雲老和尚鼓山傳戒，將戒期由 8 天改爲 53 天。南華寺每年春戒時間，從農曆二月十五日至四月初八日，共 53 天。

〔註32〕 淨慧主編：《虛雲和尚全集》第 2 冊《書信·文記》，鄭州：中州古籍出版社，2009 年，第 210 頁。

〔註33〕 韓敏：《民國佛教戒律研究》，北京：宗教文化出版社，2016 年，第 210～217 頁。

辦了 1 次傳戒活動。《現代佛學》1950 年第 10 期上刊登了一則觀宗寺傳戒的消息，農曆十月十八日開堂傳戒，十一月十七日登比丘壇，二十四日受菩薩戒。但對傳統的「傳戒」制度本身，卻存有相當質疑：「在三十七天內傳授三堂大戒，仍舊是老辦法。這對於『扶正僧倫，弘揚戒律』是否有益，很成問題。固然，觀宗寺續佛慧命的苦心是可佩服的，但我國佛教之衰，僧倫之雜，不能不歸罪於過去買賣式的濫傳戒法。在這個新時代裏，是否還應該採取，很值得佛教界注意。」〔註34〕可見，在一些革新僧人觀念裏，新時代新社會是否有必要繼續保留傳統的「傳戒」，都很成問題。

「濫傳戒」固然不該，但不傳戒則會直接關乎佛教僧眾無法延續。虛雲老和尚堅持如法傳戒，教導戒子如法持戒，認為傳戒本身不應限制。他在雲門寺新戒子的《護戒牒》中寫到：「歷朝明詔，不禁菩薩比丘戒僧人傳誦戒法，今政府明令，宣布人民信教自由，足見古今政府重道相同也。」〔註35〕並且，虛雲老和尚遵照《梵網經》傳授菩薩戒，所有新戒皆頭頂燃香供佛，表明發菩提心之心跡，說：「哪個不願燒香疤的，馬上遷單，決不能容情！」〔註36〕他本人持律嚴謹，每半月誦戒，淨慧法師親自聽過虛雲老和尚說誦戒。本來誦戒是寺院住持帶頭，但是虛雲老和尚每次都親自主持這一儀式。〔註37〕

淨慧法師受戒圓滿之後非常歡喜，他與年紀相仿的慈藏法師特意一起步行到 40 公里之外的韶關，在照相館中拍下身著祖衣的照片，留作紀念。兩個人各拍了一張，還有一張合照。後來只有淨慧法師這張保存了下來。〔註38〕由此可見，淨慧法師對經受「雲門事變」之後受戒不易的珍惜，以及終於如願成為虛雲老和尚戒子的歡欣。

〔註34〕《寧波觀宗寺傳戒》，《現代佛學》，1950 年第 10 期，第 33～34 頁。

〔註35〕淨慧主編：《虛雲和尚全集》第 2 冊《書信・文記》，鄭州：中州古籍出版社，2009 年，第 286 頁。

〔註36〕懷西：《回憶師尊二三事——為紀念虛公老人上生兜率二週年而作》，載淨慧主編：《虛雲和尚全集》第 7 冊《追思錄》，鄭州：中州古籍出版社，2009 年，第 281 頁。

〔註37〕淨慧：《虛雲老和尚的禪風》，載淨慧主編：《虛雲和尚全集》第 7 冊《追思錄》，鄭州：中州古籍出版社，2009 年，第 205 頁。

〔註38〕明海法師等：《肖興林居士訪談錄》（2015 年 7 月 4 日採訪），明海法師提供。此幅照片，見淨慧：《經窗禪韻》，天津：百花文藝出版社，2008 年，第 11 頁。

得戒之後，淨慧法師就是一位正式比丘僧，並且是虛雲老和尚的戒子。這層戒和尚和戒子的關係，也拉近了淨慧法師和虛雲老和尚的距離。虛雲老和尚非常器重淨慧法師，安排他與覺民法師、得眾法師一起謄抄文稿——這些文稿，就是岑學呂《虛雲和尚法彙年譜》之雛形。不久，淨慧法師又正式擔任虛雲老和尚的侍者。

1.2.2 承嗣虛雲老和尚五家法脈

在中國禪宗的歷史上，虛雲老和尚是第一位同時承續臨濟、曹洞、雲門、法眼、溈仰五家法脈的高僧。他從鼓山妙蓮和尚嗣臨濟第四十三代、曹洞第四十七代，又遙接興陽禪師續爲溈仰第八代，遙接青持大師繼爲法眼第八代，遙接光孝己庵爲雲門第十二代。從此，禪宗五家法脈仰之而興，如佼虛法師讚曰：「豈特五家綱宗，藉以振起，而整個佛法，胥賴扶於不墮。」〔註39〕

本來，禪宗師徒傳法，是教外別傳，以心印心。凡有悟道者，也必由師父或佛門高僧大德印證，方可自信。唐宋開始，出現大量傳法譜系著述，明清又逐漸發展出以「法卷」爲表信的傳法系統。〔註40〕「法卷」猶如世俗的族譜，且往往與寺廟住持權位相關，即使一些十方叢林選賢任職，也大多要求先承接本寺原有法統方可繼任。這種家族式的傳法模式，固然對寺廟經濟維繫起到一定作用，但其本質已經違背了「叢林」原有的精神，亦滋生種種弊端。因此，如佼虛法師等曾指出，「現在各叢林的制度，多半是傳法（卷）帶傳座」，「『傳法傳座』是南北各叢林所以衰敗不能維持久長的一個最大因緣，也可以說是道法之中的一種流弊」，所以他極力主張「傳法不傳座」。〔註41〕

虛雲老和尚也認爲，「今日宗門衰落，全由後人濫傳法嗣的現象」〔註42〕，

〔註39〕佼虛：《虛雲和尚法彙序》，載淨慧主編：《虛雲和尚全集》第 8 冊《雜錄》，鄭州：中州古籍出版社，2009 年，第 136 頁。

〔註40〕可參見陳士強：《佛教宗派史上的譜系》，《復旦學報》，1991 年第 1 期，第 57～62 頁。張雪松：《佛教「法緣宗族」研究》，北京：中國人民大學出版社，2015 年。Holmes Welch: Dharma Scrolls and the Succession of Abbots in Chinese Monasteries, T'oung Pao, Second Series, Vol. 50, Livr. 1/3 （1963）, pp.93-149.

〔註41〕佼虛大師說，大光記述：《影塵回憶錄》下冊，香港中華佛教圖書館、香港佛教青年協會，1993 年，第 227 頁。

〔註42〕懷西：《師尊對我一生的影響——爲紀念虛雲老人生內院百日而作》，載淨慧主編：《虛雲和尚全集》第 7 冊《追思錄》，鄭州：中州古籍出版社，2009 年，

但是他也深諳傳法制度對於禪宗發展的重要性：「末法的今天，若是執定非悟不傳，那麼，宗門一法，我想早已斷絕。是以後來大德，漸開方便之門，認為此人具法器之才，能嚴守戒律，扶持佛法，接引後昆，真心為佛門做事，便傳法嗣，使其安心擁護道場。」〔註43〕虛雲老和尚身肩五宗法脈，有弘揚和振興禪宗的使命，他對於法徒的擇取相當謹慎，每每暗中認真體察，挑選有道心的青年作為嗣法弟子。接法的人，需要具備弘法的願心和一定的佛學素養。虛雲老和尚的禪宗「法卷」也是屬於宏法系統，與住持之位無干，是「傳法不傳座」。「傳法」，體現的是師父對弟子的表信和印可。這樣師資相合，法卷相承，法脈相續。

　　淨慧法師在雲門僧眾中，年輕聰穎，深得虛雲老和尚青睞。1952 年農曆二月初八日，六祖大師誕辰，虛雲老和尚在方丈樓六祖大師和憨山大師真身像前，將雲門宗法卷親傳給淨慧法師、佛源法師、法雲法師、覺民法師、朗耀法師、寬度法師、揚智法師、慈藏法師等 8 人。〔註44〕淨慧法師正式成為雲門宗第十三代傳人，法名妙宗。虛雲老和尚傳法偈曰：「妙宗開化佛悲懷，道濟蒼生法界寬。淨戒嚴持崇聖德，慧命相傳般若燈。」在這首偈語中，虛雲老和尚十分巧妙地將淨慧法師雲門宗法名「妙宗」、原來剃度法名「宗道」以及字「淨慧」都嵌入其中，鼓勵他秉承佛陀本懷，嚴持戒律，救度蒼生，弘傳佛法。

　　大約一月之後，虛雲老和尚又將曹洞、臨濟、法眼、溈仰四家法卷一起

第 230 頁。

〔註43〕懷西：《師尊對我一生的影響——為紀念虛雲老人生內院百日而作》，載淨慧主編：《虛雲和尚全集》第 7 冊《追思錄》，鄭州：中州古籍出版社，2009 年，第 229 頁。

〔註44〕關於傳法的時間，淨慧法師有次說是「春節前一周」。淨慧法師認為一起接法者是 9 人，還有得眾法師，但是林得眾居士回憶自己是在當年 2 月接雲門法卷，早於其他幾位。並且，在淨慧法師等 8 人傳法儀式上，他擔任香燈。故而以 8 人為是。另外，公開出版的佛源法師《自述傳略》言：「八月初三，老和尚在六祖真身像前，將雲門法券付與我與朗耀、法雲、淨慧等五人，均為雲門宗第十三代」，但是佛源法師親筆所寫《浮緣回憶錄》手稿上回憶的時間是 1951 年受戒之後，「在方丈樓，六祖真身像前，特將雲門法卷付與我與朗耀、法雲等五人」。肖興林（慈藏）口述回憶稱，他與淨慧法師同時在方丈樓二樓六祖大師和憨山大師二尊像前接雲門宗法卷，之後又接虛雲老和尚臨濟、曹洞、法眼、溈仰等法卷。《林得眾自述》（1992 年 3 月未刊稿）記載，傳法時間在「大約 1951 年秋」，似乎與佛源法師所述接近。但他們幾人回憶接法時間和人數都不一致，無從辨別。這裡暫依淨慧法師所述。

傳給了淨慧法師。虛雲老和尚賜予淨慧法師法名復性，爲曹洞宗第四十八代。付法偈曰：「一枝秀迪雲門峰，豈比尋常草木同。自是大覺志堅固，森森永蔭法門榮。」——讚歎淨慧法師資質超群，絕非尋常的凡夫僧人，相信他必能秉承出家本願振興佛法，光大曹洞宗。虛雲老和尚又賜淨慧法師法名本宗，爲臨濟宗爲第四十四代。付法偈曰：「當年二祖爲心宗，求法忘軀立雪中。子志若能繼先德，芳名千載自流通。」——勉力淨慧法師學習禪宗二祖慧可大師斷臂求法的精神，爲佛法不惜身命，毋懼艱難，若能如此，亦能留名千古。虛雲老和尚又賜淨慧法師法名本性，爲法眼宗爲第九代。付法偈曰：「摩醯頂上眼重開，方許吾宗大將才。法門幸有能承繼，立志須從勇猛來。」——給予淨慧法師殷重期望，說他是本宗將才，望他能夠立志繼承和復興法眼宗之使命。虛雲老和尚又賜淨慧法師法名宣道，爲潙仰宗爲第九代。付法偈曰：「大法迥然絕古今，毫端獨露本來眞。風行草偃尋常事，普澤人天作雨霖。」——希望淨慧法師繼承宗門，在平常心、尋常事中歷練，進而顯露本來眞心，爲眾生普施法雨，弘揚佛教。

那時，淨慧法師剛剛 19 歲，虛雲老和尚將禪宗五家齊傳給他，既是一種認可，更是一種殊榮。在當時，這種傳法儀式並不是完全公開的，虛雲老和尚要給誰傳法，提前準備法卷寫好，請侍者將人叫來，有的是單獨傳授，有的是幾個人一起傳授，秘密進行。〔註45〕虛雲老和尚曾特別解釋秘傳的緣故，「由於你們都很年輕，而不以公開方式，而暗中傳法，並不是像外道有什麼秘密法，不給旁人知道；主要是常住人多，假如公開，恐怕人人要求傳給他們，便成濫傳法了。有幾位菩薩，好幾次私來我房，跪在地上，要求我傳法，我都不答允。」〔註46〕

例如，1946 年在雲門寺接法的懷西法師，曾描述虛雲老和尚秘密傳法的場景。其具體經過是這樣的：

> 每年七月三十日，乃老人（虛雲老和尚）之壽辰……是日下午，老人秘密傳法。因老人每感宗門衰落，後起乏人，是以在日常，便很細心的觀察，誰人能做法門龍象，荷擔如來家業……經三年暗中

〔註45〕明海法師等：《肖興林居士訪談錄》（2015 年 7 月 4 日採訪），明海法師提供。
〔註46〕懷西：《師尊對我一生的影響——爲紀念虛雲老人生內院百日而作》，載淨慧主編：《虛雲和尚全集》第 7 冊《追思錄》，鄭州：中州古籍出版社，2009 年，第 230 頁。

審察，認為能授「正法眼藏，涅槃妙心，實相無相」微妙之旨，已有六人。故事先把法牒寫好，到了下午，便由侍者個別暗中傳命至丈室樓上佛前，每次二人。老人命受法人穿袍、搭衣、展具，禮佛三拜後，跪在佛前。之後，將傳法由來、源流，開示大意，略述於後。〔註47〕

和淨慧法師同時接法的肖興林居士（慈藏），也斷斷續續記得一些當時傳法的細節：

　　肖興林居士（慈藏）：「受法的那個過程都是晚上……52 年左右，反正老和尚他也知道自己身體不大適合，有人接法這個，儘量想（傳法）——我也是底下議論嘛……我們一批（班）是倆個，還有又是一班，又是一班。」

　　明海法師：「老和尚是給你們兩個人傳的？」

　　肖興林居士：「對。好像我們都接了，五個宗門都接了。老和尚他說：『你發心要弘揚哪一個宗門哪？』他心量很大，五宗都要、都接。你都接嘛，都接嘛。你師父（淨慧法師）也接了。」

　　明海法師：「虛老是單獨給你們倆個傳的？」

　　肖興林居士：「對！」

　　明海法師：「那個，佛源老和尚他沒有傳嗎？」

　　肖興林居士：「傳了，他是另外一次，還有也是另外一次……反正引（帶）去的 51 年傳法，十多個人。」〔註48〕

馬來西亞素聞法師在香港志蓮圖書館，發現藏有一冊由多人手抄之《虛老和尚詩稿》，其中載錄虛雲老和尚大部分「付法表信偈」。〔註49〕他據此整理出《虛雲老和尚五宗法嗣錄》〔註50〕，其中傳法時間及受法者可考者如下：

〔註47〕懷西：《師尊對我一生的影響——為紀念虛雲老人生內院百日而作》，載淨慧主編：《虛雲和尚全集》第 7 冊《追思錄》，鄭州：中州古籍出版社，2009 年，第 230 頁。

〔註48〕明海法師等：《肖興林居士訪談錄》（2015 年 7 月 4 日採訪），明海法師提供。

〔註49〕《虛雲老和尚詩稿》原件掃描，見於淨慧主編：《虛雲和尚全集》第 3 冊《詩偈》，鄭州：中州古籍出版社，2009 年，第 251～431 頁。

〔註50〕素聞：《虛雲老和尚五宗法嗣錄》，載淨慧主編：《虛雲和尚全集》第 8 冊《雜錄》，鄭州：中州古籍出版社，2009 年，第 139～155 頁。

表：虛雲老和尚部分法子嗣法時間和年齡

傳法年代	法　卷	受法者	受法者當時年齡
1938 年七月三十	曹洞宗	復仁法宗	--
1943 年四月初八	臨濟宗 法眼宗	本湛青持（明湛） 本湛青持	37 歲
1946 年七月三十	雲門宗	妙慧戒輪（慧定）	--
1946 年七月三十	雲門宗	妙通心妙（玄通）	--
1946 年七月三十	臨濟宗	本達印玄（體光）	22 歲
1946 年七月三十	臨濟宗	本昭聖空（意昭）	20 歲
1946 年七月三十	曹洞宗	復華聖揚（懷西）	19 歲
1946 年七月三十	曹洞宗	復聖惟賢	--
1947 年	臨濟宗	寬照佛光（惠光）	59 歲
1948 年	雲門宗	妙純佛智	
1948 年	雲門宗	妙和廣妙	
1949 年正月初八	臨濟宗	本煥乘妙	32 歲
1949 年	雲門宗	妙和廣妙（紹門）	
1951 年八月初三	雲門宗	妙心佛源	28 歲
1951 年秋	雲門宗	得眾（林得眾）	26 歲
1952 年	雲門宗 臨濟宗 曹洞宗 法眼宗 溈仰宗	妙宗淨慧 本宗淨慧 復性淨慧 本性淨慧 宣道淨慧	19 歲
1952 年	雲門宗 臨濟宗 曹洞宗 法眼宗 溈仰宗	妙常慈藏（肖興林）	20 歲
1952 年	雲門宗	妙道朗耀	34 歲
1952 年	雲門宗	妙慈法雲	19 歲
1956 年四月初九	溈仰宗	宣化度輪	34 歲
1956 年	溈仰宗	宣聖法亮（心明）	
1956 年八月	可能為溈仰宗	繼航	--
1956 年八月	可能為臨濟宗	寬航佛海	--
1956 年十一月	溈仰宗	宣揚性福	64 歲

1956 年十一月	溈仰宗	宣明海燈	54 歲〔註 51〕
1957 年	法眼宗	本智信清	--
1957 年	溈仰宗	宣成達定	--
1957 年	溈仰宗	宣傳月川（傳印）	30 歲
1958 年	溈仰宗 曹洞宗	宣慧禪道 復本禪道	24 歲
1958 年四月初八	溈仰宗	宣德紹雲	20 歲

　　從中可見，虛雲老和尚傳法，通常都是傳給弟子某一家宗派，且以 20～30 歲青年居多。他在 1952 年把五宗法脈都傳給淨慧法師等〔註 52〕，屬於「特例」。虛雲老和尚固然是非常欣賞和器重淨慧法師，但如果結合肖興林居士的回憶和分析，虛雲老和尚這樣做也是出於自身年齡和健康原因考慮，尤其在受到「雲門事變」之衝擊，更擔心一旦遭遇不測，法脈絕續，後繼無人。

　　對於年輕的淨慧法師而言，或許他那時甚至都不明白為何虛雲老和尚將五家法脈都傳給自己。晚年時候，他憶述說：

> 　　從接觸的過程當中，（虛雲）老和尚慢慢地也看、也觀察，觀察我這一個人沒有別的特點，就是說我很聽話。這一點是從小的時候就養成的習慣，不管大人吩咐什麼事情，我一定會很好地去完成……一向就是有一點女孩子那樣的順從，一切比較順從、比較溫順。所以老和尚看這個小和尚也有一點特長，這麼溫順……像這樣的人如果做侍者就非常好，他能夠聽話，能夠順從，老人呢，可以少操心。〔註 53〕

　　那時，淨慧法師剛剛受戒，資質尚淺，秘密接下五家法脈，感覺到對自己是一種策勵：「（虛雲）老和尚這樣看重我，傳這次法，但是自己從修和學都遠遠不夠這個條件。自從有這件事以後，就不斷地都在反思……心理上經常是在自己警惕自己、警策自己。」〔註 54〕虛雲老和尚對他的殷重期望，以

〔註 51〕 按介紹海燈法師的一般敘述，他生於 1902 或 1903 年。但是從 1957 年海燈法師與虛雲老和尚合影照片，形貌乃是青年，絕非年過百半之狀。所以，筆者對其生年存疑。

〔註 52〕 據《肖興林居士訪談錄》（2015 年 7 月 4 日採訪），肖興林（慈藏）1952 年也接了虛雲老和尚五家法脈。另外，傳士法師和印開法師也得虛雲老和尚親傳五家法脈。虛雲老和尚亦代傳法孫正智法師和齊賢法師五家法脈。

〔註 53〕 淨慧：《雲水舊蹤——淨慧老和尚訪談》（2004 年 4 月講於湖北當陽玉泉寺），明海法師提供。

〔註 54〕 淨慧：《雲水舊蹤——淨慧老和尚訪談》（2004 年 4 月講於湖北當陽玉泉寺），

及五家法脈所帶來的責任使命，尤其在多年以後淨慧法師被打成「右派」遣返務農時才更深切體會到。因而他一直對佛教抱著甚深之使命，希望「傳燈」，把禪宗發揚光大。「文革」之後宗教政策落實，他立即毅然重新披剃出家。改革開放以後，作爲禪門五家法脈的衣鉢傳人，這種身份的特殊性和神聖性，使得他在虛雲老和尙門下衆弟子中更爲耀眼奪目。「五家法脈」的意義，等同於整個禪宗，因此淨慧法師自覺將振興禪宗爲己任，並不是偶然的。而「虛雲老和尙法子」「五家法脈傳人」的身份，也促進並擴大了他後來弘法事業的開展。

1.2.3　農禪生活

　　中華人民共和國成立之後，社會政治經濟環境發生很大變化，佛教傳統收入來源——租息、募化、香火、經懺皆難以維繫，虛雲老和尙也意識到佛教和僧伽經濟必須要靠「勞動生產」，自給自足，否則會被社會淘汰。1950年春，虛雲老和尙在雲門寺遵照政府勞動生產號召〔註55〕，組織僧伽墾殖荒地，開辦雲門山大覺農場。虛雲老和尙特作《農場組織簡章》，說明開辦農場係爲了適應現實環境的需要，一方面努力增加國家生產，同時也彌補寺廟糧食不足，從而「達到人人勞動、自給自足之目的，用以維護祖庭爲宗旨」。〔註56〕他要求所有常住僧衆一律參加墾種工作，每人最少30丈，農具和種子由常住供給，收穫時常住與各人均分之。1951年時，全寺墾殖面積計約40餘畝，生活仍非常艱苦，每日二時一粥一飯。

　　淨慧法師在雲門寺，遵照《共住規約》《客堂規約》《禪堂規約》《雲水堂規約》《衣鉢僚規約》《庫房規約》《大僚規約》《沐室規約》《農場組織簡章》〔註57〕，與常住一同勞作。

　　在「雲門事變」之後不久，1951年7月29日，葉劍英電報北江地委，「根

明海法師提供。
〔註55〕虛云：《致乳源縣政府函》（1951年），載淨慧主編：《虛雲和尚全集》第2冊《書信・文記》，鄭州：中州古籍出版社，2009年，第82頁。
〔註56〕虛云：《農場組織簡章》，載慧主編：《虛雲和尚全集》第4冊《規約》，鄭州：中州古籍出版社，2009年，第29頁。
〔註57〕證圓：《虛雲禪師中興雲門紀實》，《覺訊》，1951年第5卷第9期，第5頁；1951年第5卷第10期，第4頁。這9種規約，乃虛雲老和尚爲雲門寺而立。規約全文，可見淨慧主編：《虛雲和尚全集》第4冊《規約》，鄭州：中州古籍出版社，2009年，第11～30頁。

據當地農民要求，應予凍結雲門寺的地租」。〔註58〕此後，寺中不再有任何租穀收入，全靠寺廟積蓄以及大覺農場收成艱難維持。虛雲老和尚萬般無奈之下，只好讓寺僧實行分伙，每人分 20 斤稻穀、4 兩油、半斤鹽，各自勞動，各自生產，各自開火做飯。淨慧法師也分到了近一畝的土地，他與慈藏法師一起勞動，墾荒種植花生，每隔幾天也擔柴到乳源縣城去賣，換取米糧等。他回憶說：

> 一塊地呀，你自己可以種東西，種雜糧你可以吃。另外，山上有柴火，你可以砍柴火賣，賣了柴火可以買米。就是用那個辦法，等於這個僧團從生活方面來說，從集體伙食來說，就解散了。那個時候走掉一些，還有七八十人，就每個人買一個小砂鍋，一個人一個灶，安在一個柴房裏面，很大一間屋子，那個柴房就有幾十個鍋灶。〔註59〕

不過，這種「分伙」的艱難生活只維持了數月。在「土改」風波過去之後，雲門寺仍恢復集體吃飯，並且堅持打了一次冬季禪七。〔註60〕虛雲老和尚每晚養息香都在禪堂講開示，教導大眾反聞聞自性，參「念佛是誰」這個話頭，在「誰」字上起疑情。這時，淨慧法師已能大概聽懂虛雲老和尚鄉音話語，對參話頭、起疑情頗為受用。在這個禪七第三天，早上第一枝香的時候，他忽然之間達到了不知道身心所在的境界，一炷香時間彷彿只是頃刻間，感受非常安靜、舒適、愉悅。淨慧法師就此向虛雲老和尚請開示，虛雲老和尚告訴淨慧法師：「是好境界，不要執著！」這是淨慧法師第一次體會禪境法樂。他說自己對禪宗修行深有信心，也是從這時開始的。這次禪坐經歷，增長了淨慧法師對禪宗的體悟。

在這次禪七之後，淨慧法師又正式擔任虛雲老和尚的侍者。在中國佛教僧侶師徒之間，通常有皈依、剃度、傳戒、傳法、依止等幾種關係。淨慧法師是虛雲老和尚的戒子、法子，後來又擔任虛雲老和尚的侍者，所以在 1952～1956 年間能有較多機會隨侍身側。如 1952 年淨慧法師跟虛雲老和尚去北

〔註58〕中國人民解放軍軍事科學院編：《葉劍英年譜 一八九七——一九八六》（下冊），北京：中央文獻出版社，2007 年，第 714 頁。
〔註59〕淨慧：《雲水舊蹤——淨慧老和尚訪談》（2004 年 4 月講於湖北當陽玉泉寺），明海法師提供。
〔註60〕淨慧：《雲水舊蹤——淨慧老和尚訪談》（2004 年 4 月講於湖北當陽玉泉寺），明海法師提供。

京，迎接「亞洲及太平洋區域和平會議」召開，也有幸得見圓瑛法師、巨贊法師、趙樸初居士等佛門高僧大德。1954 年，淨慧法師到雲居山養病數月，1955 年又協助虛雲老和尚傳戒，任第三引禮師。這是淨慧法師在虛雲老和尚身邊較長的幾段時光。

虛雲老和尚自 1952 年離開雲門寺後，常住雲居山，再也沒有回到雲門寺。淨慧法師則遵奉師命在雲門寺協助住持佛源法師管理寺務，從 1953 年秋起開始擔任雲門寺監院。雲門寺「土改」之後分得水田 50 多畝，寺僧每日農禪勞作，除了早晚功課之外主要就是種田、砍柴，晚間還有佛學學習。如 1954 年，慧忠法師每晚教授焰口和唱念，之後佛源法師親授《四十二章經》和《百法明門論》，又請正虛法師每天中午講《楞嚴經》。淨慧法師幾乎每天晚上都在煤油燈下自學兩到三個小時，他還將圓瑛法師的《〈楞嚴經〉講義》全部看完。這種勤奮刻苦的學習，也為淨慧法師打下紮實的佛學教理基礎。他說：

> 看圓瑛法師寫的《〈楞嚴經〉講義》，《〈楞嚴經〉講義》我就是
> 在煤油燈下看完的。通過這些學習呢，對有些基本的教義打下了基
> 礎，也增強了自己對佛教的信心、對佛教的認識、對人生的認識，
> 對做一個和尚應有的一些要求，更加深了這種體驗和體認。〔註61〕

1954 年和 1955 年間，淨慧法師曾兩次到雲居山陪侍虛雲老和尚數月。雲居山仍然是農禪傳統，種植水稻、茶葉、蔬菜，自食其力。在虛雲老和尚的感召下，僅僅一年，住山比丘就將近百人。〔註62〕從 1951 年至 1956 年去中國佛學院上學之前，淨慧法師在虛雲老和尚興復的雲門寺、雲居寺修學，接受傳統禪宗教法，對農禪宗風有了直接體悟，並且擔任雲門寺監院，又協助虛雲老和尚在雲居寺傳戒，積累了很多叢林管理經驗。

小　結

淨慧法師出生在 1933 年，雖處於整個社會大變革時代，也正值近代佛教復興運動的高潮。〔註63〕然而，他整個童年和青年時代一直生活中在鄉間尼

〔註61〕淨慧：《雲水舊蹤──淨慧老和尚訪談》（2004 年 4 月講於湖北當陽玉泉寺），明海法師提供。

〔註62〕釋慈藏：《虛雲老和尚在雲居》，《覺訊》，1955 年第 9 卷第 6 期，第 13 頁。

〔註63〕20 世紀佛教有兩次復興高潮，一次自太平天國之後，持續到 40 年代末；一次從 80 年代開始，持續至今。詳見汲喆、田水晶、王啓元：《二十世紀中國佛

庵，生活環境相對封閉和穩定，佛教和社會的變革對他幾乎沒有太大影響。尼庵生活的耳濡目染，使他很小就佛教、對信仰產生深厚的感情。而佛門成長的經歷，以及比丘尼養母的教導，一定程度上也塑造了他的性格——安靜、柔順、認真。雖然童年生活在尼庵，養母卻用心培養，送他到私塾讀書識字，這也奠定了他舊學詩文的基礎。從 1947 年到武漢正式拜師，至 1951 年去雲門寺受戒之前，淨慧法師一直處於佛教傳統的修學環境之中，經常在寺廟聽經學沙彌律，對早晚功課和基本儀軌也比較熟稔。儘管這段時期也要響應國家和政府號召參加勞動生產，但是總體上武漢城市中的佛教寺廟還尚未受到太多的波及，依然保持著之前的修學傳統氛圍。

　　1951 年在雲門從虛雲老和尚受戒、得法——成為虛雲老和尚的戒子和法子，又成為禪宗五家法脈的傳人，這是淨慧法師一生命運的重要關節點，也是他宗教生命的昇華。儘管他們相處只有短短數年時間，但虛雲老和尚卻無疑是對淨慧法師一生影響最為深刻的人。對虛雲老和尚敬仰和感恩，是他一生弘法實踐、振興禪宗的重要動力。而且，虛雲老和尚所保持的明清叢林傳統，諸如禪門規約制度、寺院建築、法物設施、佛事活動、修持方法、生活方式以及農禪家風等，也基本被淨慧法師吸收和延續了下來。

　　中國佛教自 50 年代中後期開始，命運坎坷，佛教人才也出現斷層。而淨慧法師正是改革開放以後佛教恢復承上起下的關鍵一代。就如禪堂規矩、禪修方法，他是在虛雲老和尚親自指導下，有深刻體驗、感悟和受用的。他倡導修學一體，將虛雲老和尚保留傳統和太虛大師現代革新的思想相融合，強化戒律宗風，適應現實時代，發展出了生活禪。他認為太虛大師為佛教指明了佛教振興的發展方向，而虛雲老和尚則「為佛教指明了哪些傳統需要保留、哪些傳統可以放棄」〔註 64〕。換言之，如果說太虛大師給予了淨慧法師契理契機、面向時代的勇氣，那麼虛雲老和尚則給予了他繼承傳統、開拓創新之堅實的底氣。

教的兩次復興》，上海：復旦大學出版社，2016 年。

〔註64〕淨慧：《趙州柏林禪寺第八屆禪七法會開示・回答問題（上）》（2011 年 1 月 27 日），載於《淨慧禪話》第 1 冊《柏林禪話》，趙州柏林禪寺印行，2015 年，第 216 頁。

第二章　政治與宗教張力下的抉擇

2.1　親歷「雲門事變」及其影響

2.1.1　「雲門事變」中的淨慧法師

　　「雲門事變」，也作「雲門事件」「雲門浩劫」，指的是發生在 1951 年「鎮反」背景下，廣東乳源政府錯誤對待虛雲老和尚和雲門寺僧的事件。在整個近現代中國佛教歷史上，虛雲老和尚是廣受敬仰的一位禪門高僧。今天大陸漢傳佛教的僧眾，很多都屬於虛雲老和尚門下法系。因此，「雲門事件」在佛教內部廣為人知。凡是對虛雲老和尚事蹟稍有瞭解的人，幾乎都知曉「雲門事變」。凡有閱讀過《虛雲老和尚年譜》的人，幾乎無不對「雲門事變」刻骨銘心。佛教內部多將「雲門事變」視為虛雲老和尚「代眾生受苦」，也有視之為「法難」，認為前種說辭乃是不敢於接受現實的美化和神化。〔註1〕

　　淨慧法師就是「雲門事變」的一位親歷者。1951 年春節期間，他在三佛寺聽聞虛雲老和尚將在廣東乳源雲門寺舉行傳戒法會，於是在剃度師宗樵法師的陪同下，南下受戒。農曆二月初，抵達雲門寺，親見虛雲老和尚。

　　那時，雲門寺僧眾有 130 多人，很多是從北方來的。之前，隨著解放戰

〔註1〕　例如，樂觀法師言：「明明雲老回到大陸是走上絕路，偏偏還說『雲公回到大陸之後，生起很大作用，共產黨人如何受到感化，中國佛教又如何仰仗雲老的威名保存許多佛教種子』，這全是自我陶醉、自欺欺人之談。事實上，何曾是這樣呢？」見樂觀：《虛雲和尚圓寂廿二週年紀念感言》，《春秋別集》，臺北：常樂寺，1981 年。

爭慢慢向南推移，一些僧人因為對共產黨存有誤解和偏見，紛紛南下，有的希望經由廣東轉去香港。不過，大多僧眾都和淨慧法師一樣，是受虛雲老和尚修行和道德的感召，希望能夠依止修學。

未久，農曆二月二十四日至五月二十三日，發生「雲門事變」。時值全國「鎮反」運動，雲門寺由於被政府懷疑窩藏反革命分子和槍支彈藥、敵匪電臺等，寺廟被公安局警察和民兵包圍禁止出入，凡有反革命嫌疑的僧人以及寺中執事三十餘人被當地政府拘押帶走，虛雲老和尚遭受毒打並被斷絕飲食數日，六祖真身像也受到損害。期間，虛雲老和尚在罹難臥床之際甚至以「時艱年邁」留下遺囑。〔註 2〕此事，在佛教界掀起軒然大波，經李濟深、陳銘樞、葉恭綽〔註 3〕等人的極力奔走，周恩來特派調查組到雲門寺瞭解情況，釋放僧眾，風波方才初步平息。

淨慧法師那時為了求戒，剛剛來到雲門寺未及半月，就遭遇「雲門事變」，他和近百僧眾被關在禪堂 18 日。每天，都有幾個僧人被拉去盤問寺內是否有槍支彈藥、電臺，以及真金白銀藏於何處等。這種經歷，帶給青年淨

〔註 2〕 內容詳見淨慧主編：《虛雲和尚全集》第 9 冊《影譜》，鄭州：中州古籍出版社，2009 年，第 135 頁。

〔註 3〕 參見光益：《「雲門事變」淺探》，實修驛站：http://www.shixiu.net/news/fjxw/1036.html。李濟深，中央人民政府副主席、民革中央主席。陳銘樞，中央人民政府委員、中南軍政委員會農林部長。葉恭綽，政務院文化教育委員會委員。在他們的斡旋和呼籲下，「雲門事變」得到周恩來總理及政務院、中央統戰部的重視，方得以解決。據《葉劍英年譜》：1951 年 4 月 15 日，李濟深、陳銘樞、葉恭綽聯名致電葉劍英，希望依法保護雲門寺，不要因犯法僧人而牽連整個寺院。4 月 25 日，中南軍政委員會致電葉劍英，要求查明雲門寺真相，是否如陳銘樞所說抓捕僧人、監禁行動和毆打虛雲老和尚。5 月 2 日，葉劍英致電北江專署，要求徹查雲門寺事件真相，以便彙報給周恩來總理。5 月 8 日，葉劍英簽發華南分局轉發中央統戰部的電報，請陳仁祺、伍晉南將雲門寺情況如實上報中央。5 月 19 日，葉劍英致電周恩來並中南軍政委員會，報告雲門寺事件，說虛雲和尚窩藏匪特，密設電臺，私藏槍彈，但為慎重起見，希望請李濟深和陳真如可以來協助調查。6 月 14 日，葉劍英收到鄧子恢來電，同意陳銘樞對虛雲和尚處理辦法，提醒務必處理得當，否則會震動全國佛教界。6 月 15 日，政務院覆電葉劍英，徐子榮、盧郁文協助調查。7 月 3 日，葉劍英電覆鄧子恢，報告：逮捕人犯 24 人中，2 人為特務，4 人有重大嫌疑。雲門寺完好無缺，人佛皆未損傷。已無罪釋放 5 人等。7 月 29 日，葉劍英簽發華南分局關於凍結雲門寺地租的決定，凍結雲門寺的地租。12 月 4 日，葉劍英收到政務院來電，敦促虛雲老和尚赴京。詳見中國人民解放軍軍事科學院編：《葉劍英年譜 一八九七～一九八六》（下冊），北京：中央文獻出版社，2007 年，第 688～789、694、695、698～699、704、714、729 頁。

慧法師的惶恐和忐忑，可想而知。他晚年回憶當時的情形，依然歷歷在目：

> 關到禪堂裏 18 天的情況來看，每個人的心態還是很安定。關
> 在那裡 18 天，禪堂旁邊就有一個廁所，上廁所外邊就有人看著，上
> 廁所都要請假的，好像那個禪堂就成了一個牢房一樣。
>
> 當時還有幾個比丘尼也關在一起，幾個比丘尼就睡在那個禪堂
> 的地下，三四個比丘尼。
>
> 每天只給吃兩餐飯，就吃稀飯，也沒有乾飯，也沒有饅頭，
> 也沒有菜，菜就是廣東有一種植物叫做苜蓿，就是用那個東西來
> 做菜，每天吃兩餐稀飯。但是那些出家人都很安詳，每天吃了飯
> 就打坐，在裏頭也不准說話，坐累了就睡一會、休息一會，天天
> 就是這個樣。但是那個禪堂的味道非常不好，雲門寺的禪堂大概
> 也就是不到 300 平米、200 多平米的一個地方，將近 100 人。因為
> 130 多人關（逮捕）了 20 多個、（將近）30 個，剩下的還有將近
> 100 人。
>
> 那個 18 天是怎麼度過的，我現在也很模糊。因為天天都是在
> 驚恐，大家都沒有安全感，不知道第二個會輪到誰被抓走了。大
> 家有驚恐，因為好像要抓一個人不一定要有什麼真正的「反革命」
> 的罪證，沒什麼理由，也看不出什麼標準。就好像是大家隨時隨
> 地，誰都有可能給抓走，自己有驚恐，這個是存在的。但是，總
> 的來講，大家在驚恐中，也還是有一種安定。因為在那裡住的人
> 大部分都是比較有修行的人。沒有修行的就像我，一個小孩子，
> 雖然那個時候小也不小了，18 歲，但是還是不懂事。〔註4〕

與淨慧法師一同被關的慈藏法師（肖興林）憶述當時的情形是：

> 雲門事變，叫做「雲門浩劫」。反正是我們一些一百多不到兩
> 百人，都關到禪堂裏邊了，出去進去都要喊報告，不喊報告是不行
> 的。那紀律性非常強，你一動、你動一動，他就「唉、唉」，就這
> 樣，「幹什麼」！他總以為老和尚有什麼收音機、有發報機這些東
> 西……他說有電臺，把那個寺院哪翻得、翻得，把佛像大雄寶殿那
> 佛像裏面都是，裏面啊全弄倒了。再一個呢，就是那個六祖啊，裏

〔註4〕 淨慧：《雲水舊蹤——淨慧老和尚訪談》（2004 年 4 月講於湖北當陽玉泉寺），
明海法師提供。

邊存放六祖那個，保護六祖那個被子給戳了個窟窿……他懷疑老和
尚是一個什麼與外界好像有什麼聯繫，好像有電臺，有這些東西，
把我們這些人通通都關在小黑屋子裏，外面那個階梯上。也沒什麼
事情，就坐在那，差不多 20 天哪……我們坐那裡，坐那裡，吃飯
的時候吃得飯。今天不知道明天的事呢，還不知道呢，不知道抓誰，
就那麼個感覺。〔註5〕

2.1.2 「雲門事變」的歷史記憶

「雲門事變」及其經過，隨《虛雲和尚年譜》的不斷再版和翻印流通而
廣為人知，也成為當代佛教歷史上一段重要的歷史記憶。

1953 年春，《虛雲和尚年譜》在香港出版發行。但當時因「道途梗塞，
音書斷絕」，所以「不敢輕於載筆」，這版只止於「辛卯三月」（1951 年）虛
雲老和尚病重，未能詳述「雲門事變」經過。待 1957 年《虛雲和尚年譜（增
訂本）》時，則以「編者按」形式詳加記述。

> 迨辛卯歲春……夏曆二月二十四日，忽有百餘人，前來圍困本
> 寺，禁止出入。先將虛老和尚拘禁於方丈室中，以數人守之。復將
> 各僧分別囚於禪堂、法堂，大搜寺內……經兩日時間，一無所獲。
> 遂將監院明空，及職事僧惟心、悟慧、真空、惟章等拘去，復將冊
> 籍部據、來往書札，及虛雲和尚百年來之精注經籍、法語文字，盡
> 用麻包捆載而去……其實情則誤聽外間傳說，謂寺內藏有軍械及發
> 電機，又藏有金條白銀……〔註6〕

岑學呂身居香港，對當時大陸政治形勢不甚瞭解，因而他對「雲門事變」
的敘述實則來自虛雲老和尚及其徒眾。臺灣「國立歷史博物館」收藏有一部
《諸經日誦》，筒子內頁背面謄抄有關「雲門事變」的《關於廣東乳源縣雲門
寺「反革命」案件考查報告》及《辯駁〈關於廣東乳源縣雲門寺「反革命」
案件考查報告〉的誣告》兩份資料。這是虛雲老和尚託人從雲門寺秘密帶出
轉交給岑學呂的，不過岑學呂並未將這兩份資料編入《虛雲和尚年譜》中。
1978 年，岑學呂之子岑雲起將這部記錄有關「雲門事變」的《諸經日誦》

〔註5〕 明海法師等：《肖興林居士訪談錄》（2015 年 7 月 4 日採訪），明海法師提供。
〔註6〕 淨慧主編：《虛雲和尚全集》第 5 冊《年譜》，鄭州：中州古籍出版社，2009
年，第 209 頁。

捐送給臺灣「內政部」，又由「內政部」移送臺灣「國立歷史博物館」收藏。〔註7〕

　　《關於廣東乳源縣雲門寺反革命案件考查報告》是 1951 年 6 月北京、廣東特派調查組（京粵調查組）赴乳源縣政府及雲門寺調查後形成的報告。京粵調查組的主要成員包括：中央人民政府政務院參事盧郁文、中央人民政府公安部辦公廳主任徐子榮、中央華南分局統戰部秘書長羅理實、廣東人民政府委員張村、廣東人民政府公安廳副廳長寇慶延、廣東人民政府參事蕭同藩、《南方日報》記者關方曷、《聯合報》記者陸雨等。這份報告顯示：「雲門事變」是因為乳源縣政府認定雲門寺窩藏反革命分子，從 1951 年 4 月 8 日至 6 月 5 日先後三次逮捕嫌疑人 25 人。而京粵調查組基本認同乳源縣公安局對雲門寺案件的處理，「據我們考察，雲門寺內確隱藏不少反革命分子，並進行反革命活動」，並列舉說：僧人大孝（裴卓祐）曾是反共救國軍大隊長和惡霸分子，妙雲（張漢元）曾在國民政府財政部和上海金融管理局任稽核，證圓（蔣彩全）曾任復興社湖南支社書記，淨慧（鄭兆棟）曾在香港道風山受特種訓練，無邊（張政得）曾參加護黨救國社並任劉陽縣清共委員會委員，啓雲（蕭揚樹）係中統特務，悟真（鄧在濱）曾在香港道風山接受特種訓練等。京粵調查組的調查結論更傾向於乳源縣公安局，判定「事實」為：虛雲老和尚未被扣壓，且應對寺中隱藏反革命分子之事負很大責任；六祖肉身及寺中佛像均完整無損；所謂乳源縣副縣長鄭哲民誣告陷害之事不成立，其 1950 年 3 月即離任；乳源縣政府一向注意保護雲門寺，尊重宗教信仰自由及鎮壓反革命之政策。〔註8〕

　　而虛雲老和尚和雲門寺僧眾認為調查結論完全「顛倒是非」，「上級委員硬說我寺隱藏反革命分子，進行反革命活動」，因而寫下《辯駁〈關於廣東乳源縣雲門寺反革命案件考查報告〉的誣告》（1951 至 1952 年間），對《關於廣東乳源縣雲門寺反革命案件考查報告》所言「真相」逐一批駁。他們申訴，雲門寺收留僧眾都「完全經過公安局審查核准，從未收留一個不合手續

〔註7〕　《諸經日誦》內頁背面文字內容，可詳見林培聖：《虛雲法師的禪法及其影響》，淡江大學碩士學位論文，2007 年。他將《關於廣東乳源縣雲門寺反革命案件考查報告》《辯駁〈關於廣東乳源縣雲門寺反革命案件考查報告〉的誣告》兩份資料全文逐字錄出，作為附錄。

〔註8〕　《關於廣東乳源縣雲門寺反革命案件考查報告》，載林培聖：《虛雲法師的禪法及其影響》，淡江大學碩士學位論文，2007 年。

的人」，被公安局拘押的所謂「反革命」僧人乃是刑訊屈打成招，而整個事件是因為乳源縣長吳新民公報私仇。「這次雲門寺的事，雖說是乳源縣長借公報仇──因該縣長在解放後，徵雲門寺糧穀太苛，受了上級批評，以此說虛雲和尚有勢力壓他，懷恨在心，假公報復，所以釀成此種事實」，「這許多報告條件，無一點不是吳新民虛告誣秉，假公濟私」，他的妻子是公安局長，他們指使公安局副局長曹福林拘押迫害雲門寺僧眾，並且「把上級的委員蒙蔽」。〔註9〕

儘管「雲門事變」的起因撲朔迷離，其緣由經過具體細節也並不為人所知，但是隨著《虛雲和尚年譜》的廣泛傳播，加之虛雲老和尚門下的口耳相傳，「雲門事變」卻成為了一個深刻的集體記憶。當然，這不僅僅是關於雲門寺僧的罹難，更重要的是虛雲老和尚在「雲門事變」中「代眾生受苦」「死而復生」的奇蹟，以及他神遊兜率天聽彌勒菩薩講法，又蒙彌勒菩薩咐囑重回人間的神異夢境──這被認為是甚深禪定境界。岑學呂在「按語」還特別強調，「昔憨山、紫柏受嚴刑時，亦同此境，此非未證悟者所能代說也」。〔註10〕

並且，在當代大陸佛教歷史上，類似「雲門事變」的事件並不是唯一的，甚至可能不是「最嚴重」的。因為虛雲老和尚畢竟轉危為安，而雲門僧眾後來也沒有受到太大的影響。而諸如1955年「上海金剛道場事件」實際上則更為嚴峻，清定法師入獄，不久金剛道場僧眾被全部解散，這在當時震動整個佛教界，《弘化月刊》曾連續以大量版面批判清定上師「反革命罪行」。這些大量的公開批判文字，使之比「雲門事變」更易知曉──如岑學呂《虛雲和尚年譜》也有1955年「此數月間，滬上天主教堂出事，佛教青年會出事，金剛道場亦出事」──說明遠在江西雲居山的虛雲老和尚已經充分知道此事，並把消息提供給在香港的岑學呂。然而，「上海金剛道場事件」卻並沒有成為如「雲門事變」一樣的歷史記憶，而是長期沉寂於史料故紙。〔註11〕儘管在大量再版流通的《虛雲和尚年譜》中有「金剛道場亦出事」，不過也只是幾個

〔註9〕 《辯駁〈關於廣東乳源縣雲門寺反革命案件考查報告〉的誣告》，載林培聖：《虛雲法師的禪法及影響》，淡江大學碩士學位論文，2007年。

〔註10〕 淨慧主編：《虛雲和尚全集》第5冊《年譜》，鄭州：中州古籍出版社，2009年，第210頁。

〔註11〕 直至2017年巴蜀書社出版的李富強《一代宗師清定上師》，才澄清了這一段塵封的史實。

字而已。類似的「上海佛青事件」也是如此。這說明,「雲門事變」被後人銘記,不僅僅在於事件本身,歷史是一種「選擇性記憶」,有些得到了保留和強化,有些則湮沒不聞。而虛雲老和尚在佛教的崇高威望,他的高齡,〔註 12〕他承繼禪宗五家法脈,他「示現」的種種「神跡」,他自述被打死而復生以及神遊兜率面見彌勒的夢境,如此等等,都是「雲門事變」能夠成為集體記憶的關鍵因素。

2.1.3　淨慧法師對「雲門事變」的定性和理解

　　淨慧法師很早就認識到「雲門事變」是受到「鎮反」運動的政治影響。他在 1958 年《所謂「雲門浩劫」的真相》一文中,就意識到「雲門事變」與「鎮反」運動相關。他是佛教界中較早能夠正確理解這一事件的親歷者。如虛雲老和尚和雲門僧眾認為「雲門事變」是乳源縣長吳新民故意公報私仇,這種個人恩怨雖然可能是直接誘因,但並非本質。

　　改革開放以後,一些「雲門事變」的親歷者,如淨慧法師、佛源法師、體光法師、密參法師等都曾回憶當時的經過。但是對於事件的起因和定性,還屬淨慧法師的敘述和理解最符合當時歷史情勢。他 1989 年以筆名拙緇在《法音》發表《虛雲和尚行業記——紀念虛雲和尚圓寂三十週年》,認為「雲門事變」是「鎮反擴大化事件」。淨慧法師分析,「雲門事變」的間接原因是解放初期社會局勢複雜,一些有國民黨身份背景的人在虛雲老和尚座下出家,而這些僧人早在共產黨安全部門的注意之下;而其直接起因,則是湖南在逃犯釋廣孝混入雲門寺,被湖南公安部門追捕歸案。〔註13〕由此引起乳源地方政府錯誤地認為雲門寺有反革命嫌疑,甚至誤信謠傳,以為寺內藏有軍械、電臺。於是「地方當局乃於夏曆二月二十四日派出百餘人,於午齋時抵寺,將寺團團包圍,寺之左右及後山高地,均架起機槍,對準寺內」,「此即海內外一時甚傳的『辛卯雲門事變』的開始」,前後歷時三個月,被拘禁僧人二十六人,虛雲老和尚遭受非禮毆打摧殘,全寺僧眾百餘人集中禁閉於禪堂者十八日,「使清淨佛地變成了恐怖的監獄」。〔註14〕

〔註12〕 學術界對虛雲老和尚的生年多有爭議,然而這並不影響他在佛門的崇高威望。佛教界認可虛雲老和尚圓寂於一百二十歲的說法。

〔註13〕 明堯詢問淨慧法師「雲門事變」經歷,載於《虛雲和尚全集》第5冊《年譜》,鄭州:中州古籍出版社,2009 年,第 204～205 頁。

〔註14〕 拙緇:《虛雲和尚行業記——紀念虛雲和尚圓寂三十週年》,《法音》,1989 年

佛源法師 1992 年《浮緣回憶錄》手稿，也與淨慧法師基本持相同判斷，認爲與「肅匪反霸」背景有關。

> 那時因各地僧人都在逃找安身之處，到雲門寺親近老和尚的天天都有。時值解放初期，乳源又值「肅匪反特」。所以，每天都有公安局清查戶口。一天，查出一個逃亡保長，事情引起了波動。有的年輕僧人招供一些假言假事，說有電臺、手槍等，故此公安局信以爲眞。由此，我與明空、體圓當家師等便被拘留於縣城，有的遭拷打，受了大冤。我但關在洲街凫堡內，直到北京來人，在五月無罪釋放回雲門。〔註15〕

然而，也必須注意，並非所有「雲門事件」的親歷者，都能準確地認識到這一歷史事件的實質。有人此事與「土改」運動混爲一談，有人認爲這是共產黨針對佛教的迫害，均不甚合符歷史事實。一些僧眾雖然能夠詳述內情，可是他們也沒有如淨慧法師和佛源法師一樣理解到「雲門事變」實質的社會政治背景。例如，體光法師認爲是因爲雲門寺徒眾中有逃犯，且虛雲老和尚和國民黨政府交往，加之寺中年輕僧人陷害虛雲老和尚，才導致了「雲門事變」的發生。〔註16〕密參法師認爲，是有人向當地公安部門誣告雲門寺隱藏特務和發報、黃金白銀等的緣故。〔註17〕

2012 年佛源長老圓寂三週年之際，淨慧老和尚又專門撰述，說明「雲門事變」性質是「『鎮壓反革命運動』擴大化，使雲門寺僧團及虛雲老和尚都當成了「鎮反」的對象。他還將「雲門事變」親歷者一一列出，盡力保存這段苦難歷史。據他考證，當時被關押到乳源縣刑訊的 20 餘人中，有明空法師（監院）、體圓法師（監院）、法雲法師（侍者）、眞空法師（即佛源法師）、證圓法師、妙雲法師、惟心法師、體智法師、悟雲法師、宗樵法師、無邊法師等。妙雲法師、證圓法師、無邊法師等三人不幸致死，法雲法師等身受重傷。

第 12 期。

〔註15〕佛源法師 1992 年親筆所寫《浮緣回憶錄》手稿，第 4 頁。（佛源法師《浮緣回憶錄》照片掃描，詳見：http://blog.sina.com.cn/s/blog_768bad6101012mgl.html。）

〔註16〕妙吉整理：《體光老和尚開示錄》。體光法師誤會是淨慧法師導致「雲門事變」，體光法師把「雲門事變」和後來批判虛雲老和尚「大字報」之事混爲一談了。

〔註17〕昌融：《密參禪師事略》，2007 年電子版。

　　淨慧法師有強烈的歷史責任感，他希望後人不要忘記這段歷史。誠如他所言：

> 　　「雲門事件」的親身經歷者，還健在的僅數人而已，南華寺的林得眾（妙法）、北京的慈藏（妙常，肖興林）及老朽（妙宗，剃度法名宗道），還有白光法師……還有雲居山的慧通首座，雲門寺的悟雲師，就這幾個人還活著。再過幾年，什麼是「雲門事件」，就要由歷史學家去考證了。〔註18〕

2.1.4　「雲門事變」對淨慧法師的深刻影響

　　「雲門事變」是淨慧法師青年時代第一次直接體驗到政治，也是他形塑政治觀念的一個「起點」。他自己說：「雲門寺的那一件事情（「雲門事變」），就把我這一輩子的命運定位了。」〔註19〕從 50 年代開始，他幾乎每一次政治運動都被波及，而「雲門事變」僅僅是他被捲入政治漩渦的一個開始。之後，無論是在中國佛學院讀書期間，還是作為「右派分子」被下放勞動，乃至一直到晚年，「雲門事變」的經歷都時刻提醒他體認並反思政治。

　　「雲門事變」對淨慧法師整個人生的影響都是非常深刻的。他自述：

> 　　我真正感覺到這個政治有什麼力量，也是從那一次（「雲門事變」）有感受。從前都是糊裏糊塗的，小孩子一樣，比較懵懂。從那一次感覺到，這大概就是政治，政治好像是非常無情。實際上也留下了什麼呢，留下了對共產黨這種——一個是說恐懼；第二呢，就是說儘量地避開政治，政治這麼無情，儘量地避開。
>
> 　　實際上，後來想呢，政治無情，這個我覺得是肯定的。想避開，避不開，每個人不管你是願意、不願意，都要生活在一定的政治環境之下，都要受到政治的約束。〔註20〕
>
> 　　這場災難（「雲門事變」），對我這一輩子正反兩方面影響都很大。我 1962 年被打成「右派」，跟這場災難有關。我現在對黨和政

〔註18〕　淨慧：《〈佛源老和尚年譜〉及〈生平〉的一點補充》（寫於 2012 年 2 月 16 日），《禪》，2016 年第 3 期。

〔註19〕　淨慧：《雲水舊蹤——淨慧老和尚訪談》（2004 年 4 月講於湖北當陽玉泉寺），明海法師提供。

〔註20〕　淨慧：《雲水舊蹤——淨慧老和尚訪談》（2004 年 4 月講於湖北當陽玉泉寺），明海法師提供。

府寬鬆的宗教信仰自由的政策環境有比較正確的理解和認識，也和
那件事（「雲門事變」）有關。因爲我親身體驗過失去自由是什麼滋
味，我才能真正體會自由的意義是什麼，自由的價值是什麼。這對
我的影響和教育是很大的。〔註21〕

「雲門事變」令淨慧法師深刻地體驗到國家政治——恐懼、想避開然而
又意識到無法避開。這種緊張的心理，也是當時親歷者普遍的感受。「雲門事
變」風波平息之後，一些受到不白之冤的僧眾對共產黨產生隔閡，有的出走
他鄉不敢再回雲門寺，有的始終對政治抱持拒斥、冷淡的態度。例如，後來
在美國弘法的法雲法師，即使淨慧法師親自赴美相邀，他終其一生心懷疑懼，
不願再回大陸。

但是，另一方面，虛雲老和尚在「雲門事變」中的無畏從容以及對黨和
政府的信任支持也成爲了淨慧法師克服磨難和成就事業的最好榜樣。

從（虛雲）老和尚來講，他對待這件事情（「雲門事件」），儘
管受了種種的非禮，也受了皮肉之苦，但是從我的印象來看，他並
沒有對這件事耿耿於懷，沒有。人們問起來，偶而地說一句半句。
他總是將這些事情歸結到我們每個人多生多劫的業障，造了惡業，
就要受這些報應。他對大家有多次的講話都說這個道理：『這是我們
每個人自己的業力感召，不要怨天尤人。』這是老和尚對待這件事
情的一個總的態度。〔註22〕

虛雲老和尚這種觀念，給淨慧法師很大慰藉。並且，「雲門事件」平息
之後，虛雲老和尚仍然信任黨和政府，沒有拒斥政治，而是與愛國愛教的佛
教同仁一同發起成立全國性佛教組織——中國佛教協會。而淨慧法師後來能
夠充分善用政治，把握政策時機，開展生活禪模式的人間佛教弘法利生事
業，也是基於他在「雲門事變」之後政治觀念的轉變和提升。淨慧法師自述：

從那時（「雲門事變」）開始，我就感覺到我們人身是不得自主、
不得自由、不得自在的。這樣一種印象，一直幾十年都留在我的記
憶中。所以，當以一切事情都不可勉強，一切事情都只能被動。當
你「被」而「動」之後，你才可以主動。當你「被」而「動」了，

〔註21〕淨慧：《柏林夜話》（1996 年 8 月 16 日），載《夏令營的腳步：柏林禪寺「生
　　　活禪夏令營」》，石家莊：趙州柏林禪寺印，2014 年，第 71 頁。
〔註22〕淨慧：《雲水舊蹤——淨慧老和尚訪談》（2004 年 4 月於湖北當陽玉泉寺），明
　　　海法師提供。

你再不主動，那就是消極。

　　我來河北，也是被動的⋯⋯但被動之後就主動了⋯⋯〔註23〕

　　淨慧法師後來常說：「政策給你了，如果你不用，你就坐失良機。政策給你了，你要用足、用夠，應該說我們就能爲佛教與社會主義社會相適應、爲社會服務作很多的工作。」〔註24〕他諄諄告誡弟子，開展佛教弘法活動「不能離開黨和政府的認可，不能離開黨和政府的支持」〔註25〕，要積極協調政教關係、教群關係以及教團內部關係。所以，也可以說，「雲門事變」是淨慧法師開始積累政治經驗的一個關鍵起點，而虛雲老和尙在「雲門事變」前後的言傳身教，則是淨慧法師形塑自己政治觀的一個榜樣。

2.2　被捲入「反右」「交心」運動

2.2.1　現代新式佛教教育

　　新式佛教教育及佛學院始於近代，一方面是由於「廟產興學」的刺激，一方面也是爲佛教培養人才。民國時期，據不完全統計，共有佛學教育機構 157 個，遍布 21 個省市。〔註26〕這些僧教育、佛學院、佛學研究會等，多依靠於寺廟叢林和佛門大德，屬於民間辦學行爲。其中以楊仁山居士創辦的祇洹精舍、太虛大師所創辦的武昌佛學院和漢藏教理院、倓虛法師所辦的青島湛山寺佛學院、周叔迦居士創辦的中國佛學院等最爲有名。不過，由於時局和戰亂，這些佛學院維繫時間大多不長，到 1949 年時多已陸續停辦。

　　1953 年，中國佛教協會正式宣告成立。在 1955 年 8 舉行的中國佛教協會理事會第二次（擴大）會議上，通過了籌辦中國佛學院的決議。1956 年 9 月 28 日，中國佛學院舉行第一屆學員開學典禮。這是「新中國第一所綜合性佛

〔註23〕淨慧：《生活禪夏令營分組座談》（2003 年 7 月 21 日），載《夏令營的腳步：柏林禪寺「生活禪夏令營」》，石家莊：趙州柏林禪寺印，2014 年，第 267 頁。

〔註24〕淨慧：《在第六屆生活禪夏令營閉營式上的講話》（1998 年 7 月 26 日），載《夏令營的腳步：柏林禪寺「生活禪夏令營」》，石家莊：趙州柏林禪寺印，2014 年，第 138 頁。

〔註25〕淨慧：《懷雲樓座談會》（1998 年 7 月 25 日），載《夏令營的腳步：柏林禪寺「生活禪夏令營」》，石家莊：趙州柏林禪寺印，2014 年，第 129～130 頁。

〔註26〕李明：《民國時期僧教育研究》，山東師範大學碩士學位論文，2009 年，第 258 頁。

學院」，被稱爲是中國歷史上最大的一個佛教研究機構〔註27〕，得到了政府的財力、物力、人力支持，是經陳毅副總理代表中央及國務院批准成立〔註28〕。《人民日報》在9月2日的新聞報導，刊發了《中國佛教協會理事會第二次（擴大）會議》，文中特別提及了「關於籌備中國佛學院的決議」，10月4日以「新華社訊」又報導了「中國佛學院舉行開學典禮」的新聞簡訊。中國佛學院的創辦，得到了黨中央、國務院相關領導和辦事機構的肯定。〔註29〕

中國佛學院首任院長是喜饒嘉措大師，副院長是巨贊法師、趙樸初居士和法尊法師，副教務長是國務院宗教事務局關松，任課教師有法尊法師、巨贊法師、明眞法師、觀空法師、正果法師、塵空法師、周叔迦、王恩洋、虞愚、林子青、高觀如、葉均（了參法師）等。首期一共招收學員118名，分專修科（二年制）甲、乙班和本科（四年制）。專修科班，目標是培養佛教教務人才，開設語文、憲法、佛教歷史、佛典通論、佛學基本知識、佛教文物常識、戒律等課程，希望學僧畢業後能在各地寺院擔任教務管理工作。本科班，目標是培養佛教學術研究和弘法人才，開設語文、憲法、佛學通論、佛教歷史、因明學、各宗大意、經論研究、戒律等課程，希望畢業學僧能夠從事佛學研究。〔註30〕

淨慧法師所在的本科班，有學員36人，都是經過各省推薦並考取的。當時要求參加考試的學員都是各大寺廟具有相當佛學基礎的負責人或執事，並且需經地方政府的推薦，成績合格方能錄取。所以，學員年紀都偏大，入學年齡25歲以下的只有不到5人，其中就有淨慧法師和慈藏法師。淨慧法師是以廣東乳源雲門寺監院的身份考取的本科班。他的法兄慈藏法師，以江西永修雲居寺監院身份考取了專科班。

中國佛學院成立伊始，朝氣蓬勃，直接繼承了民國時期佛教教育傳統──叢林學院化和學院叢林化。所不同的是，民國時期的佛教教育是改革派和傳統

〔註27〕 新華社：《我國歷史上最大的一個佛教研機構中國佛學院舉行開學典禮》，《光明日報》，1956年9月29日。

〔註28〕 中國佛學院：《基業初奠：中國佛學院的第一個階段》，中國佛學院網站：http://www.zgfxy.cn/zgfxy50/zgfxy50/xiaoqing/fo50/files/399087.shtml.htm。

〔註29〕 中國佛學院編：《法海湧碧波──中國佛學院六十年歷程》，北京：宗教文化出版社，2016年，第5、11頁。

〔註30〕 維慈對此有所誤解，他認爲中國佛學院的主要目的並不是培養宗教師，而是爲了管控僧尼更好地爲政府服務。他認爲，學習英語、日語，並不是爲了教義研習，而是出於接待外賓、出訪交流的需要。見 Holmes Welch, Buddhism under Mao. Cambridge: Harvard University Press, 1972, pp.156.

派分開辦教育,而中國佛學院則是兩派合辦教育。〔註31〕在師資中,法尊法師、正果法師、觀空法師、葉均居士等,都是太虛大師在武昌佛學院和漢藏教理院的師資和學僧;趙樸初居士、巨贊法師、明眞法師是太虛大師人間佛教思想的擁護者、繼承者和弘揚者。這也使得中國佛學院保存了近代以來佛教革新奮進的底色。後來事實證明,五六十年代培養的學員,如淨慧法師、松純法師、傳印法師、慈舟法師、明學法師、明哲法師、無相法師等,確實成爲了80年代復興佛教弘化一方的佛門樑柱,同時也是人間佛教思想的積極擁護者。

在中國佛學院讀書學習時,淨慧法師思想積極上進,作爲虛雲老和向五宗法脈的法嗣,他深感自己肩負的職責,立志要「吸古納今爭上進,期續傳燈」。〔註32〕1959 年本科畢業後,淨慧法師進入研究部繼續深造。研究班學制三年,分爲教史研究組和教理研究組,在導師指導下分別從事佛教文史和中觀、瑜伽、天台、上座部佛教的研究。學僧皆按其專業方向由導師分別輔導,文史組導師是王恩洋教授(不久由虞愚教授接任),中觀學導師是觀空法師,瑜伽學導師是正果法師,天台學導師是周叔迦居士,上座部佛教導師是葉均居士。〔註33〕研究部也學習藏文、巴利文和日文。淨慧法師在教史研究組,著重在佛教文史方面深入學習和研究。

在中國佛學院讀書期間,淨慧法師曾於 1958 年在《弘化月刊》上發表《學習古德勤儉樸素的精神》〔註34〕文章,倡導學習不作不食的百丈禪師、力役田舍的道安法師、刻苦事眾的簡禪師、六載舂粟的道亮律師、躬役自作的慕喆禪師、身先苦役的志超法師、崇尙節儉的圓悟法師等。1959 年,他又和文史組同學一如法師、通一法師、明照法師等一起編寫了《新中國十年佛教大事記》〔註35〕,即 1952 年至 1959 年佛教大事編年。淨慧法師對佛教發展歷史尤爲注意,因此他後來才能對中國佛教歷史進程形成自己的理解和思考,比如他提出的中國佛教歷史上「三個里程碑式」的人物──道安大師代

〔註31〕 何建明:《中國佛學院與中國現代佛教的傳承和發展》,「中國佛學院與當代佛教教育」學術研討會論文集,北京:2016 年 9 月 19 日,第 117 頁。

〔註32〕 淨慧:《經窗禪韻》,天津:百花文藝出版社,2008 年,第 29 頁。

〔註33〕 王新:《王新導師訪談錄》(2006),中國佛學院:http://www.zgfxy.cn/zgfxy50/zgfxy50/xiaoqing/fo50/files/392184.shtml.htm。

〔註34〕 淨慧:《學習古德勤儉樸素的精神》,《弘化月刊》1958 年第 2 期。載於黃夏年主編:《民國佛教期刊文獻集成補編》73 卷,北京:中國書店,2008 年,第 258 頁。

〔註35〕 淨慧:《中國佛教協會大事年表》,《法音》,1983 年第 3 期,第 34～51 頁。

表佛教中國化、慧能大師代表佛教大眾化、太虛大師代表佛教現代化，這一論述就是基於對中國漢傳佛教歷史的把握。而這三個里程碑的說法，已被學術界接受認可，並被廣泛引用。

2.2.2 愛國主義教育

淨慧法師說，從到中國佛學院學習不久，就被捲入一次又一次的政治運動中了，他自詡是「老運動員」，在這些經歷中，也慢慢地讓他對政治、對佛教命運有了更切實的體會。

在中華人民共和國初期，佛教僧人普遍並沒有形成現代的政治觀念，即使是一些佛門大德也對共產黨和馬克思主義缺乏深入的瞭解，很難把握社會主義制度下佛教徒如何處理信仰與政治的關係。中國佛教協會將愛國主義和社會主義作為自己兩面鮮明的旗幟〔註36〕，50 年代「佛協的第一項任務──團結全國佛教徒在人民政府領導下，積極參加愛護祖國及保衛世界和平運動──便不能不更加是壓倒一切的任務」〔註37〕，號召進行時事政治學習。趙樸初居士在 1953 年中國佛教協會成立大會的發言指出：「為佛教徒愛護祖國，就必須廣泛地組織《共同綱領》的學習和時事學習……協助政府貫徹宗教信仰自由政策，這個任務只有在愛國的基礎上才能實現」〔註38〕，亦即只有愛國才能愛教。這次會議，也明確了中國佛教徒當前的主要任務是：「廣泛組織愛國主義的學習，積極參加愛國運動，堅定人民立場，繼續劃清敵我界限」等。〔註39〕《現代佛學》也跟進發表文章，認為：中國佛教協會成立會議「收穫最大的是進一步受到了愛國主義教育」，「只有愛國，才能使佛教徒結合現實和人民群眾打成一片；只有愛國，才能提高佛教徒的政治覺悟，分清敵我，分清是非邪正；只有愛國，才能發揮佛教積極性，加強學習，在文化技術各方面提高自己；只有愛國，才能得到廣大人民群眾的尊重，鞏固

〔註36〕 一誠：《在中國佛教協會成立五十週年紀念大會上的致詞》，《法音》，2003 年第 10 期，第 3～4 頁。

〔註37〕 趙樸初：《佛教徒應該堅決走社會主義道路──1958 年 2 月 27 日在華北、東北地區漢族佛教界社會主義學習座談會上報告摘要》，《現代佛學》，1958 年第 4 期，第 8 頁。

〔註38〕 慧岸：《趙樸初居士關於中國佛教協會發起經過和籌備工作的報告》，《現代佛學》，1953 年第 6 期，第 6 頁。

〔註39〕 《關於中國佛學會籌備工作報告和時事報告的決議》，《現代佛學》，1953 年第 6 期，第 16 頁。

佛教徒在社會上、政治上的地位；只有愛國，才能使佛教內部的步調一致，逐漸消除宗派上或新舊思想知見的不必要的許多爭執。」〔註40〕

　　從 50 年代開始，政治學習成為宗教界日常生活中的一件大事，佛教僧尼在生產勞動之餘學習馬克思主義、毛澤東思想、時事政治和國家法律等。「學習政治」被作為是「愛國」的一個重要內容，是新中國公民必須遵從的，而宗教信仰則被當作是屬於個人的私事。如趙樸初所說：「佛教徒是人民一分子，佛教徒必須愛國，要做一個好的佛教徒，首先必須做一個好的公民。要做一個好公民，就必須學習《共同綱領》。」〔註41〕對於一般的佛教信徒個體，「愛國」與「愛教」的關係，其實已被替換成了「政治學習」與「信仰修行」哪個更重要的實際問題，甚至上升為「政治立場」和「佛教立場」哪個是第一位的原則問題。在《中國佛教協會成立會議傳達提綱》中，將政治認識提高到了要分清敵我、明確立場，尤其批判了「兩個立場（人民立場和佛教徒立場）和兩種敵人（國敵和教敵）的錯誤提法和愛國愛教相提並論的模糊思想」，明確說：「佛教徒只有一個立場，就是人民的立場」，「必須站穩人民的立場」，「在人民立場之外，不可能另有立場」。〔註42〕這實際上是要求佛教信徒完全地以政治作為唯一指導，從而深刻地認識到「宗教政策的精神實質，以及自己對祖國、對人民應負的責任」，「和全國人民團結在一起，成為社會主義建設事業中的一一積極因素」，使佛教能夠與新的時代、社會制度和文化價值相一致，能夠被黨和政府所認可。雖然在字面上是「愛國愛教」，「愛國」和「愛教」並列，但是在 50 年代的政治學習中，反覆強調的只是「愛國」，愛國則就是愛教，至於僧眾的出家人宗教身份，則漸漸被融入社會人民大眾之中，只是一個普通的公民——必須時刻積極地進行政治學習和時事學習，擁護黨的領導，擁護社會主義道路，提高自己的政治覺悟，把自己改造成為一個好公民。

　　1955 年「肅反」運動中，宣傳和強調佛教信仰而輕視政治的上海佛教青年學會被取締解散，主要負責人鄭頌英、李行孝、陳海量等被以「反革命罪」

〔註40〕　《現代佛學》雜誌社：《慶祝中國佛教協會成立》，《現代佛學》，1953 年第 6 期，第 3 頁。

〔註41〕　趙樸初：《佛教徒必須重視學習　努力學習》，《現代佛學》，1953 年第 8 期，第 3 頁。

〔註42〕　《中國佛教協會成立會議傳達提綱》，《現代佛學》，1953 年第 8 期，第 7～8 頁。

逮捕入獄，《覺訊》月刊停刊；堅持「佛法第一，政治第二」的上海金剛道場清定法師被指控爲「反革命」逮捕入獄。上海佛教青年會是當時國內知名的居士團體，以青年知識分子爲骨幹，而清定法師爲能海法師的高徒，也是國內有名的高僧。「上海佛青事件」和「金剛道場事件」對佛教界震動極大，「講政治」更被提到了無以復加的高度。

在這種背景下，中國佛學院的政治學習不僅是固定課程，更是政治任務安排，強化對學員的思想引導，宣講愛國愛教，擁護黨的領導和社會主義制度。1956 年成立時，中國佛學院的辦學宗旨是「熱愛祖國，擁護和平，具足正信，發揚佛教優良傳統」，教學方針是「政治佛學兼授，佛學各宗並重」〔註43〕，將「政治」放在「佛學」前面，強調政治學習之重要。1960 年，中國佛學院進一步明確了辦學方針，是要「培養走社會主義道路並具有相當佛學水平的佛教知識分子」。〔註44〕1961 年，辦學宗旨改爲「熱愛祖國，擁護和平，具足正信，培養具有較深造詣的佛教知識分子，發揚佛教優良傳統」〔註45〕。政治學習及愛國主義教育取得了預期成效。如淨慧法師的本科班同學明哲法師說：「通過這期學習，深覺不僅在佛學上提高了解行，在政治上擁護黨的領導，走社會主義道路，特別是給愛國愛教思想打下了不可動搖的穩固基礎。」〔註46〕

從 1957 年「反右」鬥爭開始，各種運動接踵而至，中國佛學院時常停課，或者參加勞動（如修十三陵水庫、大煉鋼鐵、首都綠化等），或者參加各種遊行及接待活動等。把政治學習乃至生產勞動與傳統佛教中的學修等同起來，這是當時佛教領袖向佛教界發出的呼籲〔註47〕──學習政治即是佛法在世間，參加生產勞動即是莊嚴國土、創建人間樂土、行菩薩道。如趙樸初號召建立「菩薩行的人生觀」，「應當承認一切法皆是佛法」，「今天參加政治生活，

〔註43〕王新：《談談宗旨和方針──慶祝中國佛學院成立四十週年》，《法源》，1996年 11 月，第 16 頁。

〔註44〕趙樸初：《中國佛教協會第二屆理事會工作報告》（1962 年 2 月 13 日），載中國佛教協會編：《中國佛教協會五十年　歷屆全國佛教代表會議文獻彙編》，金陵刻經處印行，2005 年，第 143 頁。

〔註45〕王新：《談談宗旨和方針──慶祝中國佛學院成立四十週年》，《法源》，1996年 11 月，第 16 頁。

〔註46〕明哲：《校慶四十年》，《法源》，1996 年 11 月，第 13 頁。

〔註47〕學愚：《中國佛教的社會主義改造》，香港：香港中文大學出版社，2015 年，第 132 頁。

自利利他，自覺覺他，正是行菩薩道，也正是修行」。〔註48〕然而，一次次的政治運動，也給正常的教學帶來很多干擾，中國佛學院四年制本科班也不得不提前一年結業。據淨慧法師回憶：

> 開學的第一個學年，從56年到57年的上一個學期還不錯。57年開始，就是「整風運動」。從「整風運動」開始，慢慢慢慢地政治氣氛就緊張起來。可以說，56年到57年第一學期上一個階段學習比較正常，各種課程都比較正常，從57年的第二個學期一直到59年這個期間一直都在搞運動，每天都是在運動，也沒有寒暑假這一說了，基本上就不放假了，天天都在搞運動。59年、60年、61年就是三年自然災害，但是運動並沒有停止。這個運動現在要把它都記起來都記不起來了，「整風」、「反右」、什麼「交心」、什麼「社會主義教育」、什麼「大躍進」、「三面紅旗」……現在都記不起來了。一個運動接一個運動，佛學院的教學一直就不正常，因為在圍繞著運動在轉嘛，教學正常不起來。1960年下半年到61年、62年，稍微正常一點點，就說還是要抓業務。儘管不正常，有時候老師的課程還是在上，斷斷續續的。〔註49〕

淨慧法師在中國佛學院期間，從1956年到1963年，佛教界倡導愛國主義教育和政治學習的熱情始終是高於佛教教理學習的。法尊法師在1957年曾指出忽視佛教教理學習的問題，希望「今後既要學習政治，也要學習教理。」〔註50〕這隱約表示只注重政治學習而忽視佛教教理，是與佛教出家僧尼身份不相稱的，法尊法師強調「出家人最主要的是真修實學」〔註51〕。然而，政治學習仍是第一位的。1962年中國佛教協會第三屆全國代表上，趙樸初作《中國佛教協會第二屆理事會工作報告》，提出今後應在六個方面加強工作，第一項就是「繼續加強佛教徒的學習」。他說：「應當把學習放在首要地位……

〔註48〕 趙樸初：《佛教徒應該堅決走社會主義道路——1958年2月27日在華北、東北地區漢族佛教界社會主義學習座談會上報告摘要》，《現代佛學》，1958年第4期。

〔註49〕 淨慧：《雲水舊蹤——淨慧老和尚訪談》（2004年4月講於湖北當陽玉泉寺），明海法師提供。

〔註50〕 法尊：《在中國佛教協會第二屆全國代表會議上的發言（摘要）》，《現代佛學》，1957年第5期，第13頁。

〔註51〕 法尊：《在中國佛教協會第二屆全國代表會議上的發言（摘要）》，《現代佛學》，1957年第5期，第13頁。

佛教徒應該特別強調愛國主義和社會主義學習。無論任何人都必須在已有的基礎上，繼續加緊學習時事，學習政策……成為愛祖國、愛人民的佛教徒」〔註52〕。政治學習也是一種思想改造，政治學習不但加深了僧尼對馬克思主義、毛澤東思想的理性認識，而且強化了他們對共產黨感性信仰和對毛主席的崇拜——許多僧尼開始把毛主席當成神佛來崇拜，他們對毛主席的崇拜是發自內心的，對他的信任遠遠超過了自己的宗教信仰。〔註53〕

2.2.3 「反右」「交心」運動與批判虛雲老和尚

1957 年，全國範圍的「反右」鬥爭開始，揭露、批判「右派」的運動也延伸到社會各個階層，包括佛教界。例如，上海市佛教協會副會長葦舫法師表示：「我們佛教徒是國家的公民，我們要與全國人民一樣，站在維護社會主義這一邊，站在廣大人民這一邊，我們要堅決的與資產階級右派分子劃清界限」，「我們佛教徒要勇敢地投入反右派鬥爭。」〔註54〕上海佛教界積極響應，《弘化月刊》1957 年 10 月號發表了《劃清敵我界限》，呼籲：「我們在今天反右派鬥爭中，必須認清楚這是一個敵我問題，是關係國家民族生生死存亡的鬥爭，決不能存在著一些溫情主義，應當本著『佛魔不兩立』的精神，站穩人民的社會主義立場，堅決地同右派分子劃清敵我界限，進行你死我活的鬥爭。」〔註55〕1957 年 11 月 2 日，中共中央統戰部頒布《關於在漢族宗教界進行社會主義教育的意見》，闡明在宗教界進行「反右」鬥爭的重要性，部署揭發和批判宗教界「右派」分子的具體方案。由此，掀開了全國宗教界進行社會主義教育，揭發批判宗教界中的「右派分子」。

淨慧法師身處中國佛學院，「反右」運動比其他寺廟更為激烈。每個人都必須寫大字報表態，向黨交心，必須當作政治任務來完成。批判虛雲老和尚，也是當時的一項「政治任務」。虛雲老和尚儘管在 1949 年選擇留在大陸，但

〔註52〕 趙樸初：《中國佛教協會第二屆理事會工作報告》（1962 年 2 月 13 日），金陵刻經處印行，2005 年，第 151 頁。

〔註53〕 學愚：《中國佛教的社會主義改造》，香港：香港中文大學出版社，2015 年，第 173 頁。

〔註54〕 葦舫：《打退資產階級右派分子的猖狂進攻》，《弘化月刊》，1956 年第 8 期，第 8～9 頁。載於黃夏年主編：《民國佛教期刊文獻集成補編》第 73 卷，北京：中國書店，2008 年，第 290 頁。

〔註55〕 武思：《劃清敵我界限》，《弘化月刊》，1956 年第 10 期，第 16 頁。載於黃夏年主編：《民國佛教期刊文獻集成補編》第 73 卷，北京：中國書店，2008 年，第 323 頁。

他對於政治始終保持一種超然的態度，不希望政府破壞和干涉佛教原有的傳統。例如，他對解放初期一些地方「土改運動」批鬥甚至打死地主的情況存在看法，認為應當本著佛門慈悲的精神「怨親平等」。雲門寺「土改」時，虛雲老和尚對工作組貼在山門上的「打倒封建」「打倒迷信」標語也極度反感，用手指著：「你看這東西亂七八糟貼到我們門上！」〔註56〕這些以當時的政治價值標準來說，都被認定為是「落後的」「反動的」。再加上解放前，虛雲老和尚與蔣介石、林森、戴季陶等民國政要往來密切，所以「反右」運動中也被指定為一個批判的對象。肖興林（慈藏法師）講述當時中國佛學院要求每位學僧寫「大字報」的情景：

> 寫「大字報」啊，寫「大字報」，每個人寫好多啊，首先你表態呀，表了態你也寫「大字報」呀。有事沒有事，你得想著寫。那個課堂裏呀，那個走廊裏呀，都貼得滿滿的。有任務呀，你要完成，你表態，你要完成任務。你表態，你得想啊，你沒有完成任務，還得硬寫呀。那個叫作，叫作「向黨交心」。不寫的話，「交心」沒交夠，還得「交（心）」。〔註57〕

由於淨慧法師和慈藏法師是「雲門事件」是親歷者，又是虛雲老和尚的法子，所以在中國佛學院的政治運動中，不少人都利用「雲門事件」來故作文章，要求二人交代《虛雲和尚年譜》所載之「雲門浩劫」的真相，試圖挖掘他們對共產黨、對人民政府的仇恨，羅織罪狀。如果稍有不從，就被認定思想認識不深刻、政治立場有問題，甚至被扣上「與人民為敵」的帽子。淨慧法師和慈藏法師被迫無奈，只得屈從。1959年雲居山徒眾擬照虛雲老和尚口吻寫的《申明事由訴》，就曾對中國佛學院學僧寫大字報之事加以斥責：「近有北京佛學院一班畢業生，在各省市鎮，四處造謠，張貼偽報，五根污謗，狂妄宣傳，誣衊人道，聞之駭異，令人驚疑，誰不寒心？」〔註58〕這說明，中國佛學院發動學僧寫批判「大字報」，已經從北京擴展到了畢業學僧所在省市，批判虛雲老和尚是中國佛學院安排的一項政治工作。

淨慧法師生長於尼庵，性格單純，一向「逆來順受，柔弱無剛」〔註59〕，

〔註56〕　體光老和尚講述，妙吉法師纂記：《體光老和尚開示錄》，臺北：大乘精舍印經會，2009年，第191頁。

〔註57〕　明海法師等：《肖興林居士訪談錄》（2015年7月4日採訪），明海法師提供。

〔註58〕　《申述事由訴》，載淨慧主編：《虛雲和尚全集》第2冊《書信・文句》，鄭州：中州古籍出版社，2009年，第324頁。

〔註59〕　淨慧：《經窗禪韻・序言》，天津：百花文藝出版社，2008年，第1頁。

在中國佛學院的學僧中年紀又小，面對這樣的政治風暴，自然難以應對。並且，中國思想文化的一個最大特點是「政治理念高於宗教信仰」〔註60〕，國家權威始終在宗教之上。1958 年 3 月 18 日《人民日報》報導《中國佛教協會北方代表集會座談會佛教徒接受社會主義教育問題》，明確「佛教徒必須和全國人民一樣，在共產黨的領導下，堅定不移地走社會主義的道路。佛教徒絕不能以自己信仰宗教爲理由而拒絕接受共產黨的領導，正如不能以自己信仰宗教爲理由而拒絕愛國一樣。信仰宗教是個思想信仰問題，是個人的私事，而接受不接受共產黨的領導卻是一個政治問題，是關係國家人民命運的大公事……佛教徒接受共產黨的領導，愛國守法，走社會主義道路，就是同全國人民在政治上合作的共同基礎。」〔註61〕因此，「反右」「批判」也是接受黨的領導的政治要求，是公民應盡的「義務」，是新時代思想上進的標誌。一方面，淨慧法師對黨、對國家、對新社會充滿信任和熱忱；同時，「雲門事變」慘痛經歷和恐懼心理的陰影依然籠罩在他心中，他也懼怕自己再遭受不測。在政治立場高於一切的形勢下，他不敢與國家、政府、人民爲敵。另一方面，虛雲老和尚是自己的授戒、傳法恩師，作爲弟子，淨慧法師當然不願意批判師尊，他的內心也充滿了糾結和鬥爭。也就是在這種政治壓力下，才產生了《所謂「雲門浩劫」的眞相》《虛雲爲什麼愛修廟？！》等材料。

那時，虛雲老和尚的幾位得力弟子，都已受到了不同程度的衝擊。陳銘樞於 1957 年被打成「右派」，免除全國人大常委會委員職務，《現代佛學》對其進行批判。雲門寺方丈佛源法師在 1958 年 3 月被逮捕。南華寺方丈本煥法師 1958 年 5 月被捕入獄。而虛雲老和尚在雲居寺的處境也十分艱難和被動，山門兩側牆壁也貼滿了批判虛雲老和尚的「大字報」和「意見書」，指責他是「僧界右派首要」以及「貪污」「反動」「聚眾」「思想錯誤」「濫傳戒法」「與華僑往來」「反抗政府」「化緣」「妄報年齡」「拉攏『右派』」等十大罪狀，「其中最無理者，如誣師與青年僧人同單」。〔註62〕5 月 30 日，虛雲

〔註60〕 杜繼文、王志遠：《杜繼文教授訪談錄》，《宗風》庚寅・春之卷，北京：宗教文化出版社，2010 年，第 17 頁。

〔註61〕 《中國佛教協會北方代表集會座談會佛教徒接受社會主義教育問題》，《人民日報》，1958 年 3 月 18 日。

〔註62〕 岑學呂：《虛雲和尚法彙年譜》，香港：香港寶林禪寺，1996 年，第 398～399頁。《申述事由訴》，載淨慧主編：《虛雲和尚全集》第 2 冊《書信・文句》，鄭州：中州古籍出版社，2009 年，第 324 頁。

老和尚在全寺社會主義教育學習會上念《雲居山學習會示眾》，又命侍者抄成大字報，貼在韋馱殿側公布。其中，他檢討自己從舊時代來，言行乖張、舉動障礙、學習不專心，表示要積極改造。〔註63〕這份大字報，頗能體現虛雲老和尚當時的心境。在 1958 年七月寫給朱長松居士的書信中，虛雲老和尚特附上這份大字報，告知他「山中社會主義教育學習，前階段基本結束」，表達要「站穩人民立場，把老青春獻給社會主義幸福事業」〔註64〕的心願。這說明虛雲老和尚雖有委屈不滿，但考慮大局，隨順形勢，仍積極擁護黨和政府，熱情投身於國家的社會主義建設。

　　與此同時，虛雲老和尚也非常記掛遠在北京求學的淨慧法師和慈藏法師，擔心他們受到波及〔註65〕，曾於 1958 年七月二十五日、農曆九月一日（10月 13 日）、十一月二十日接連三次去信詢問，並一再催促回信，卻杳杳無音。可見，淨慧法師那時正面著對強大的政治壓力。

1958 年虛雲老和尚致信淨慧法師三則

其一

　　朽近年來，病苦時侵，無有停日，待時而已。病況看來，今生恐難晤矣。本早欲與世長揖，奈何業緣未盡，不敢撒手，恐日後帶累汝等難以做人，故爾暫留殘息，以侍因緣。望汝苦心向學，嚴持淨戒，朝暮禮誦亦不可廢。三學相資，方堪任持大眾模範人天也。望覆一言，以慰枯懷。

七月二十五日〔註66〕

〔註63〕淨慧主編：《虛雲和尚全集》第 3 冊《詩偈》，鄭州：中州古籍出版社，2009年，第 196～197 頁。

〔註64〕虛云：《與朱長松居士書　其四》，載淨慧主編：《虛雲和尚全集》第 2 冊《書信‧文句》，鄭州：中州古籍出版社，2009 年，第 122～123 頁。

〔註65〕據朱長松說，虛雲老和尚逃過「反右」鬥爭的劫難，是因毛主席的堂兄毛宇珠從中溝通，毛主席出面說了話。（見淨慧主編：《虛雲和尚全集》第 2 冊《書信‧文記》，鄭州：中州古籍出版社，2009 年，第 116 頁。）又見岑學呂《虛雲和尚年譜》：「漢口開會期間，因師（虛雲老和尚）德望，不敢輕率。先疊成文告罪狀，呈請主其事之最高級人物，批准執行。某閱畢一笑，著令撤銷。師乃轉危為安」。（載淨慧主編：《虛雲和尚全集》第 5 冊《年譜》，鄭州：中州古籍出版社，2009 年，第 251 頁。）

〔註66〕虛云：《與淨慧書》，載《虛雲和尚全集》第 2 冊《書信‧文記》，鄭州：中州古籍出版社，2009 年，第 116 頁。

其二

慈藏、淨慧仁者慧目：

光陰迅速，轉瞬又寒冬將至，遙想汝倆近來身體健康、學業進步，為甚祝頌。上由寬濟比丘尼轉交之信，及便附之匯款二十元，料早收閱。至今未見回信，不知收訖否。甚為懷念。昨接朱長松居士及鄭卓人秘書來函云，汝倆至彼處，詢談一週，信中並稱讚汝二人學修之功頗巨，得其欽佩異常，特向朽道喜。朽聞甚悅，啟謂汝倆至京倏已數載，於身用等物，如有缺乏者，可來信告之，便朽代辦寄上。另，汝等在京所寫之字報，朽早達知內由，蓋此次出報者多矣，非汝二人。朽只以聞過謝改，有則改之，無則加勉而已，於心無怪，亦蒙政府有寬大，未曾深究。望汝等勿以此事蹉跎疑慮，以致心中惆悵，障於學修。經云：一切有為法，如夢幻泡影。過去、現在、未來三心，均了不可得，希汝等勿以為念。時多來信，免朽心懷念。朽本欲他往，因政有未允，兼以時局緊張故，暫以不動在山，一切如常。朽雖老病時侵，死期逼近，而終朝盼汝等策志暢懷，用心修學，好做法門之津梁，為後人之軌範，護持正法，嗣祖聯芳，乃朽之懷願。望汝等挺奮鐵心，勿以辜負之也。至囑學安。（接信後即時回信）

朽　幻遊老人字

古九月一日〔註67〕

其三

淨慧、慈藏仁者慧照：

久未通信，時深念念！不悉校中學習、勞動等情況如何？今當祖國社會主義建設、乘風破浪全面躍進之際，時勢不待人。至希仁等，跨步向前，認真學習，積極勞動！須念青春不再，時過難追。切毋辜負國家培育，及眾生期望。至要！此致：

李安！

虛雲合十

一九五八年十一月廿日〔註68〕

〔註67〕信函原件現存臺灣法鼓山，明堯居士抄錄，並於 2016 年 2 月 26 日提供給妙廣。見妙廣：《虛雲和尚年譜長編》，http://blog.sina.com.cn/s/blog_71c772c40102y480.html。

可以確定的是，虛雲老和尚的第一封來信，淨慧法師收到後立即覆函。回信的時間就在仲秋（農曆八月）之前不久幾天。其內容如下：

> 雲公師尊慈座：
>
> 　　久疏音候，慕念非常，頃奉慈雲，曷勝歡悦！從來示中得悉我師慈躬欠安，不勝遠念。唯願吾師久住世間，作人天眼目，爲我等依怙。來示各節，均遵命轉告朱、鄭二公，彼等對老人亦十分關心，並相約明年詣山祝壽。前承惠賜人民幣二百八十元及近之二十元均先後拜納，不勝感激。當努力修學，不負師恩。時屆仲秋，希珍攝法體爲禱。並乞時錫教言，以啓愚蒙，恭叩慈安。
>
> 弟子淨慧九頂禮〔註69〕

可是從上面虛雲老和尚第二封來信內容，以及第二封、第三封書信連連催覆回信的文字推測，當時虛雲老和尚並未收到淨慧法師的這封回信，說明那時雲居山通訊可能並不順暢，雲居山僧眾也曾申訴「出入紙札，嚴受檢查」〔註70〕；或者，淨慧法師書信往來自由也已受到一定的限制。

也就是在這樣的形勢下，他無可選擇地寫下了批判虛雲老和尚的文字，這也成爲淨慧法師一生之痛！馬來西亞佛教總會副會長、妙緣蓮社住持素聞法師曾就此事當面詢問過淨慧法師。他是淨慧法師的法子。據素聞法師聽淨慧法師講述，虛雲老和尚曾在淨慧法師、慈藏法師去中國佛學院上學之前，讓他倆跪在佛前發誓：今後不管遇到任何困難，甚至是被迫反對師父，也一定要活下去，留下佛教種子，等待時機，開展弘法事業。〔註71〕因之前「雲門事變」的遭遇，虛雲老和尚囑咐淨慧法師無論怎樣都要保住性命，留得青山在，爲佛教留下種子。當時，中國佛學院羅織揭發批判虛雲和尚「罪行」的材料，威逼利誘淨慧法師與慈藏法師撰寫、署名，因想起到北京就讀前虛雲老和尚曾經要他們發過的誓言，在百般無奈之下，只好從命。淨慧法師說：

〔註68〕虛雲老和尚1958年十一月二十日致淨慧、慈藏信，雲居山眞如禪寺箋，手稿。這封信，《虛雲和尚全集》中未收錄，原稿照片可見：http://blog.sina.com.cn/s/blog_4caef9d10102dzvt.html。

〔註69〕淨慧編輯：《虛雲和尚法彙續編》，河北省佛教協會，1990年，第32頁。

〔註70〕《申述事由訴》，載淨慧主編：《虛雲和尚全集》第2冊《書信・文句》，鄭州：中州古籍出版社，2009年，第324頁。

〔註71〕妙廣：《虛雲和尚年譜長編》，http://blog.sina.com.cn/s/blog_71c772c40102y480.html。

「此舉成爲一生中最負疚之事，只要想起，則心極難過。」〔註72〕直到 2012 年，淨慧法師圓寂的前一年，他仍對此事愧疚悲痛，在《八十母難日眾護法請上堂法語》公開坦誠懺悔：「丙申年（1956 年）二十三歲，入北京中國佛學院就讀……此時正值『整風』『反右』『交心』等社會政治運動波波相接，在此時代浪潮中，自愧眼花心亂，受形勢蠱惑，寫大小字報，違背良心，中傷師友。至今思之，追悔莫及，慚愧無地。千佛出世，懺悔不盡。戊戌（1958 年）狗年爲老朽一生中最愚昧、最彷徨之時，今日當眾披露懺悔，亦所以爲來者誠。」〔註73〕

可是，如果仔細考究 1958 年淨慧法師《所謂「雲門浩劫」的眞相》的文字，排除其中帶有政治色彩的渲染，可以明瞭淨慧法師對「雲門事件」的認識——是與「鎮反」運動相關的；而他末尾的那段文字，可謂用「反話」——詳細記錄下歷史事實，這未嘗不是政治高壓的形勢下的一種策略。這些所謂的「誣衊」「胡言」「捏造」，恰恰是「雲門事件」對虛雲老和尚及雲門寺造成的傷害——公安局的人把虛雲老和尚的骨頭打斷了（胸部），把他丟在潮濕地下睡了一夜；虛雲老和尚所著《法語》和《〈楞嚴經〉玄要》《〈法華經〉略疏》《〈遺教經〉注釋》《〈圓覺經〉玄義》《〈心經〉解》等及現洋、影集都被公安局收繳；佛像肚子被挖空，六祖眞身被剜等……淨慧法師當時特別提及了虛雲老和尚的「影集」被拿走了。〔註74〕這份影集被收繳之事，岑學呂《虛雲和尚法彙年譜》等資料皆未記載，而淨慧法師在這份材料裏卻特別提出，說明他確實知道虛雲老和尚影集被沒收之事，而非僅僅抄錄《虛雲和尚法彙年譜》中雲門寺的損失。正是鑒於這處細節，更有理由相信淨慧法師 1958 年《所謂「雲門浩劫」的眞相》一文是有意反語，以此保存史實眞相。對佛教徒來說，「不妄語」是根本五戒之一。淨慧法師無法避免政治的壓力，他只能在力所能及的範圍內一方面按照上級要求交差〔註75〕，另一方面將史實嵌入那些飽含時代特徵的政治詞彙中進行敘述。這也是那個特殊歷史時期普遍的

〔註72〕妙廣：《虛雲和尚年譜長編》，http://blog.sina.com.cn/s/blog_71c772c40102xyld.html。

〔註73〕馬明博：《隨師學禪二十年》，《禪》，2013 年第 3 期，第 277 頁。

〔註74〕虛雲老和尚 50 年代在雲居山的影集照片，於 2009 年 3 月在永修縣檔案館被永修一中校長李軍洪等人發現，影集的封面題寫《世界佛教協會名譽副主席、中國佛教協會名譽會長在永修縣雲居山眞如禪寺重振道場的活動照片》。但是，雲門寺被收繳的影集，至今下落不明。

〔註75〕一個細節是，這兩份資料，字跡謄抄工整，由淨慧法師所寫，而且落款都是 1958 年 10 月 24 日。

一種策略。而《虛雲爲什麼愛修廟？！》一文，亦可視爲是隱含虛雲老和尚重興五座祖庭尤其收回寺產艱難歷程的記述。

　　然而，由於「大字報」的風波，淨慧法師曾一度被同門誤解甚至怨恨。例如，佛源法師在 1979 年寫給武漢的慈學（明慈）比丘尼信中，曾請她幫忙向中國佛教協會寫報告開放雲門寺，信中特別說報告寫好了，可以寄給淨慧法師並請其修改呈交中國佛教協會。慈學法師與淨慧法師自從 50 年代就認識，她對淨慧法師多有照拂，曾幫淨慧法師補過衣服，關係一直很好。佛源法師信中寫到：「因我不願與××通往來，認爲他對佛教、對（虛雲）老人造成了極其嚴重的惡果，我的內心經常感到傷心。所以，你幾次提到他，我都不願講話。現在你既已與他有信往來，就將此事與他商討一下，看他的意見如何？請不要說是我的意見。」〔註 76〕這說明，佛源法師那時對淨慧法師依然心存芥蒂。在 1992 年《浮緣回憶錄》手稿中，佛源法師親筆寫明：「那時全國各地都在『反右』，北京佛學院搞得更激烈，淨慧、慈藏寫了老和尚大量不堪入目的大字報。一時烏雲黑雨鋪天蓋地，比十級颶風還凶。老和尚的名聲由高僧變成了狗屎堆。」又如，體光法師也對「大字報」之事耿耿於懷，甚至遷怒淨慧法師是造成「雲門事變」的「內應」，誤會頗深。他晚年在禪堂開示時仍說：

　　　　河北省那個誰呀，我比他大十歲……他想弄一個什麼景，他跟這裡邊要取得聯繫，他不然他摸不住底呀，那個意思啊，就叫這幾個老和尚都趕快死。「雲門事件」，那是準備了叫（虛雲）老和尚趕快死。

　　　　那就是那個誰啊，不是現在還在嗎？他是湖北人，他就是武昌三佛閣大鑫老和尚徒孫，他現在也不說虛老和尚長長短短的了，他現在對虛老和尚講的都很好啊。這些事情都是過去的事情，那不是別的啊，這裡面有人弄名堂。不是說平白無故的政府就把這個和尚弄了，他這裡面他有名堂。〔註 77〕

　　淨慧法師對這些誤解、怨恨、非議，從沒有一句辯白，即使網絡上出現大肆渲染的文章指責漫罵，他也不作一詞，仍舊只是默默地建寺、弘法、育

〔註 76〕釋明向、馮煥珍編：《佛源妙心禪師廣錄》，上海：上海古籍出版社，2014 年，第 1996〜1997 頁。

〔註 77〕體光老和尚講述，妙吉法師纂記：《體光老和尚開示錄》，臺北：大乘精舍印經會，2009 年，第 531、533 頁。

僧，先後編輯出版了《虛雲和尚法彙續編》《虛雲老和尚全集》等。在虛雲老和尚門下，本煥長老始終關心支持淨慧法師，後來佛源法師態度也發生巨大的轉變，非常認可淨慧法師對佛教發展的貢獻，給予大力支持。當淨慧法師在柏林寺、四祖寺、玉泉寺升座的時候，佛源法師不僅親臨出席，還特賦詩、作聯慶賀，大加讚譽。中國佛教協會籌備召開第八屆全國代表會議期間，有人持淨慧法師當年所寫「大小字報」找到佛源法師請他發表意見，佛源法師言：「這些，我都知道。我還知道一些你可能不知道的」，「在虛雲長老的徒弟中，在弘法利生上，淨慧法師所做的，是我們加到一起也比不上的。這，就是我知道的，你可能不知道的。」〔註78〕佛源法師雖是淨慧法師的法兄，但在淨慧法師受戒時曾任引禮師，住持雲門寺時又曾給淨慧法師等年輕僧眾宣講《四十二章經》和《百法明門論》，淨慧法師也給他當過侍者，一直視其如師，將佛源法師看作自己的師父一樣。〔註79〕因此，佛源法師後來的諒解和肯定，亦令淨慧法師深感寬慰。

在中國佛學院期間被迫批判虛雲老和尚，淨慧法師一生都深懷歉疚，他的詩作中常見「負罪」「負疚」，即指此而言。倘若淨慧法師不曾入學中國佛學院的話，他是否會被直接捲入批判虛雲老和尚的政治運動之中呢？一些佛教中人指責這是淨慧法師人生中最大的污點，說他「欺師滅祖」「出賣靈魂」「為了名利陷害虛雲老和尚」，種種不堪之論。然而，這些指責卻忽視了外在的社會政治背景，在那種特殊的處境下，應當對年輕的淨慧法師給予充分的同情和理解。

2.2.4　政治運動中的個體心理

淨慧法師在中國佛學院期間，正是全國上下進行政治運動的高潮。新的時代、新的社會，要求佛教界必須緊緊跟上時代的形勢，進行政治學習和思想改造，提高認識，否則就被國家和人民所淘汰。從淨慧法師寫「大字報」批判虛雲老和尚的事件，考究政治運動大背景下的個體心理，固然有他對黨和政府的真誠信賴，毫不動搖地堅持唯一的人民立場，要求自己積極進步上

〔註78〕馬明博：《隨師學禪二十年》，《禪》，2013 年第 3 期，第 278 頁。
〔註79〕王麗君：《想念那個棒喝天下的老和尚》，大公佛教：https://mp.weixin.qq.com/s 跡__biz=MzA5MjQzNDczMQ==&mid=406607520&idx=1&sn=ba096903d9574a5c51a74e80a2209654&scene=2&srcid=0401k4TYRMXoSU92dPzZB9hU&from=timeline&isappinstalled=0#wechat_redirect。

進；同時，也有對政治的深度恐懼。淨慧法師的這種恐懼，最初是來自親歷「雲門事變」，被無端關在禪堂失去自由 18 天，之後又值遇「肅反運動」和「反右鬥爭」，加之陳銘樞居士、本煥法師、佛源法師相繼被打倒甚至逮捕入獄，更令他深感不安。這種對政治的恐懼，幾乎伴隨了他的整個前半生。

1955 年「肅反運動」中發生了震驚佛教界的「上海金剛道場事件」和「上海佛青事件」。上海金剛道場住持清定法師被打成「反革命分子」，上海佛教青年會領袖鄭頌英居士、陳海量居士、李行孝居士等被定性爲「反革命集團」，立即逮捕入獄。清定法師是能海上師的弟子，時爲上海市佛教協會理事；鄭頌英居士是上海佛教青年會《覺訊月刊》的發行人、上海市佛教協會常務理事。上海市佛教協會和中國佛教協會對清定法師等人展開激烈批判，如上海市佛教協會名譽會長應慈法師、副會長葦舫法師和持松法師，以及阿檀法師、如三法師、明暘法師、亦幻法師、中定法師、惠宗法師、聞現法師、遠塵法師、密顯法師、廣覺法師、游有維、黃涵之、許圓照、鍾吉宇等皆撰文聲討，劃清界限。清定法師的弟子振國法師、澄波法師、心禪法師、能法法師、倪正和、沈本淼等也對自己師父以及金剛道場進行「揭發」和「控訴」。《弘化月刊》1955 年第 11 期至 1956 年第 1 期連續每期都用大量版面刊登這些批判、控訴的文章。那時，淨慧法師正在雲居山協助虛雲老和尚操辦傳戒事宜，並負責與政府人員、各地新戒往來交涉。因「肅反運動」的影響，尤其上海佛教界爆發的這兩個事件，雲居寺和地方政府都擔心求戒者中混入不良分子，因此對新戒極爲謹慎，以至於最後只能留雲居山本山僧眾入壇傳戒，外來數百求戒者則在虛雲老和尚勸導下自回原籍，按照日期在佛前自誓受戒。幾十年過去之後，當人們逐漸淡忘此事時，晚年的淨慧法師說，「後來所謂『上海金剛道場事件』『上海佛青（上海佛教青年會）事件』，那是（另）一個『雲門事件』」〔註 80〕，可見在他心中，這兩個事件在性質上和影響下其實是不亞於「雲門事件」的。

1957 年「反右鬥爭」陳銘樞被打倒，中國國民黨革命委員會民革中央將他定爲「極右派分子」。陳銘樞是虔誠的佛教居士，虛雲老和尚的大護法，「雲門事件」中曾極力斡旋，幫助虛雲老和尚和雲門寺渡過難關。1950 年，他被推舉爲現代佛教學社社長、《現代佛學》的發行人，也是中國佛教協會的 20

〔註80〕淨慧：《雲水舊蹤——淨慧老和尚訪談》（2004 年 4 月講於湖北當陽玉泉寺），明海法師提供。

位發起人之一，是與巨贊法師、趙樸初居士一起推動佛教社會主義改造的核心人物。在《現代佛學》期刊的顯著位置，常常刊發陳銘樞的文章，提供給佛教界作為重要指導，讓全國佛教徒學習。但是，從 1957 年 6 月下旬開始，中國佛教協會全體工作人員展開學習毛主席《關於正確處理人民內部矛盾的問題》的報告，嚴肅批判右派分子，「特別駁斥了右派分子陳銘樞的反動言行，表示要和他劃清思想界限」。〔註81〕1957 年 7 月 13 日《文匯報》刊發之光的《陳銘樞挑撥佛教徒與黨的關係》，《現代佛學》1957 年第 10 期全文轉載。10 月，巨贊法師代表佛教界參加民革中央陳銘樞的批判大會，表示「要堅決和他在政治上、思想上進一步劃清界限，並要他把陰謀利用佛教的野心向人民徹底交代」〔註82〕，《現代佛學》也發布了陳銘樞的「認罪」表態。這樣一位佛教界的思想領袖頓時就成了「人民的公敵」「陰謀分子」「政治野心家」，前後反差實在巨大。

　　緊接著不久，1958 年本煥法師、佛源法師相繼被捕入獄，本煥法師被認定是「反革命罪」判處有期徒刑 15 年，佛源法師被打成「右派分子」。南華寺、雲門寺兩位住持轉眼間就成了「牛鬼蛇神」，如同「狗屎堆裏蛆蟲一樣」。〔註83〕《現代佛學》1958 年第 8 期轉載《南方日報》的三篇文章《南華寺住持本煥原來是個反革命分子》《南華寺全體僧徒擁護政府逮捕本煥》《廣州市佛、道教徒集會聲討反革命分子本煥》〔註84〕，在佛教界進行批判，引起強烈反響，連遠在新疆的佛教徒讀到這些材料心中都是「非常痛恨」的，「提出要求政府對本煥依法嚴懲」。〔註85〕

　　這接二連三的事情，尤其是本煥法師、佛源法師的「下場」，讓同為虛雲老和尚法子的淨慧法師十分緊張。一旦被政府認定是「反革命」或「右派」，就站在了人民立場的對立面，是人民的「公敵」，人人得而誅之。正如趙樸

〔註81〕 勝音：《中國佛教協會工作人員學習毛主席報告駁斥右派分子言行》，《現代佛學》，1957 年第 8 期，第 17 頁。

〔註82〕 如師安：《陳銘樞的反動罪行受到徹底批判開始向人民低頭認罪》，《現代佛學》，1957 年第 12 期，第 28 頁。

〔註83〕 佛源法師：《浮塵回憶錄》（1992 年），手稿掃描圖片。

〔註84〕 《南華寺住持本煥原來是個反革命分子》《南華寺全體僧徒擁護政府逮捕本煥》《廣州市佛、道教徒集會聲討反革命分子本煥》，《現代佛學》，1958 年第 8 期，第 30～32 頁。

〔註85〕 富播揚：《瑪納斯縣大佛寺佛教徒擁護政府逮捕本煥》，《現代佛學》，1958 年第 10 期，第 34 頁。

初所指出的，「第三者的立場是不可能存在的，要麼是人民，要麼是反人民，超政治的道路也是不可能存在的」，而「佛教徒應當積極地堅持正義，反對邪惡，如《法華經》所謂『與諸魔戰』」。〔註86〕在各種批判、揭發的運動中，曾經的師徒、同參、道友都必須公開表明自己的立場，這是「大是大非的問題」「關係國家民族生死存亡的問題」，不能因為「只要穿大領衣的，便看做是自己人」，哪怕是「自己的師父、徒弟、同戒、同參」也不得徇從私情，必須立即「劃清敵我界限」，秉公「揭發」和「批判」。〔註87〕在這種政治形勢動員下，又加之中國佛學院個別領導對淨慧法師、慈藏法師施加壓力，他倆才不得不違心寫下批判虛雲老和尚的大字報，這也是出於自保。

　　按照中國的文化傳統，尊師重道是基本倫理，所謂「天地君親師」，對於師長是相當尊敬的，弟子公開批判師父，乃被視為是「大不敬」。可是，在政治運動中弟子揭發、批判、告密、批鬥師長者屢見不鮮，這也反映出作為個體佛教徒的宗教信仰對政治思想的讓步和妥協，以及佛教新青年接受社會主義教育後的思想轉變。例如，心禪法師1956年所寫的「揭發上海金剛道場材料」也是一個非常典型的例子。

1956年心禪法師揭發上海金剛道場材料

　　我是被「反革命分子」清定毒害最深的一位出家青年。我到金剛道場已經超過五年了。在這段長的時間裏，接近「反革命」清定的機會比旁人多，受他的反動影響比較深，一向在思想上妄認，以為清定是大善知識，因此死心塌地底惟命是從，不敢有所冒犯。的確，在處處看他標榜著善知識的姿態，而且取章斷義地利用佛法上的一些名言來欺騙和籠絡人心。就是在這樣一件佛教外衣的掩護下，長期被其利用甚至是作了他的幫手。

　　通過這次「肅反」學習的教育以後：對我來說：正是一次雲開見日的機會。基本上使我從迷到覺，從錯誤到端正的過程。思想上認清了「反革命」清定的偽裝特點，初步批判了過去受其蒙

〔註86〕趙樸初：《佛教徒應該堅決走社會主義道路——1958年2月27日在華北、東北地區漢族佛教界社會主義學習座談會上報告摘要》，《現代佛學》，1958年第4期，第8頁。

〔註87〕趙樸初：《佛教徒應該堅決走社會主義道路——1958年2月27日在華北、東北地區漢族佛教界社會主義學習座談會上報告摘要》，《現代佛學》，1958年第4期，第4、5頁。

蔽時所產生的落後、錯誤思想；同時在認識提高的基礎上劃清了敵我界限；而且還認清了政府的「肅反」政策和宗教政策的真實意義。

就據我自己在這次「肅反」學習當中，曾在思想上進行了尖銳的鬥爭，反覆思考和深入底分析，結果：才透視出清定「反革命」進行反革命活動的特點。

第一，清定主張，佛法第一，政治第二：唆使廣大信徒們脫離政治生活，專叫我們在宗教的範圍內丟邁子，他的用意就是使我們在思想上對愛國愛教產生矛盾，因而使我們輕視政治，脫離現實，與政府對立起來，造成佛教徒與人民政府之間的感情和團結（問題）。並且藉口佛法是至上無上，修行了生死是第一大事，以消極的論點度化群眾思想，阻礙信徒們的政治積極性，使我們的思想覺悟老落在時代的後面，喪失人民立場和政治立場，以便其進行反革命活動的陰謀詭計。

第二，清定「反革命」的「重俗輕僧，欺貧重富」分別心非常濃厚。以前我們是想像不到的，總以為他是持戒的修行人，今天看起來，卻是別有用心的：例如有名的白衣當家鄭克天反革命分子，清定授予大權，包辦道場內外的事務，甚至在內部監視比丘的行動，無論或大或小的事情，都得服從他們兄弟三個的反動主張，全不按照寺廟成規、僧團習慣。比丘當職事，雖有其名而無實權的！其次，清定「反革命」居心製造比丘與居士之間的團結（問題），他一直運用愚民化的手段故意提高自己的地位，屈辱僧眾的尊嚴，不主張如何培養和教育，相反製造內部的分裂，暴露僧眾的缺點，使居士輕慢覷覬；而他自己卻顯出那種清高晏然的偽態，取得居士尊敬供養，形成脫離群眾自高自大的作風。再次，他對有錢的居士和貧窮的居士的看待也是不一樣。他說：「有錢就是有福報，應該先給密法；沒有錢就沒有福報，當給法時也不傳給密法。」可見其分別心之重，根本已違反了佛教的平等無我的精神了！

第三，清定所謂：「上師第一，三寶第二。」他說：「上師是三寶的總代表」，如果學密法的人對上師生過失，就要墮「金剛地

獄」。學法的人首先要依止上師，並須視師如佛。他最巧妙的手段即利用和竊取「金剛上師」這一至高名義來束縛人心，用「依止法」來控制我們的行動，用「金剛地獄」來恐嚇群眾，使我們死心塌地底惟命是從。而且他時常運用所謂金剛上師的威力，表示自己是具有先見之明，有神通妙用，常所謂「入定觀察」等的荒謬誑論，或以「加持」的手法來誑惑人心。這些我想根本是違背佛法本來面目的歪曲行為。

　　其次，清定「反革命」對比丘方面，更是殘酷無情的。表面上說：「令僧歡喜，令僧安樂」；實際上是以慈悲方面的幌子來騙人的。例如他對道場裏的生病同學那種殘暴手段，和要求被離開的同學以及要求學習進步的同學，都想盡辦法採取各種手段進行打擊，說成是「業障覆現」或「對上師失去信心的緣故」，善於使用佛法上的名義來冷冷地刺激人心。

　　關於清定「反革命」的材料，大部分已在《弘化月刊》刊登了。今天我就把我在這次學習過程中思想上體會得較深刻的回憶；也就是我在這次學習中所得的結果認識了些什麼，來對大家談一談。同時我還明白了政治學習的重要性，經驗證明：過去不重視政治學習的害處，而今天使我運用政治學習的武器以劃分了站在「反革命」清定一條道路的危險思想，澄清了以前拘泥與宗教感情和敵我不分的陷坑。

　　通過這次學習，對政府的「肅反」政策和宗教政策也有了正確的認識。消除了剛初開始時候的一些思想顧慮。全面地認清楚政府是「不冤枉一個好人」的政策，好是好、歹是歹，界線很清楚的！在肅反期間我們道場裏一切宗教活動仍舊照常進行，而且一再向我們說明政策，並促使我們對宗教生活的認真進行。現在我們道場在宗教事務處和佛教協會的領導之下，在經濟方面，給我們適當的幫助；在人事方面，幫助和指導我們進行工作；在學習方面，將轉入正常化的五年計劃以及在佛學和文化方面的學習規劃：在法務方面，不久將要展開弘法利生的工作。總之，道場一切都在新鮮、正常地發展。過去的一切不正常的現象將消失不見而轉為團結、互愛、和諧、清淨的道場了！因此我深深的體會到只有在佛教內部把反革

命分子清除出去後，取得純潔的條件下才能夠眞眞使我們佛教發揚光大。

心禪

1956.1.28〔註88〕

心禪法師是上海市佛教協會理事，金剛道場的年輕骨幹，深受清定法師器重。在格魯派傳統中，弟子應當「視師如佛」，但在「肅反運動」中，政治覺悟是高於一切的，所以心禪法師也不得不批判師父清定法師──努力在其言論行爲中尋找與政治話語相牴牾之處。可是，考究細節發現，清定法師被政府認定「反革命」的最重要「罪證」──所謂「窩藏武器」一事，文中反而隻字未提，說明他也是採取了「避重就輕」的策略，而且內心深處也認爲這是不實的誣告。這篇文字是心禪法師在政治學習後提交給有關部門的，也是特定政治形勢下的產物。

淨慧法師被迫批判虛雲老和尚，思想內心也許可能有類似的境況。除了面對政治的壓力和恐懼，內心深處可能也與心禪法師一樣飽含對中國共產黨和人民政府的信任──認爲國家是「不會冤枉一個好人」的，這幾乎是一種無條件的信賴。然而，對於自己的師父，淨慧法師、心禪法師等也都有自己的判斷，並不是全然被政治所「改造」的，這些留下來的「大字報」和「批判材料」等，也飽含了他們內心的糾結和無奈。就如淨慧法師在悼念佛源法師詩中所言：「雲門才拭辛酸淚，『反右』『交心』又折磨！」〔註89〕，明面是在追悼佛源法師，其實抒發的是自己的經歷和眞實的內心寫照。

〔註88〕心禪法師手稿，共 4 頁，1956 年 1 月 28 日。原件圖片，見孔夫子舊書網：http://m.kongfz.cn/28639903/pic/。另外，在清定法師去世後，他的一生貢獻被總結爲三個「統一」，即：愛國主義與愛社會主義統一、愛國與愛教統一、愛國主義情感與愛國主義行爲統一。見王增建：《一代宗師清定上師》序，成都：巴蜀書社，2017 年。

〔註89〕淨慧：《哭佛源法兄和尚》（2009 年 2 月 24 日），載於《想念那個棒喝天下的老和尚》，大公佛教：https://mp.weixin.qq.com/s 跡__biz=MzA5MjQzNDczMQ==&mid=406607520&idx=1&sn=ba096903d9574a5c51a74e80a2209654&scene=2&srcid=0401k4TYRMXoSU92dPzZB9hU&from=timeline&isappinstalled=0#wechat_redirect。

2.3　「右派」生涯和心性錘鍊

2.3.1　被打成「右派」的原因

　　1963 年，淨慧法師被中國佛學院打成「右派」，這時他剛滿三十歲。導致被打成「右派」的直接原因，是他 1962 年在虛雲老和尚圓寂三週年之際編輯了《虛雲和尚法彙全集續編》〔註 90〕並油印百冊，分送北京、湖北等地居士，〔註 91〕結果此事被人舉報，〔註 92〕遭致批鬥近一年，最終被打成「右派」。那時，私自印書本就不允許，何況虛雲老和尚還被視爲「具有政治問題的地主反動派」，所以淨慧法師此舉被中國佛學院領導認爲這是重大政治問題——「爲反動的虛雲和尚樹碑立傳」「給地主階級樹碑立傳」「做封建地主階級的孝子賢孫」，就將這件事定性爲「淨慧問題」進行批鬥，說淨慧法師是「十全十惡的大右派」「極右派分子」「壞人」，由中國佛學院老師

〔註90〕　油印、裝訂《虛雲和尚法彙全集續編》的票據，淨慧法師一直珍藏了一生。其原件現藏於湖北黃梅四祖寺淨慧老和尚紀念堂展廳。筆者據票據原件錄文，一份收據的文字內容是：「今收到淨慧法師發給印寫《虛雲和尚法彙全集續編》刻工、紙張等費計人民幣壹佰肆拾伍元正。此據（另附清單一頁）。收款人：譚淑瓊（並印章）。1962 年 11 月 14 日。」其清單附頁內容爲：「刻印紙張等清單：寫蠟紙 96 張（內 3 張作廢，每張 0.60 元），57.60 元。油印 9400 張（每一萬張 14 元），13.1 元。油墨 3 瓶（每瓶 1.60 元），4.80 元。火油，0.20 元。蠟紙 96 張（每百張 5.4 元），5.18 元。三輪車費，0.50 元。大上好白紙 1470 張（每百張 1.20 元），17.04 元。小好白紙 152 張（折合 76 張，每百張 0.75 元），0.57 元。次紙 2200 張（每百 0.65 元），14.30 元；170 張（每百 0.75 元），1.28 元；4700 張（每百 0.58 元），27.26 元；150 張（每百 0.70），1.05 元；260 張（0.58 元），1.61 元。上開計共人民幣 145.05 元。」另一份收據是 1962 年 11 月 24 日的「淨慧　裝訂費」，100 冊，共計 18 元，收據公章爲西長安街辦事處文化用品工廠業務專用章。

〔註91〕　據武漢慈學法師（1921 年～）回憶，當時她和武漢居士一起出資幫助，淨慧法師寄來 10 冊油印本。但是因爲其中有錯誤，淨慧法師又請慈學法師寄回修改。慈學法師不捨，留下 1 冊，寄回 9 冊。但留下的這冊也在「文革」中被「造反派」燒毀。參見慈學長老尼口述，耀虹執筆：《「中國第二比丘尼」的珍貴回憶（2）》，《生活禪時代》，2019 年第 21 期。

〔註92〕　據明海法師講述，1962 年中國佛學院有次組織學僧到十三陵水庫義務勞動，淨慧法師因重感冒請假，沒去參加勞動，就留在佛學院處理《虛雲和尚法彙全集續編》刻印蠟板等事情，結果被人發現舉報。見《生活禪者》紀錄片（上集），柏林禪寺，2017 年 4 月製作。

宣讀「十大罪狀」。〔註93〕1963 年的 9 月 29 批鬥結束之後，又將他補劃為漏網的右派分子，次日立即遣送至北京大興國務院機關畜牧農場勞動。

在那個特殊的政治年代，告密成風，這被認為是向黨表忠心。告密者不僅不會得到道德譴責，反而容易獲取政治資本而發跡。淨慧法師就回憶過，佛學院學僧常常給任課老師打小報告，因為他們受政治運動影響，批判老師總講苦、空、無常、生老病死這些消極的東西，不利於社會主義建設，以致於老師們一時都不太敢講佛學課，後來還是在周恩來總理「在教言教」的指示下才打消了老師們的顧慮。而且，告密者為了「邀功」，也會「無中生有」曲意逢迎，妄加指責。一次，周叔迦居士講八宗大意，講到臨濟宗「三玄三要」時，用詩句「但看棚頭弄傀儡，抽牽全仗裏頭人」來講解人的六根活動有個主人在指揮。淨慧法師深契法義，微微一笑。結果，就因這微微一笑，被同學告發，說他有惡毒的用意，是在嘲笑大家像傀儡一樣，一切都是黨在領導，這一笑就是反黨的意思。當時的告密風氣，由此可見一斑。以致後來淨慧法師在小組會上被無端批判。

除了編輯《虛雲和尚法彙全集續編》獲罪，淨慧法師被打成「右派」也因為「不合時宜」的言論。他自述：

> 由於我在開會、討論、學習的時候往往有一些——用現在的話來說，有一點點前瞻性的認識、前瞻性的看法，看到這個事物發展的趨勢，發表過一些言論，最後把它集中到一塊就很多，很多就是要劃「右派」，劃「右派」好像沒有劃，就說已經到了「右派」的邊緣。〔註94〕

比如，在討論佛教能否為社會主義服務的問題上，淨慧法師認為佛教能為社會主義服務，可是其他近百人都持反對觀點認為不能。這樣歷經七天大會討論和爭辯，最後有關領導總結中嚴正指出：「佛教本身不能為社會主義服務，你們作為佛教徒經過黨的教育堅定了社會主義的方向，接受共產黨的領導，那個肯定是能夠為社會主義服務的。要說到佛教的教義為社會主義服務，這個觀點不對。」〔註95〕所以，這也一定程度上將淨慧法師觀點置於「主流

〔註93〕淨慧：《雲水舊蹤——淨慧老和尚訪談》（2004 年 4 月講於湖北當陽玉泉寺），明海法師提供。

〔註94〕淨慧：《雲水舊蹤——淨慧老和尚訪談》（2004 年 4 月講於湖北當陽玉泉寺），明海法師提供。

〔註95〕淨慧：《雲水舊蹤——淨慧老和尚訪談》（2004 年 4 月講於湖北當陽玉泉寺），

觀點」「正確觀點」的對立面。在那時，佛教界自身也在努力擺脫「落後」的污名化標籤，這種用政治思想改造佛教僧眾的結果，也在一定程度上造成他們忽視自己的宗教身份。

再如，學習毛主席的著作《矛盾論》《實踐論》《關於正確處理人民內部矛盾》討論時，淨慧法師思考：既然矛盾具有普遍性，那麼社會主義陣營裏面是否存在矛盾呢？他認為社會主義陣營裏頭肯定存在矛盾，而矛盾總是在發展的。大家都認為社會主義陣營是永恆的，但淨慧法師認為社會主義陣營並不是鐵板一塊，可能到某個時候也會起變化。結果，他的觀點也遭受中國佛學院領導的嚴厲批判。〔註96〕

淨慧法師所提及的這種觀點的分歧，也是他被打成「右派」的重要原因。這個背景就是從1957年11月開始的在宗教界進行社會主義教育運動。社會主義教育運動，實際上就是宗教界的「反右鬥爭」，但「不提整風，也不提反右派的口號」〔註97〕，僅針對政治上反動而在群眾中影響不大的分子進行公開鬥爭。之所以不叫做「反右」，是為了避免運動阻力，「麻痺右派，盡可能爭取中間多數人」，使他們接受黨的領導。〔註98〕在當時，政治學習是代表思想積極進步的，「社會主義教育」體現的是思想學習改造的含義，因此不會太有反感。〔註99〕並且，佛教界也在主動地與舊思想決裂，努力把自身從「為地主和封建資產階級服務」改造為「為貧苦大眾和人民服務」的社會主義國家公民。

由於缺少淨慧法師在中國佛學院期間政治學習的相關檔案資料，僅憑他的隻言片語零散的憶述，仍然對這段歷史感到模糊不清。筆者無意中收藏到一份相近時期遼寧省佛教協會駐會理事智悲法師〔註100〕的檔案〔註101〕，包括

明海法師提供。

〔註96〕淨慧：《雲水舊蹤——淨慧老和尚訪談》（2004年4月講於湖北當陽玉泉寺），明海法師提供。

〔註97〕中共中央統戰部《關於在漢族宗教界進行社會主義教育的意見》（1957年11月2日）。

〔註98〕張執一《在宗教工作專業會議上講話》（1958年5月12日）即明確說明：「1957年11月中央統戰部提出在漢族宗教界進行社會主義教育，實際上就是反右鬥爭……不叫反右鬥爭而叫社會主義教育……這是策略問題。」

〔註99〕類似地，「交心」運動字面上是向黨和政府敞開心扉，真誠交流。但是實際的意圖，是「交心交余罪」，讓「右派」主動揭發自己。

〔註100〕智悲法師，男，俗名陳耀華，1906年11月14日生於遼寧海城縣馬風公社楊馬峪生產隊。8歲開始，在家中放馬，曾在村中小學和私塾念書四年。1922

兩篇完整的社會主義教育運動學習心得以及多份宗教處幹部、佛協人員、慈恩寺法師等對智悲法師的「揭露」材料。筆者希望運用智悲法師的這份檔案材料，近似地來理解淨慧法師當時的真實處境，尤其是個體對黨和政府無條件的信賴，以及遭遇強大政治形勢壓力的妥協和服從。

智悲法師（1906 年～？），法名能賢，是倓虛法師的掛名弟子〔註 102〕，曾在青島湛山寺佛學院學習，之後在華嚴法界學苑、瀋陽慈恩寺等地任講經法師，後來又學習中醫針灸並在海城中醫院任職，1962 年被調至遼寧省佛教協會研究組工作，同年擔任中國佛教協會第三屆理事會理事。1963 年，他被

在海城縣學習工商業，1926 年在瀋陽東三省民報社編輯部當校對員。1929年在哈爾濱佛教講堂任文牘兼講員。1932 年在長春佛經流通處研究佛學。1933 年在長春福文洪印書局任營業主任。1935 年 12 月 8 日掛號天津淶水縣高明寺依倓虛法師出家，法名能賢，在長春落髮。1936 年四月初八日在寶華山隆昌寺依德寬老和尚受戒。1936 年 8 月，入青島湛山寺佛教學校專科學習天台宗。1937 年任瀋陽慈恩寺西堂代監院職，兼講座法師。1938 年，赴北京淨蓮寺依慈舟法師學習華嚴宗教理，任法界學苑副講法師，並協助慈舟法師辦僧教育。1940 年被推舉任北京極樂庵住持，講《華嚴經》三年圓滿之後退居。1944 年在五臺山廣濟茅蓬碧山寺講《華嚴經》之《淨行品》和《賢首品》，在大同七佛寺講《普門品》。1945 年在錦州毗盧寺、營口楞嚴寺、瀋陽慈恩寺、海城三學寺、牛莊觀音寺等處主辦華嚴道場誦經法會。1946 年任海城縣牛莊區觀音寺尼僧學員主講法師。1948 年任海城縣安國寺住持，組織織布、織襪工廠。1950 年任海城縣佛教徒學習會主任委員。1951年因安國寺收回國有，暫住楊馬峪俗家。1952 年赴北京寓淨寺閱藏講經。1953 年在北京極樂庵講經，並為佛七作結七開示。1955 年北京市寺廟走向集體化，極樂庵僧眾遷入廣善寺住，又於善玉堂針灸傳習班第五期學習、第六期學習結業。1956 年在單玉堂高級班學習針灸和《傷寒論》，並為獅子府針灸傳習班講課，在蔗園醫館臨床實習。1957 年被安窮法師接至海城白衣寺，繼續研讀針灸學，並在政協學習。1958 年參加海城縣衛生局考試通過，至海城鎮中醫院針灸科工作。1959 年在遼寧省針灸師資培訓班結業，為海城縣師資培訓班講課。1961 年任海城縣鎮醫院針灸中醫師、佛教法師、海城縣政協第三屆委員會委員。1962 年調至遼寧省佛教協會研究組工作，2 月 10 日晉京參加「中國佛教協會第三屆全國代表大會」，被選為第三屆理事會理事。（此據 1962 年 3 月 17 日「遼寧省佛教協會佛教研究組員登記表」檔案整理，係智悲法師親筆所寫。）

〔註 101〕智悲檔案，「遼寧省政法幹部學校案卷」，1962～1965 年。關於這份檔案的介紹，詳見前文導論 0.3.1.7 部分。

〔註 102〕智悲法師《遼寧省佛教協會佛教研究組員登記表‧自傳》中說，他出家得到倓虛法師的同意，掛號淶水縣高明寺，掛個空號只為了受戒時候有個依託的寺廟。實際上，落髮剃度並沒有在高明寺，而是在長春佛經流通處，並且也不是由倓虛法師親自剃度，而是由善果法師代刀。

內部認定爲「政治態度屬於中間」〔註103〕，對他的表現，遼寧省人民委員會宗教事務處給出的鑑定意見是「原劃中中，現仍爲中中」〔註104〕。

　　智悲法師的宗教學識和文化素養較高，社會閱歷比較豐富，他對佛教信仰、佛教前途本有自己的看法，但是在 1962 年至 1965 年間一次次的政治學習和思想改造運動中，也不得不低頭、妥協、反省、檢討，最後徹底服從於「人民立場」和「政治角度看問題」，批判自己的佛教信仰和一些宗教觀點。

　　例如，他在 1962 年剛到瀋陽慈恩寺時，對於遼寧省佛教協會會長、瀋陽慈恩寺方丈導塵法師結婚一事非常牴觸，認爲僧人結婚就意味著捨戒還俗、失去出家僧伽身份資格，不宜再穿僧裝當出家人，可以居士身份出任佛教協會領導職務，但不應當再擔任寺廟方丈。按照佛教戒律，淫戒屬於根本戒之一。他曾將自己的想法向中國佛教協會秘書處、遼寧省人民委員會宗教事務局宗教處反映，也同教內僧眾交流，認爲和尚結婚乃是關係到佛教存亡的大事，僧俗界限應當分清，「僧與俗、和尚與居士是在於結婚與不結婚，結婚問題是佛教的根本問題，至於其他的一些細節問題，如衣帽與葷素問題，那是枝末問題。結婚問題是佛教的大事情，結了婚根本不能稱其爲和尚，當方丈更不應當」〔註105〕。可是，在幾次政治學習和領導講話之後，他被迫放棄了這個主張，認爲自己應當從政治角度、從人民立場看問題，而不應從佛教內部看問題，不能侷限於佛教小圈子的僧俗界限，甚至表達導塵法師結婚也是一種時代進步。1963 年 3 月 15 日，他在學習心得中表達自己的想法：由於認識到政府是支持導塵法師這樣的會長的，明教理、通政治，又懂馬克思主義，能夠領導信眾走社會主義道路，於是寬慰自己，「從狹隘宗教立場看小圈子的內部僧俗參差現象是不行的」，「從愛國和政治立場來看則事事吉祥了」。〔註106〕智悲法師的這種「迫於形勢」的態度轉變，就連政府宗教部門都明顯感覺到了，現場會議記錄是這樣的：

　　　　座談宗教問題是，他首先進行了檢討，尤其是對和尚結婚問

〔註103〕遼寧省人民委員會宗教事務處張明啓：《智悲在宗教團體負責人座談會期間的表現》（1963 年 3 月），信紙手寫。

〔註104〕遼寧省人民委員會宗教事務處張明啓：《智悲的表現》（1963 年 10 月 30 日整理），信紙手寫稿，最後一頁紙抬頭印有「遼寧省人民委員會宗教事務處公用箋」。

〔註105〕遼寧省人民委員會宗教事務處張明啓：《智悲對「寺廟管理試行草案的看法」》，信紙手寫稿，1962 年 10 月 11 日。

〔註106〕智悲：《大會回憶》，信紙手寫稿，1963 年 3 月 15 日。

題，在形勢的逼迫下，採取退卻的態度。他說：「我過去認爲遼寧和尚結婚，這是以僧亂俗，不符佛說。法賴僧信，和尚結婚就是無形中消滅佛法，是不滅自滅。」現在，他表示說：「我過去和今天的看法完全不同了。原來看問題未能符合政治，偏偏執著佛教制度，說明我學習不夠。今天我不執著了，應當從政治上看問題，無論誰結婚與否，那是個人自由。而且，這些人在政治上都有積極性、代表性，如果沒有他們，佛教恐要走入歧途。不能以佛法、教義如何來對待，必須從政治領導來看問題。現在我不但不反對，而且還擁護，因爲這樣對教會、信徒和人民都有好處，因此我轉變了。」〔註107〕

不過，政府部門仍認爲他在遼寧省宗教團體負責人座談會「學習一般，談問題較少，害怕暴露思想，有人提出他的問題就積極檢討，並表示今後決不再犯」〔註108〕，所以在之後的學習和改造中，智悲法師又被要求繼續表達自己的「進步」和「轉變」。之後，1964 年智悲法師在《自傳》中深刻檢討自己曾在僞滿洲國講經，實際上是無形中爲敵僞服務效勞，並坦言自己曾對黨「三心二意、搖擺不定、沒有十足的信心」，但是通過學習和反省，他意識到了：「從前不應該單從佛教方面來看問題，當從政治進步方面來看問題，一切錯誤觀點自然迎刃而解。」〔註109〕

1965 年社會主義教育運動學習之後，智悲法師提交了《社會主義教育運動學習會——敞思想、擺問題》思想報告，他很認眞、誠懇地剖析自己思想上的「問題」，提交了 40 條「問題」，並且還附有「附錄」和「落實」。這種寫思想報告的方式，是當時社會普遍進行的政治學習工作。按照要求，必須眞誠祖露自己的思想，檢討自己的錯誤並一一列舉，提供上級審查。爲了便於理解，全文照錄如下：

社會主義教育運動學習會——敞思想、擺問題

（遼寧）省佛教協會　智悲

（1）我對於三年自然災害當時的思想看法，意味著共產黨和

〔註107〕遼寧省人民委員會宗教事務處張明啓：《智悲在宗教團體負責人座談會期間的表現》（1963 年 3 月），信紙手寫稿。

〔註108〕遼寧省人民委員會宗教事務處張明啓：《智悲在宗教團體負責人座談會期間的表現》（1963 年 3 月），信紙手寫稿。

〔註109〕智悲：《遼寧省佛教協會佛教研究組員登記表·自傳》，手寫稿，1964 年 3 月 27 日。

天鬥爭和大自然鬥爭，這樣的連續三年嚴重的災害，豈不是大自然和共產黨來鬥爭嗎？我認為人力不能勝天。

（2）對於市場供應不足，買東西都有限制，我思想上認為國家要不好了，生產的物品不夠人民的消耗啦，人民的生活不如過去了。

（3）在赫魯曉夫於1960年突然背信棄義，毀合同、撤專家，當時我認為中蘇有了裂痕，社會主義國際陣營要削弱，東風不一定能再壓倒西風了。

（4）我又想蘇聯是我們的老大哥，他怎麼和咱們翻了臉呢？夠咱們嗆的吧！

（5）我們拿出許多財力物力支持各兄弟國家，當用大米支持古巴時，我想這何必如此！留著大米給我們本國人民吃用有多麼好呢！

（6）關於赫魯曉夫的「三合路線」，我有時想起如果真的不打仗和平共處過渡共產主義社會，倒也很好的。

（7）在受自然災害時，我想黨和政府要能利用利用觀世音菩薩聖號來祈禱祈禱，定能免災消難。因為觀世音菩薩能大慈大悲救苦救難故。

（8）我在初解放時，就以為著共產黨什麼教也不信，是馬克思列寧主義唯物論學說，佛教是唯心主義形而上學，相互敵對，終究一切宗教都得滅盡才算完了！

（9）64年10月間我國第一顆原子彈爆炸成功時，我懷疑著我們自力更生怎麼能有這麼大的力量呢？現在就製造出來了原子彈，真出奇呀！

（10）我對於總路線「多快好省」有懷疑。我想：量數多，怎麼可能時間快呢？時間快，怎麼能質量好呢？質量好，怎麼能本錢省呢？

（11）對於人民公社初成立時，我認為沒有什麼集體的力量和優越性，也不過是變名將土地收歸政府所有罷了！

（12）周總理說：「為了在不太長的歷史時期內，把我國建成為一個具有現代化農業、現代化工業、現代化國防和現代化科學技

術的社會主義強國。」我現在懷疑著怎麼能這樣快呢，就成了一個現代化的強國呢？

（13）我對於現代革命化的京戲所塑造工農兵等人物的看法，固原也知道是用來階級教育，但看起來總不如過去的舊戲裝飾的帝王將相、才子佳人看的起勁。

（14）我想：對於臺灣被蔣匪幫仍然佔據著，早應該解放了。雖然有美國軍艦支持他們，也不過是紙老虎。我們既然不怕紙老虎，為什麼還不及早解放臺灣呢？還是怕紙老虎吧！

（15）我對於所說「勞動能創造世界」的說法不同意。我認為勞動可以改造世界，而不能創造世界。因為世界是大自然而本有的物質，人怎麼會把它創造出來呢？

（16）我思想上對於共產黨無論什麼都稱「萬歲」是不同意的。因為「萬歲」兩個字是歷代封建統治頭子帝王獨夫所用的專名辭。我們是打倒封建統治的，為什麼還呼「毛主席萬歲」乃至什麼什麼都稱「萬歲」呢？

（17）在百花齊放、百家爭鳴時候，我思想上認為，佛教文化也是祖國遺留下來的寶貴文化遺產一部分，內裏也有它的香花一面潛在，為什麼不能爭鳴？擇其有利於社會人們的而弘揚之，所謂用辯證唯物法去毒草、選香花也可。

（18）蘇聯新領導柯西金等上臺時，對於中國表面上停止攻擊我們，我認為赫一下臺，新的一上臺，關於修正主義必有所改變。又兼周總理去蘇聯祝賀十月革命節，我想中蘇分歧定有好轉。

（19）又當柯西金去越南，來回都路過北京停機，而後又去朝鮮始回國。我當時以為是修正主義等表現和我們團結的現象。

（20）蘇聯三月會議的公報發表言論說：「反對帝國主義。」我認為修正主義有了好轉面向我們。

（21）我於 1962 年 1 月被調晉省參加省佛教協會研究工作，當時我見到慈恩寺內導塵方丈和恩慶、智方和尚都搞了對象結婚了，還算和尚名稱，我心裏非常反對，這樣不僧不俗，不倫不類的怪現象。

（22）我深思維，不但佛教僧尼結婚政府不加限制，而且道教頭頭方立家會長、天主教徐主教鎮江神甫，他們兩個人也全結了婚，

和導塵會長是宗教的三巨頭。如果宗教處不暗示支持允許，當然他們不敢這樣做。這豈不是政府用宗教信仰自由政策來摧滅宗教消滅於無形之中嗎？

（23）我於62年晉京參加中國佛教協會第三屆全國代表大會，那時我堅決反對導塵方丈生活變化的行為。在四省二市（東三省、河北省、天津市、北京市）小組發言討論會上，我雖然反對，可是沒有敢公開發言反對和尚結婚事。恐怕導會長有所威脅。

吉林宗泉法師在休息時間和我一同在樓頂上平臺散步，對我說：「你省導塵方丈鬧的太也不像話了，你為什麼不提出問題呢？」我問他說：「你怎麼也不提出這個意見呢？」他接著說：「我們吉黑兩省來的代表們，在火車上被他招待的臥鋪等，就不好意思提啦！」

有一次北京代表圓覺法師（尼）讓我到通教寺去參觀參觀，我便去寺內。她曾和我說：「我們北京市代表聖泉和尚、顯宗和尚，他倆人對於生活有了變化，都用居士身份來出席。你們遼寧省怎麼弄的一團糊塗？你為什麼不提出問題呢？」我說：「我將到省才一個多月，不瞭解實際情況，不敢提出反對言論。」她又說：「那麼逝波法師也太胡突了，她是久住瀋陽的，為什麼她也不提出問題呢？」我回到會上，馬上將上述情況反映給逝波副會長，我當時很認為，她是怯懦不敢提的。

嗣後，我大膽給大會秘書處寫了一封信，信內說明我省慈恩寺導塵方丈生活已有了變化了，不合再當方丈，只可作會長領導大家學習云云。

繼之，我又親見中國佛協副會長周叔迦居士於大會秘書處，談起這事當怎麼辦？周說這事是全國普遍的現象，將來總會方面會有條條規定一下。我當時很樂觀的。

（24）我思想上認為共產黨政策，對於佛教是消滅於無形之中，勝過「三武滅佛」（唐武帝、周武帝、魏武帝）。因為「三武滅佛」是在寺廟僧尼經象形象上來滅。共產黨對宗教是在政治理論上來教育，認為宗教是唯心主義形而上學的世界觀，是反馬克思列寧反動的東西，於是佛理也不能講了，佛像也不能供了，徒弟也不能收了，當然佛教自消自滅了。

（25）國務院宗教局肖局長講話說：宗教有它發展的過程，也有它自然消滅的規律。我想，佛出世時早就說過，佛教有正法、像法、末法三個階段。現在正是末法時代，佛法自然該要滅亡了！

（26）中央統戰部張執一副部長講話說：「各省佛教協會研究組爲當前中心的任務，你們要挖掘佛教內潛在的寶貴東西，你們並要帶徒弟、培人才，政治當先，教義也得研究，不然的話像個什麼和尚！東南亞有佛教國，我們也有佛教。日本有和尚，我們也有和尚。所以說你們任務很重要。」我當時很歡喜。等回到我省後，仍然平常無事，我想也不過說說就算了！

（27）62年9月17日，中國佛教協會寄來《漢族地區佛教寺廟管理規則試行草案》一本，共四十二條，通知研究完了將文件和意見寄回原處。我一看四十二條，條條有理。我想可以藉此機會重整僧人隊伍，澄清不倫不類現象，認爲正確可行，衷心擁護，一條也不反對。

（28）62年關於調整宗教寺廟時，慈恩寺大做佛事，於七月十五日舉辦盂蘭盆會，放三大士焰口，看熱鬧的人山人海。我認爲佛教又要大興了，將來我還能講經說法呢！

（29）62年上半年，寫文史資料回憶錄時，我初認爲是令各教自述過去罪狀，感覺工作苦悶。不寫吧，又是做這個工作的；寫吧，怎樣下筆呢？悔不如在醫院當大夫省事多了！

（30）我不承認宗教職業者是資產階級範疇，給帝國主義做工具。

我思想上以爲我是個無廟無產業的講經法師，算個什麼資產階級範疇呢？有人請我講經，我爲度眾生成佛起見，所以就給他們講，管什麼帝王將相中外人等，他們反正都有佛性，可以成佛的。不過是政治上給我扣上個大帽子，不得不承認罷了，是大勢所趨的關鍵。

（31）我初到省佛協來，也不發心工作，沒有責任心，不過是聽組織分配，爲了業務而工作，爲了應付而學習，抱著「當一日和尚撞一日鐘」的態度。

（32）我有時想著，封建統治階級雖然不好，日本帝國主義固屬侵略東北和中國，但是他們差不多都信佛教。我很歡迎他們這一點，佛法得弘揚故。

（33）我又思維，共產黨的政策，對人民、對社會、對於國家種種建設都好，就有一樣——對於宗教不許發展。如果能聽便各宗教任其自動發展宏通，那不是更好了嗎？

（34）我聽說「宗教都是唯心主義形而上學」，是「麻醉人民的鴉片煙」，我心裏眞不高興，不過被大勢所趨，莫可奈之何，只有口是心非。

（35）馬列主義說不勞而獲都是剝削階級，我是個不勞而獲的講經法師。往後，經也不能講了，想要再剝削也無處可剝削了，就這樣一賭氣改行學習針灸醫術，做醫務工作者，隱在醫院服務一生算了吧！

（36）我從海城醫院被調進省時，我認爲佛教又要興旺了，所以才又找到我的名下。

（37）1955 年我在北京住時，正值北京寺廟集中。我住在極樂庵，在大殿上穿袍搭衣禮拜拈香，痛哭一場，心裏難過萬分，想佛教算完了，這竟是極樂庵當家人普度這個積極分子搞的這麼快。

（38）我被大勢所趨學習了針灸技術，藉以免去剝削生活寄生蟲之誚，僅爲能自食其力，談不到爲人民服務，爲患者救死扶傷。

（39）關於班禪（達賴）叛國行爲，我認爲西藏過去一向是政教合一，而教駕於政治之上。一定班禪（達賴）是因爲宗教信仰深厚，有牴觸關係，不願意革命而致走上叛國路上了。

（40）在瀋陽劇場聽科學講座時，我聽見說：地球轉而日月不動，我認爲是不經之談。我們一切人明明是每天看見日月由東出而西入，爲什麼說它不動呢？地球也未從震動，爲什麼說它常轉呢？又說地球有吸引力，所以人物在上雖動而不掉下去，我認爲這更是不唯物的說法。眼前沒有見得一切人頭朝下、腳朝天的樣兒，所以說它這一點是荒謬無稽之談。

1965.5.21

智悲　草

落　實

（4）我又想：蘇聯是我們的老大哥，赫魯曉夫修正主義者被我們批判，他是修正主義路線而和我們翻了臉，一旦若和我們打起

仗來,他有原子武器,夠咱們嗆的,恐怕咱們打不過他吧!

(8)我在初解放時,1953年或1954年在北京極樂庵住,達如和尚送給我一部《恩格斯・馬克思・列寧著作選集》。上面說一切宗教都是鴉片煙,麻醉人民的藥品,終歸消滅。但不能強迫命令,得長期說服教育改造。所以我看著共產黨什麼教也不信,是馬克思列寧唯物學說,佛教是唯心主義形而上學,相互敵對,終為一切宗教都得滅盡才算完了!我心中非常痛恨共產黨和佛教誓不兩立,我不承認一切宗教都有它的自然發展現象和自然滅亡的規律。

(9)64年12月我國第一顆原子彈爆炸成功時,我懷疑著我們自力更生怎能有這麼大的力量呢?現在就製造出來了原子彈,真出奇呀!沒有外人幫助,我們就這麼快製造成功了?

(22)我深思維,不但佛教僧尼結婚政府不加限制,而且道教頭頭立家會長、天主教主教徐鎮江神甫,他們兩個人也全結了婚,和導會長是宗教界的三巨頭,準是宗教處領導暗示、支持、允許,他們才敢這樣做。這恰是政府利用宗教信仰自由政策摧滅宗教,消滅於無形之中。

65.6.5　智悲

補　遺

62年到省以來,關於細糧感覺供應的太少,有時投機倒把的小販商人,背著大米上慈恩寺院內來賣。我曾買過兩三次,每次十斤或二十斤不定。我認為吃點細糧保養保養身體,也沒有什麼大不了的事。

又因為布票不足,為做棉褲襖也曾買過恩慶私賣的布。又為做被,買過馬寶靜所賣的被面、被裏。

智悲

65.6.11

這些觀點問題,既包括對國內、國際形勢的看法,也有對黨和國家政策以及佛教現況等方面的思考。他很真誠地敞開心扉,亦本著佛門戒律「不妄語」的原則,如實地向黨交待思想上曾經的茫然、困惑乃至先前的「錯誤」觀念,還有經過學習改造後內心和思想的轉變。這份材料充分體現出他認真對待學習的態度,不僅正文內容數量多、觀點誠懇,而且還繼續深入反思,

並附有附錄和落實等內容。這些學習心得，既有他自身積極反思、爭取進步的主動的一面，亦有迫於政治形勢的一面。例如，他自述：「在向黨交心時候，我交了三百多條，才轉過左邊來向前邁了一大步。」〔註110〕可見當時的壓力。

其中一個巨大的「轉變」，是他也學會並運用馬克思主義觀點來批判佛教。智悲法師以前曾接觸過馬克思主義思想，他1953年至1954年在北京時就有閱讀過《恩格斯、馬克思、列寧著作選集》，對馬克思主義說「宗教是鴉片」非常反感，他擔心堅持無神論的共產黨遲早會消滅佛教，所以他才對慈恩寺方丈導塵法師結婚事件非常牴觸，因為這違反佛教戒律，且和尚結婚會將佛教消泯於無形之中。然而，不久之後，通過1965年2月至8月的「社教四清學習」，智悲法師則表示：「致使我得著新的認識，起碼上體會了得用馬克思列寧主義學說來看一切問題，來解決宗教觀，來權度思想言行。這樣看法我這次學習才敢全盤托出毫無隱諱，毫無疑議地勇敢地暴露我過去的一切錯誤思想言行，乃至反動思想、反革命的許多的抱著宗教捆子不打開的錯誤思想，敞出來交給黨，因為這次學習有此體會，我才真實地相信黨是我的親人，把問題擺出來，卸掉了包袱，感覺輕鬆痛快。」〔註111〕不僅如此，政治思想的學習改造，讓他「心口如一地承認了我的階級屬性確實是剝削階級」，而且他將這視為自己學習最大的收穫。同時，他還表示自己認識到了「宗教是反動的」，「宗教不能為社會主義服務」。在他批評檢討自己錯誤認識的文字裏，也能夠體會到無奈和彷徨——作為佛教僧眾，卻要直面批評宗教。然而，僧眾也慢慢地「適應」並「習慣」了這種政治話語的表達——佛教是落後的、反動的，但佛教徒是可以改造的、積極進步的。他也對比了自己前後的觀點變化：

> 認識了一切宗教全是反動的：列寧說過「一切宗教是麻醉人民的鴉片煙」，從前聽說這種說法我心中十分不願意，還以為著佛教是有利於人民的，現在經過了學習才認識了宗教的性質，確是反動的、消極的、唯心的、形而上學的、反科學的、反革命的，但有反動一面性，是不利於人民的，是有害於人民的。共產黨領導無產階級用馬克思列寧主義學說，是革命的，是唯物科學辯證法的，是有利於

〔註110〕智悲：《遼寧省佛教協會佛教研究組員登記表‧自傳》，手寫稿，1964年3月27日。
〔註111〕智悲：《學習心得》，手寫稿，1965年9月19日。

人民社會國家的，和宗教教義是相對立，所以我才認識了宗教是反動的。

認識了宗教不能為社會主義服務：宗教是過去封建統治階級上層建築的產物，為他們所利用而服務。解放後，人民政權將三座壓在人民頭上的大山打到了。社會主義社會當然不能利用宗教，而我還幻想在社會主義裏尋我宗教的樂園，所以我敵思想的條文裏有想：政府為何不利用佛教觀世音菩薩聖號來救大自然災害呢？這是我想在社會主義裏再發展佛教，使佛教為社會主義服務，想唱對臺戲的錯誤想法。

認識了宗教徒和宗教職業者的區別：階級屬性有所不同。宗教徒係勞動群眾，是認識問題，是信仰問題。他們的階級屬性屬於各個階級崗位，各各不同的階級。而我們宗教職業者，為我本人來說，是個宣傳佛教主義，用來迷惑勞動群眾而致有了私心。我不僅是自己有癮吸上了鴉片煙，還更車拉船載大量地販賣著大煙土。這就不是宗教信仰問題，而是政治問題了。我確實是資產積極頭一類的「剝削積極」屬性，是無產階級社會主義革命的敵人。正因為借著勞動群眾信徒的光，而黨使我們歸納於統一戰線內，按內部矛盾處理，變敵為友，團結教育學習改造。〔註112〕

社會主義教育學習中「向黨交心」「敞開心扉」，分組討論，開展批評與自我批評，乃至揭發和告密，不僅是在宗教界，而且也彌滿整個社會。大部分宗教信徒都和智悲法師一樣，真誠地、積極地接受改造，希望能夠更好地服務於社會主義事業，把自己的思想問題全部交待給黨。因為當時的佛教界主流也認為佛教是落後的、封建的，而佛教徒則可以改造成為積極進步的中國公民。這種政治學習和思想改造運動，對個體思想和信仰的直接衝擊是巨大的。無論他們情願與否，個人的宗教信仰作為一種「私事」，都已經退居到國家和人民利益的極端邊緣，甚至是淪為了對立面，只有政治才是第一位的。每個人都得寫大量的學習報告、心得體會、大字報等，進行自我批評和檢討，所交待的「問題」數量，是政治態度和思想認識的重要衡量標準，反映的是是否對黨忠誠、是否站穩人民立場。中國佛學院的學僧每個人也要寫大量的材料，有的是自我批評，有的是批判他人，有的是揭發檢舉，這是當

〔註112〕智悲：《學習心得》，手寫稿，1965 年 9 月 19 日。

時的政治任務，淨慧法師也無法避免。並且，他的年紀更小，佛教信仰單純，在政治運動中也缺乏保護自己的意識，他積極而真誠地向黨傾吐心聲、表明觀點，尤其是在討論發言和書面報告中堅持佛教對社會主義有益等觀點，使他被組織劃成了「右派」的「邊緣」。這也就是淨慧法師後來所說的「由於自己幼稚、天真、不懂事、濫說話，打成十五年的右派」。〔註113〕

2.3.2 世俗生活的歷練

從 1963 年至 1978 年，整整 15 年的時間，淨慧法師頂著「右派」的帽子，先後被遣送至北京大興國務院機關畜牧農場、廣東乳源縣示範農場勞動改造，之後被送回湖北老家。這 15 年，他雖然離開了寺院，但是這種世俗生活的艱難歷練，也磨練了他的意志和道心，讓他對禪的體悟和運用更增進一個境界，也讓他對中國社會的實際以及群眾的生活需要有了更為深切的體驗。就如明海法師說形容的，「他就是一位在這多苦世界裏踐履悲智雙運、自利利他精神的人間菩薩」，人間菩薩不會獨善其身，而是「與眾生打成一片、載沉載浮」，「入泥入水，與眾生同苦同樂、共辱共榮」，「從眾生共業的污泥濁水中盛開覺悟的聖潔白蓮」。〔註114〕

1963 年 9 月 29 日，淨慧法師被中國佛學院補劃為「右派」，第二天即遣送至北京大興國務院機關畜牧農場勞動改造，但每月生活費 30 元仍由中國佛學院提供。這時，他還不滿三十歲。「右派」的帽子，人生的打擊，讓他一度沮喪自責，在 1963 年《三十初度》的詩中表達了自己悲涼的心境：「寄跡空門廿八春，不堪回首憶前塵。罔知阿母生身德，深負尼師養育恩。泊爾林泉消歲月，悠然雲水度晨昏。韶光彈指成辜負，倚枕中宵涕淚橫。」〔註115〕不過，淨慧法師很快就調整了自己的心態，逐漸適應農場的生活，他先參加農業組，又參加養豬組，最後又參加做澱粉，將之作為農禪修行。離開中國佛學院 90 日之後，他在 1964 年元旦詩作《勞動雜韻》中即抒發回歸耕

〔註113〕淨慧法師講述（2012 年 1 月 13 日於四祖寺），錄音音頻資料，湖北黃梅四祖寺 2016 年 4 月製作。

〔註114〕明海法師：《人間菩薩要入泥入水　不能遠離塵俗》（2013 年 4 月 28 日），大公網佛教：http://bodhi.takungpao.com/topnews/2013-04/1579766.html。

〔註115〕淨慧：《三十初度》（1963 年八月），載《經窗禪韻》，天津：百花文藝出版社，2008 年，第 3 頁。另，淨慧法師生日為農曆八月二十七日，故詩中落款「八月」係指農曆八月，即 1963 年 10 月，此時淨慧法師已被中國佛學院送至大興農場勞動。

作淳樸生活的樂觀心態，以及一切都重新開始的美好願景：

（一）

跨出三門〔註116〕九十天〔註117〕，喜逢時序換新年。

長征萬里欣伊始，驀馬風塵好著鞭。

（二）

了卻日常耕作事，挑燈獨坐補衣裳，

生涯自喜歸淳樸，引線穿針興味長。〔註118〕

然而，這種悠然平靜的日子並沒有維繫很久，由於大興農場虧損解散，淨慧法師 1965 年 1 月又被遣送回廣東乳源。臨行之前，他特到中國佛學院向明眞法師拜別辭行。在當時政治環境中，幾乎所有的人都不敢和打成「右派」的淨慧法師說話，唯有明眞法師始終對他關愛有加。淨慧法師作爲中國佛學院第一屆最年輕的本科生之一，他曾滿懷激情來到首都，希望努力學習、力爭上游、弘法利生，將虛雲老和尚所傳的禪宗法脈發揚光大，卻不想在最爲奮發向上的青春歲月被無情批鬥、被打成了「右派」，誠如他詩中所述：「有志乘風追躍馬，無心避世玷金仙。」〔註119〕不過，這種人生跌宕對於有信仰的修行人來說，也是一種逆增上緣，尤其禪宗「平常心」「處處是道場」，淨慧法師也慶幸自己尚且年輕──「抬頭何幸青絲在，贖罪甘膺百鍊堅」〔註120〕，藉此來磨練自己的道心。

因爲他是從廣東乳源雲門寺考入中國佛學院，但當時雲門寺無法接收，所以被安排到乳源瑤族自治縣示範農場勞動改造。乳源示範農場主要有農業組、蔬菜組和經濟組三個大組，淨慧法師在經濟組參加勞動，每天工作 8 小時，種植甘蔗和西瓜，每日出工給 1 元錢。這樣，每個月滿勤仍有 30 元收入，生活尚可。

〔註116〕三門，也作山門，借指寺院。這裡指的是中國佛學院所在地法源寺。

〔註117〕淨慧法師自注：「1963 年 9 月 29 日，余在中國佛學院被錯劃爲右派。9 月 30 日，由院方送至北京大興國務院機關畜牧農場監督勞動。」

〔註118〕淨慧：《勞動雜韻》（1964），《經窗禪韻》，天津：百花文藝出版社，2008 年。

〔註119〕淨慧法師自注：「金仙爲佛陀之別稱。此處泛指佛教。意謂負罪膺勞，有玷山門。」見淨慧：《癸卯除夕》，載《經窗禪韻》，天津：百花文藝出版社，2008 年，第 6 頁。

〔註120〕淨慧法師自注：「金仙爲佛陀之別稱。此處泛指佛教。意謂負罪膺勞，有玷山門。」

　　在乳源期間，淨慧法師重回雲門寺——這裡是他第一次見到虛雲老和尚的地方，也是他受戒、得法的地方。師友相逢感慨良多，淨慧法師既自嘲「萬里蹤萍身負疚，半生潦倒志消磨」，同時也嗟歎「紙上文章終累我」。〔註121〕不過，他也並不消極，表示「惟將熱血忠黔首」「脫胎換骨譜新歌」。〔註122〕

　　之後，乳源示範農場因收不抵支，宣告解散。1969 年 1 月，淨慧法師從廣東乳源示範農場被遣送回老家湖北新洲。當時，淨慧法師面臨兩個選擇，回到親生父母家，或者回到養母仁德尼師的家。1958 年，淨慧法師就已和親生父母恢復了聯繫。他考慮到仁德尼師在當地是被迫還俗，擔心自己戴著「右派」帽子會給她和自己都帶來更大的麻煩，所以決意回到父母老家。因為他俗家父母兄弟都是貧下中農，且長兄是當地公社的基層幹部，至少人身安全能夠有保障，所以淨慧法師最終選擇回到親生父母家中——新洲賀橋黃瓦匠灣。

　　時值「文革」風暴之中，淨慧法師又頂著「右派」帽子，在萬般不得已之下捨戒還俗。雖然佛教戒律允許比丘捨戒七次、出家七次，但對於漢傳佛教僧人來說，捨戒還俗有時會被詆毀為道心退失。50 年代國家倡導僧人還俗參加工作勞動，淨慧法師卻意志堅定去雲門求戒學法。1969 年他回到家鄉捨戒還俗〔註123〕，其中具體的原委不得而知。這一年，剛好也是虛雲老和尚圓寂十週年。或許是心中堅守了十年，卻看不到佛教的希望，而回到家鄉則必須要保護自己和家人不受太多牽累——因為「文革」中禁止一切宗教活動，僧尼被視為牛鬼蛇神，是「橫掃」的對象，寺廟僧眾大多被迫還俗。還俗之後，他也在詩作中流露出自責和愧疚，「自虧大節增長喟，檮杌歌成愧未休」。〔註124〕在晚年口述有次春節除夕守夜結束之後回家，淨慧法師接連

〔註121〕淨慧：《重遊雲門留贈師友》（1965 年五月），載《經窗禪韻》，天津：百花文藝出版社，2008 年，第 9 頁。馬明博將「紙上文章終累我」注釋為「1962年，虛雲老和尚圓寂三週年之際，師（淨慧法師）編輯《虛雲和尚法匯續編》油印流通」。但這個解釋可能有欠妥當，再結合前面智悲法師的檔案資料，筆者揣測此句指的應當是寫報告、寫心得等材料而「因言獲罪」。

〔註122〕黔首，戰國時期和秦代對「百姓」的稱呼，這裡指「人民」。見淨慧：《重遊雲門留贈師友》，載《經窗禪韻》，天津：百花文藝出版社，2008 年，第 9 頁。

〔註123〕據明海法言：「1969 年師父（淨慧法師）捨戒現白衣身被遣送回湖北新洲老家務農。」見明海法師：《入泥入水菩提路　亦詩亦禪自在人——紀念恩師淨慧上人》，《法音》，2013 年第 5 期。

〔註124〕淨慧：《韻懷》（1972 年 2 月 15 日），載《經窗禪韻》，天津：百花文藝出版社，2008 年，第 12 頁。馬明博在「自虧大節增長喟」注釋為「師（淨慧法

三次說的都是「不是家的家」〔註 125〕，可見他仍對還俗之事難以釋懷，認為俗家並不是「家」，寺廟佛門才是「家」。在那個時代，僧尼還俗後在家鄉也常受到歧視和欺侮，所以淨慧法師並沒有公開自己的經歷和身份，親友給他取名「黃建東」，家鄉父老則因他在家中行二而稱他為「二哥」。但是，鄉鄰們還是知道他的身世，孩童們則戲謔他為「黃和尚」。〔註 126〕此後，直到1978 年，淨慧法師都用的是「黃建東」這個名字，用他的詩來說，這也是「人間歲月隨緣度」〔註 127〕、「巧把時裝當袈裟」〔註 128〕、「漫把白衣當緇衣」〔註 129〕。

　　回到農村，生活更為困苦艱難。原來在北京和乳源農場勞動，每月尚有30 元的收入，但在家鄉每年到頭總共才能分得不到 20 元錢。並且，體力勞動更為繁重，挨餓、生病幾乎是家常便飯。而且，淨慧法師頂著「右派」的帽子，勞動中有時也會被人故意為難。然而，他也不以為苦，而是將耕讀作為修行，時時提起正念，用禪門的方式來保持內心的覺照，不被逆境所轉。例如，有次過春節，大隊書記說，階級敵人不能過春節，就派他去守夜，淨慧法師形容當時的境況：

> 一個人坐在稻草堆裏，是不是感到淒涼呢？也偶而有那種感覺。但是，提起正念，想到因果報應，這就是我前世做了惡，今生要受此報應。想想歷代祖師，想想諸佛菩薩，在因地中修行所吃的苦、所做出的犧牲，再比比我當時的那種處境，覺得馬上就心地清涼了。〔註 130〕

　　　師）在湖北鄉下勞動時，無法著僧裝，只能過普通人的日子」，即「還俗」隱語。若只是因為「無法著僧裝」，不能稱為「自虧大節」，且當時全國僧尼皆無法穿僧裝。

〔註 125〕淨慧法師講述（2012 年 1 月 13 日於四祖寺），錄音音頻資料，湖北黃梅四祖寺 2016 年 4 月製作。其中，三次提及，「往不是家的家中走」「走到不是家的家中」「走回不是家的家」。

〔註 126〕何燕生：《粗茶淡飯貧中味　因學勤耕樂有餘——回憶「文革」中的淨慧長老》，《正覺》，2014 年第 1 期。

〔註 127〕淨慧：《四十初度》（1973 年農曆八月二十七日），載《經窗禪韻》，天津：百花文藝出版社，2008 年，第 14 頁。

〔註 128〕淨慧：《和化石老人原韻》（1977 年春節），載《經窗禪韻》，天津：百花文藝出版社，2008 年，第 35 頁。

〔註 129〕淨慧：《赴京前夕諸上善人雅集預送，書此奉贈》（1978 年農曆臘月二十四日），載《經窗禪韻》，天津：百花文藝出版社，2008 年，第 76 頁。

〔註 130〕淨慧法師講述（2012 年 1 月 13 日於四祖寺），錄音音頻資料，湖北黃梅四祖

　　淨慧法師畢竟自小出家，佛教信仰非常堅固。佛教的善惡因果報應觀念，使他在思想上能夠接受這種逆境，心裏不起對抗，認爲這是前世惡業在今生的果報，乃是自作自受。他也常常想起虛雲老和尙在「雲門事件」發生之後的教導──「這是業力感召，不要怨天尤人」。〔註131〕在這種困頓的環境裏，對虛雲老和尙的懷念和思慕，也給他帶來了很強大的精神力量。即使在「文革」期間，他也一直隨身珍藏著虛雲老和尙的髮舍利，並且偷偷地保存著自己在雲門寺受戒後身披祖衣的那張照片。〔註132〕他說：「這個十幾年的曲折的過程，能夠走過來，其中最大的精神力量，還是（虛雲）老和尙對我們的期望，還是（虛雲）老和尙的加持，還是（虛雲）老和尙的戒源法乳之恩，在不斷地鞭策著自己，才能夠走過這樣一個艱難的人生歷程。」〔註133〕

　　淨慧法師所言的這種「艱難」，並非僅是物質生活層面的艱苦或「右派」帽子的政治壓力，更有心理上深深的自責、愧疚和悔恨。這種「贖罪」般的心結一直伴隨了他的後半生。他在詩作中常常表達「負罪」「負疚」「愧」「錯」「恥」的情感。如「一錯胸中恥百年……贖罪甘膺百煉堅」〔註134〕，「萬里蹤萍身負疚」〔註135〕，「負疚還鄉事事羞」〔註136〕，「七唱我還鄉，負疚難忘」〔註137〕等。淨慧法師門下弟子在注解「罪」「疚」等緣由時，皆將之歸因爲編印《虛雲和尚法彙全集續編》以致被打成「右派」。爲師尊虛雲老和

　　　　寺 2016 年 4 月製作。

〔註131〕淨慧：《雲水舊蹤──淨慧老和尚訪談》（2004 年 4 月於湖北當陽玉泉寺），明海法師提供。

〔註132〕據何燕生（日本郡山女子大學宗教學系教授）講，淨慧法師在「文革」後期曾拿出青年受戒後的照片給他看，問他：「你看這像誰？」何燕生當時年少，從未見過袈裟，並不認得。淨慧法師告訴他，自己曾經是出家人的身份，還小心翼翼拿出虛雲老和尚舍利給他瞻仰──舍利用白布包裹，外面用紙包著，並且囑咐他：「你知道就行了」，「不要到外面去說」。何燕生講述，見《生活禪者》紀錄片（上集），柏林禪寺，2017 年 4 月製作。

〔註133〕淨慧法師自述，見《生活禪者》紀錄片（下集），柏林禪寺，2017 年 4 月製作。

〔註134〕淨慧：《癸卯除夕》（1964 年二月十二日），載《經窗禪韻》，天津：百花文藝出版社，2008 年，第 6 頁。

〔註135〕淨慧：《重遊雲門留贈師友》（1965 年五月），載《經窗禪韻》，天津：百花文藝出版社，2008 年，第 9 頁。

〔註136〕淨慧：《韻懷》（1972 年二月十五日），載《經窗禪韻》，天津：百花文藝出版社，2008 年，第 12 頁。

〔註137〕淨慧：《浪淘沙之七》（1977 年二月一日），載《經窗禪韻》，天津：百花文藝出版社，2008 年，第 30 頁。

尚整理文稿固然是不合當時的政治形勢,但這是他報答師恩的願心,怎麼會「錯」「恥」「負疚」呢?並且,他 1990 年剛到河北佛教協會主持工作,就立即將 1962 年的油印本《虛雲和尚法彙全集續編》鉛印流通。〔註138〕再者,假如認為是因為「右派」身份而感到「愧」「恥」,這個「十大罪狀」的「右派」帽子本就冤屈,又何至於要「贖罪」呢?因此,「罪」「疚」「愧」「恥」等所指,絕非是因編印《虛雲和尚法彙全集續編》或被打成「右派」。內中的隱情,其實他在詩句當中已有一些透露。

1964《癸卯除夕》詩言:

> 爆竹聲聲動天地,鏡中獨自對慚惶。
> 三生石上勞千日,一錯胸中恥百年。
> 有志乘風追躍馬,無心避世玷金仙。
> 抬頭何幸青絲在,贖罪甘膺百鍊堅。〔註139〕

這首詩,隱喻甚多。其中第三句,淨慧法師有自注云:「負罪膺勞,有玷山門。」〔註140〕表面上看,這首詩好像是說被打成「右派」下放到農場勞動,自感有損於佛門,然自己尚且年輕,更應積極誠心改造——但是仔細追究,涵義不盡如此。除夕夜,爆竹聲中對鏡獨坐,內心「慚惶」,感到羞愧惶恐,是因為「一錯胸中恥百年」,犯了足以一輩子羞恥的錯誤。可是,這讓他胸中恥百年的「一錯」到底是什麼呢,令他發願要用餘生來「贖罪」?

在 1965 年《重遊雲門留贈師友》詩中,淨慧法師曾直言「紙上文章終累我」。〔註141〕1973 年《四十初度》詩中又言「本與雲門為後進,誰期賈島作前身」,自注云「余於虛公座下得戒、得法,何期因緣多逆,未能傳法度生,反作三家村中罪人!」〔註142〕「三家村」,是「文字獄」的代稱,被扣以「三家村」帽子即為「反黨反社會主義的毒草」。淨慧法師感歎自己前生是唐代詩人賈島(779~843 年),此句頗耐人尋味。賈島早年因家貧而為僧,因詩受教

〔註138〕詳見淨慧編輯:《虛雲和尚法彙續編》之序言和後記,河北省佛教協會印行,1990 年。

〔註139〕淨慧:《癸卯除夕》(1964 年二月十二日),載《經窗禪韻》,天津:百花文藝出版社,2008 年,第 6 頁。

〔註140〕淨慧:《癸卯除夕》(1964 年二月十二日),載《經窗禪韻》,天津:百花文藝出版社,2008 年,第 6 頁。

〔註141〕淨慧:《重遊雲門留贈師友》(1965 年五月),載《經窗禪韻》,天津:百花文藝出版社,2008 年,第 9 頁。

〔註142〕淨慧:《四十初度》(1973 年農曆八月二十七日),載《經窗禪韻》,天津:百花文藝出版社,2008 年,第 14 頁。

於韓愈，後還俗參加科舉，屢試不第，直到 840 年才出任長江縣主簿。他曾作《病蟬》一詩諷刺公卿，得罪當朝權貴，他們說賈島「撓擾貢院」，將他驅逐關外，號爲「十惡」。這是唐代有名的科舉冤案。淨慧法師說自己的前世是賈島，因兩者都善詩，且同樣是幼年出家，中年還俗，被扣以「十惡」之名驅逐出京，經歷實在相似──這也表明淨慧法師自己同樣是蒙冤獲罪。而連累他的「紙上文章」指的就是「文字獄」，即在政治運動中所提交的各種書面材料，被人故作文章，因言獲罪。

在《水調歌頭・紀事》和《即事》二首詩中，淨慧法師表達得更爲直接：

> 十五年前事，做錯了文章。
> 今古文人之累，利鎖與名韁。
> 我本愚氓無識，辜負名山事業，自笑太荒唐！
> 負疚還桑梓，鯉對每慚惶。
> ……，……，
> 幸得容顏未老，豈敢蹈常襲故，虛費好時光。
> 丟掉包袱後，前路正康莊！〔註143〕

> 十五年前事，撫躬咎自知，
> 含愁看北斗，揮淚別京師。
> 寄棹窮途日，編茅獨善時，
> 東風吹落帽，浣手寫新詞。

> 十五年前事，從頭較短長。
> 閒拋心寸寸，豈料禍泱泱。
> 事久人心見，葵傾性向陽。
> 沉冤昭雪後，振翮海天翔。〔註144〕

這兩首詩中所言的「十五年前事」，指的約是 1961 年發生的事情，這也與《癸卯除夕》1964 年詩中的「勞千日（三年）」之前（即 1961 年）相一致。其原因是「做錯了文章」，向黨交心，直言不諱，結果「閒拋心寸寸」，遭致

〔註143〕淨慧：《水調歌頭・紀事》（1976 年十一月），載《經窗禪韻》，天津：百花文藝出版社，2008 年，第 27 頁。

〔註144〕淨慧：《即事》（1978 年六月），載《經窗禪韻》，天津：百花文藝出版社，2008 年，第 68 頁。

「禍泱泱」。淨慧法師特別感歎,「今古文人之累,利鎖與名韁」,他自己也未能逃出,在中國佛學院期間「愚氓無識」,受人誘騙蠱惑,寫下檢舉、揭發、中傷師友的文字,故深感「撫躬咎自知」「自笑太荒唐」。另一方面,儘管被錯劃爲「右派」,自覺辜負虛雲老和尚期望和祖師道場培育,但他也仍對未來存有一定信心,因爲按照佛教的說法,一切都是無常的,都會發生轉變。他相信「事久人心見,葵傾性向陽」,希望自己能夠「沉冤昭雪」,再爲佛教、爲社會做出一番事業來。

在淨慧法師 1963 年至 1978 年的詩作中,儘管常見哀愁、低落、自責、悲涼的心境,但是每首詩的結尾字句多是比較振奮、樂觀、向上的,如「百鍊堅」「脫胎換骨普新歌」「山河萬里新天地,一體同沾化雨恩」「丟掉包袱後,前路更康莊」「東風吹落帽,浣手寫新詞」「振翮海天翔」等,這也是很突出的一個特點。

「右派」生涯的 15 年,淨慧法師沒有在厄難的環境中消沉,而是秉持「雲門事變」之後的虛雲老和尚的教導──將其作爲業報,安忍不動,歷練身心,以待時機。雖然務農勞作,但他始終沒有間斷讀書,一直耕讀爲樂,增長自己的道業。如《新居落成題壁》詩言:「喜近松林築小居,也藏鋤鎬也藏書。粗茶淡飯貧中味,困學勤耕樂有餘。」〔註145〕《農餘雜韻》詩言:「一盞清茶一炷香,農餘飯後讀書忙。」〔註146〕他堅持吃素和讀書,在農閒時候常讀范文瀾的《中國通史》和古典詩詞,每天早晚以及及勞動休息時也常打坐修行。儘管他也偶有徘徊,自嘲「早知生計還如此,不讀詩書早種田」〔註147〕,但內心深處仍期待有朝一日佛法能夠重興,將虛雲老和尚所傳法脈發揚光大。

1973 年,國家撥款修繕武漢歸元寺,以「翠微公園」名義對外開放。〔註148〕當時,淨慧法師在中國佛學院期間的老同學昌明法師在寺中做管理員。1974 年,淨慧法師到武漢歸元寺探訪昌明法師,並得知顯光法師(化石老人)、心滿老和尚、一如法師等師友同學下落,先後恢復聯繫。昌明法師

〔註145〕淨慧:《新居落成題壁》(1972 年 1 月 3 日),載《經窗禪韻》,天津:百花文藝出版社,2008 年,第 10 頁。

〔註146〕淨慧:《農餘雜韻》(1975 年夏),載《經窗禪韻》,天津:百花文藝出版社,2008 年,第 21 頁。

〔註147〕淨慧:《晨炊寫意》(1977 年四月二十一日),載《經窗禪韻》,天津:百花文藝出版社,2008 年,第 37 頁。

〔註148〕昌學湯:《漢陽歸元寺史話》,武漢:華中師範大學出版社,1989 年,第 78 頁。

生活相對穩定，每月工資 37 元錢，不時接濟淨慧法師，幫助淨慧法師在農村度過挨餓的難關。顯光法師、心滿老和尚時常與淨慧法師詩詞唱和，相互給予慰藉和支持，鼓勵他要有信心弘揚佛法。例如，心滿老和尚特來家中教導淨慧法師說：「這個佛法很快就會好了，我們大家有信心度過這個難關，將來佛教的弘揚還有待年輕人，讀過佛學院的人，你們將來還有很大的責任！」〔註149〕淨慧法師深以為是。他在 1976 年《元宵贈友》詩中，就寫到「應從俗諦歸真諦，了卻塵緣結淨緣；莫道此生虛浪置，好將鐘鼓續薪傳」〔註150〕，發願有朝一日能夠重現比丘身，弘法利生，恢復禪宗道場，傳續佛法命脈。1977 年淨慧法師重訪武漢卓刀泉寺，這是他正式拜師、剃度和讀書修行的地方，相隔 28 年故地重遊，不禁流連感歎，「願策駑鈍馬，乘風好向前」——淨慧法師對佛教事業有著強烈的使命感，希望自己能為社會時代、為佛教振興貢獻一份力量。

　　屬實而言，比起佛教界受到衝擊的一些法師來說，淨慧法師這 15 年「右派」歲月可能還算是相當「平安」的。如巨贊法師、本煥法師、佛源法師、惟賢法師、清定法師、夢參法師等一批僧人都曾被捕入獄，有的長達 30 餘年。還有些僧人在「文革」中遭到凌辱，甚至被毆打致殘、致死。而淨慧法師在「文革」風暴中在家鄉務農，雖然頂著「右派」帽子，卻也幾乎沒有受到任何波及。〔註151〕這批經歷並且堅強挺過「文革」的佛教僧人，都有一個明顯特點——信仰堅固。他們將磨難、困苦、監獄、歧視等一切逆境違緣視為修行的考驗，用信仰降伏內心的煩惱，默默地堅守和等待。比如巨贊法師就說，倘若沒有關進監獄，自己可能會被紅衛兵打死，「關進去就安全了，實際是把我保護起來了」，他在獄中專心禪定「觀鼻端白」，「要是平時，我工作很忙，要開會，要出國，要接待各方面的人士」，獄中「有七年時間專門練禪定，我的層次就上去了，你能不感謝！」〔註152〕而夢參老和尚獄中曾一度想要自盡，

〔註149〕淨慧：《雲水舊蹤——淨慧老和尚訪談》（2004 年 4 月講於湖北當陽玉泉寺），明海法師提供。

〔註150〕淨慧：《元宵贈友》（1976 年二月十四日），載《經窗禪韻》，天津：百花文藝出版社，2008 年，第 24 頁。

〔註151〕然而，淨慧法師目睹「文革」中對宗教的迫害，心有餘悸。他住持柏林寺時候，特意選用石料雕成佛像，就是擔心木雕泥塑和金銅佛像在「法難」時太容易被毀壞，而石佛由於重量大、不值錢，反而可能躲過一劫，留存後世。

〔註152〕魏承彥：《憶中佛協「四高僧」之量大學博的巨贊法師》，佛教在線：http://www.fjnet.com/rw/nr/201401/t20140116_217196.htm，2014 年 01 月 16 日。

但因夢到有人扶自己登座講經，想到日後還有可能會再升座講法，於是靠虔心持念觀想「假使熱鐵輪，於汝頂上行，終不以此苦，退失菩提心」偈語，度過獄中 32 年的漫長歲月。淨慧法師對 15 年的「右派」生涯的坎坷磨難，也是心懷感恩，他嘗說：

> 也正是這段生活，磨練了自己的性格，使身心變得越來越調柔，越來越堅強。〔註153〕

> 沒有這些經歷，我不知道人生的痛苦究竟有多大，不知道這種經歷。沒有這種經歷，就不知道一個失去自由的人怎樣地過日子。不過，我那時已經快四十歲了，我還能正確地面對所遭受的一切，那就是因為我信仰很堅定、信心很堅定。在我的內心來講，我充滿信心，我覺得這一切都是暫時，因為一切法無常嘛！痛苦是暫時的，「右派」帽子儘管戴了十五年，但是在整個人生的歷程當中還是很短暫的。〔註154〕

> 儘管是，在我的最好的時間，是在這個 15 年度過了，但是從人生的經歷來講，這 15 年呢，我現在還在受用。我能夠有現在這樣一種胸懷，能夠有現在這樣一個體魄，對各種事情有一定的經驗，都是這 15 年當中積累起來的。所以，我也很感謝這 15 年。〔註155〕

雖然頭戴「右派」帽子，被迫離開寺院，但淨慧法師仍非常感念這段坎坷的經歷。這令他不斷歷練和成長，使他的信仰更為堅定，弘法的願心更為強大，也更珍惜改革開放之後的時節因緣來開展佛教的弘法事業。這 15 年「右派」的世俗經歷，是他在紅塵中的歷練，也是他後來被弟子、信眾尊為「人間菩薩」的一個重要緣由。

2.4　僧伽身份的恢復

2.4.1　中國佛教協會恢復工作

中國佛教協會成立於 1953 年，儘管在 1966 年 8 月 26 日受到衝擊一度中

〔註153〕明建：《淨慧長老的晚年感言：痛苦將身心調柔》，黃梅四祖寺，http://www. hmszs.org/，2013-06-29。

〔註154〕淨慧法師講述（2012 年 1 月 13 日於四祖寺），錄音音頻資料，湖北黃梅四祖寺 2016 年 4 月製作。

〔註155〕淨慧法師自述，見《生活禪者》紀錄片（上集），柏林禪寺，2017 年 4 月製作。

斷工作數年〔註 156〕，但因國際交流的需要，中國佛教協會在「文革」末期開始承擔佛教外交工作，接待國際友人等，得以實現恢復部分寺廟。

1972 年，爲了迎接斯里蘭卡總理班達拉奈克夫人訪華，周恩來總理頂住「極左」思潮的壓力，批示修復北京廣濟寺和白塔寺兩座寺廟，並撥款 500 萬元。〔註 157〕當時，北京各寺已無法找到一堂完整的羅漢像，廣濟寺三世佛兩側的羅漢像係從北京市文物局庫藏取用。廣濟寺修復工程進展迅速，特聘請了故宮博物院修復廠的高級技工和修復專家全力搶修，在兩個月內即竣工。〔註 158〕這是「文革」之後，國內修復的第一座寺院。〔註 159〕不久，正果法師也被調回北京，負責接待斯里蘭卡總理班達拉奈克訪問廣濟寺，同時協助趙樸初開展中國佛教協會對外友好交流工作。

1972 年，日本首相田中角榮訪華，提出想參訪天台國清寺的請求。因爲他的母親是天台宗信徒，國清寺是日本天台宗的祖庭，故特叮囑他代自己去朝拜祖庭。由於時值「文革」期間，周恩來總理擔心國清寺也難逃厄運，於是以「寺廟正在修繕」爲由婉轉拒絕了，並表示等修好之後一定邀請他前往。雖然田中角榮首相並未成行，但卻促使國清寺在周總理直接過問下，由國家撥款修繕開放。1973 年 3 月 24 日，國務院下發《國務院批轉外交部、宗教局關於整修天台山國清寺等問題的請示報告》文件，撥款 30 萬元，同時從北京調運大量佛像、法器，使國清寺在 1975 年前完成了修復。1975 年 10 月，國清寺接待日本天台宗第 253 代座主山田惠諦長老訪華團一行 13 人，促進佛教友好交流。〔註 160〕

1973 年，中國佛教協會在北京廣濟寺恢復辦公。1973 年 5 月 13 日，周恩來總理接見美籍華人趙元任和楊步偉夫婦，楊步偉是金陵刻經處創始人楊仁山的孫女。會談之後，周總理安排趙樸初保護並恢復金陵刻經處。1973 年 5 月，「日中友好宗教者懇話會」西川景文一行訪問中國佛教協會，並在廣濟

〔註 156〕「文革」初期，中國佛教協會仍然承擔工作。如：1966 年 6 月，日本臨濟宗訪華團參拜北京廣濟寺，舉行隆重法會。6 月 15 日，郭沫若接見日本臨濟宗訪華團名譽團長古川大航、團長山田無文等人。

〔註 157〕倪強、黃成林：《趙樸初傳》，北京：人民出版社，2017 年，第 172～173 頁。

〔註 158〕徐威：《廣濟寺》，北京：華文出版社，2003 年，第 55～56 頁。

〔註 159〕黃炳章：《四十年全國寺院修復的回顧》，載中國佛教協會編：《中國佛教協會成立四十週年紀念文集》，中國佛教文化研究所，1993 年。

〔註 160〕倪強、黃成林：《趙樸初傳》，北京：人民出版社，2017 年，第 172～173 頁。

寺舉行祝願中日人民友好法會。〔註161〕這樣，中國佛教協會圍繞接待和外交而逐步恢復部分工作，如：1975 年 4 月 14 日至 24 日，接待日本北法相宗宗務總長、日中友好佛教協會秘書長松本大圓等 3 人；1975 年 5 月 4 日，爲柬埔寨西哈努克親王的母親哥沙曼王后在靈光寺舉行火葬；1975 年 5 月 14 日至30 日，接待「日中友好天台訪華團」山田惠諦一行 13 人；1976 年 5 月 17 日至 6 月 1 日，接待「日中友好佛教協會代表訪華團」道端良秀一行 18 人，等等。

1978 年中共十一屆三中全會之後，黨中央、國務院高度重視宗教工作，保證宗教信仰自由政策的貫徹落實，並頒發了系列重要文件。在各地政府大力支持下，北京雍和宮、盧山東林寺、杭州靈隱寺、廣東南華寺、上海龍華寺等都得到修復。〔註162〕中國佛教協會也在粉碎「四人幫」之後正式恢復日常工作，並幫助修復揚州大明寺、西安香積寺、善導大師塔、嵩山少林寺、洛陽白馬寺、南京靈谷寺、棲霞寺、蘇州靈巖寺、鎮江焦山定慧寺、寧波天童寺、寧波阿育王寺、北京法源寺等。〔註163〕

1980 年 12 月，中國佛教協會召開第四屆全國代表大會——這次會議，距離第三屆全國代表大會整整相隔 18 年。這次大會，標誌著中國佛教協會工作的全面恢復。

2.4.2 摘掉「右派」帽子

淨慧法師在「文革」後期與昔日師友逐漸恢復聯繫之後，敏銳地體會到政治形勢的好轉，並且相信佛教會再次復興。尤其是 1972 年中日兩國正式建立外交關係之後，中國佛教協會多次接待日本佛教友人訪華交流，恢復了部分工作。在湖北，武漢歸元寺也於 1973 年修繕開放。

歸元寺是武漢佛教四大叢林之一，文物古蹟眾多，「文革」中幸賴昌明法師等僧眾及當地領導幹部保護，尤其昌明法師 1968 年上書周恩來總理，寺廟和文物才免遭滅頂之災。周總理批示武漢部隊：「各級黨委按照保護國家名勝古蹟的政策加以保護。」〔註164〕1969 年，武漢警備區出面，將寺內「造反派」

〔註161〕趙樸初：《中國佛教協會三十年》，《法音》，1983 年第 6 期。
〔註162〕趙樸初：《中國佛教協會第三屆理事會工作報告》（1980 年 12 月 16 日），《法音》，1981 年第 1 期。
〔註163〕趙樸初：《中國佛教協會第三屆理事會工作報告》（1980 年 12 月 16 日），《法音》，1981 年第 1 期。
〔註164〕昌學湯：《漢陽歸元寺史話》，武漢：華中師範大學出版社，1989 年，第 82 頁。

驅逐，1971 年又將漢陽儀表廠、漢陽綜合五金廠從寺中遷出。1973 年鄧小平主持工作，歸元寺正式修復。

　　昌明法師是淨慧法師在中國佛學院的同學，淨慧法師自 1974 年和昌明法師恢復聯繫後，從他那裡聯絡到了很多師友，並獲得了有關國家政策和宗教方針的一些訊息。

　　淨慧法師自被打成「右派」離開北京之後，始終對中國佛學院求學生涯念念不忘，那裡曾是中國佛教最頂級的學府。他甚至數次夢見自己回到北京與師友重逢，如 1973 年《紀夢》云：「夢中三夜到京城，師友重逢笑語頻。」〔註165〕儘管他在中國佛學院被打成「右派」，但回憶在京這段求學經歷，淨慧法師依然難掩喜悅激動之情，如他 1977 年《浪淘沙》詞言：

　　　　六唱赴京城，喜氣盈盈！九州萬國擁天庭。

　　　　百族共和興大業，一統乾坤。

　　　　雨露澤斯民，潤及緇林。莘莘學子集都門。

　　　　吸古納今爭上進，期續傳燈。〔註166〕

　　他一共做了八首《浪淘沙》來「漫寫生涯」，前七首分別對應自己出生、童真出家、武漢修學、雲門隨侍虛雲老和尚受戒得法、雲門寺農禪、中國佛學院學習、「右派」還鄉耕讀的人生經歷，最後一首是總結。赴京求學，是其中的第六首。淨慧法師覺得自身肩負虛雲老和尚所傳禪宗五家法脈，有責任將之傳續發揚光大，因此他在中國佛學院期間積極上進，努力報效國家。即使在他被打成「右派」的人生低谷，在「文革」風暴最艱難的歲月，他也不忘虛雲老和尚的殷殷期許，始終秉持著一種神聖而義不容辭的使命感——「莫道此生虛浪置，好將鐘鼓續新傳」〔註167〕，希望有生之年能為振興佛教貢獻一份力量。

　　得知中國佛教協會恢復工作的消息後，淨慧法師於 1978 年 3 月 9 日寄信明真法師和正果法師。明真法師和正果法師是淨慧法師在中國佛學院讀書期間的兩位老師，是當時佛教界公認的大德高僧，在中國佛教協會協助趙樸初會長工作。其詩曰：

〔註165〕淨慧：《紀夢》（1873 年八月六日），載《經窗禪韻》，天津：百花文藝出版社，2008 年，第 13 頁。

〔註166〕淨慧：《浪淘沙》六（1977 年 2 月 1 日），《經窗禪韻》，天津：百花文藝出版社，2008 年，第 29 頁。

〔註167〕淨慧：《元宵贈友》（1976 年 2 月 14 日），《經窗禪韻》，天津：百花文藝出版社，2008 年，第 24 頁。

呈明真、正果兩法師

教楚盛事憶當年，桃李盈門化雨綿。

啓迪甄陶飲德範，執經問難負薪傳。

導師垂教僧堪訓，社鼠瓷殘恨忍言。

此日華光騰玉宇，青松不老頌堯天。〔註168〕

　　明真法師和正果法師收到來信後很快覆信，正果法師還特回贈給淨慧法師一部《唐詩選》。這也是自 1963 年淨慧法師被打成「右派」被迫離京之後與正果法師等首次恢復通信。他《謝正果法師贈〈《唐詩選》》言：「憶昔列門度，晨各教益親。一從歸隴畝，萬里隔音塵。玉宇陰霾淨，群芳雨露親。唐詩選寄我，步武慰師情。」〔註169〕詩中一方面表達師生情深，一方面也委婉流露出希望能夠蒙師長幫助而能有所作爲的心願。這種情感，在他寫給趙樸初的詩作中更爲明顯：

呈趙樸初居士

京門違杖履，幾度望高松。

翠葉恒棲鳳，虬枝擬化龍。

玉濤千籟共，嘉蔭百花同。

天地無私意，還憑造化功！〔註170〕

　　當時，淨慧法師有兩個迫切的願望，一是希望能夠得到趙樸初的幫助，重新投身於中國佛教恢復發展的事業之中。二是希望能夠落實政策，摘掉「右派」帽子。

　　根據 1978 年 4 月 5 日中共中央頒布的《中共中央批准統戰部、公安部〈關於全部摘掉右派分子帽子的請示報告〉》文件，淨慧法師也得以摘掉「右派分子」的帽子。不過，因他在家鄉用的是俗名「黃建東」——這是他 1969 年回鄉後親友給他取的新名字，而被劃爲「右派」的名字是「淨慧」，所以他的摘帽過程也頗費一番周折，當地政府部門特與中國佛教協會、國務院宗教事務局、中央統戰部等單位進行核實，最後才給淨慧法師摘帽、恢復名譽，

〔註168〕淨慧：《呈明真、正果兩法師》，（1978 年 3 月 9 日），《經窗禪韻》，天津：百花文藝出版社，2008 年，第 62 頁。

〔註169〕淨慧：《謝正果法師贈〈《唐詩選》〉》（1978 年 6 月 8 日），《經窗禪韻》，天津：百花文藝出版社，2008 年，第 69 頁。

〔註170〕淨慧：《呈趙樸初居士》（1978 年 5 月 10 日），《經窗禪韻》，天津：百花文藝出版社，2008 年，第 66 頁。

先後安排在農村小學和賀橋太平中學任教。

　　由於那時中國佛教協會正式恢復不久，急需人才，而淨慧法師是中國佛學院培養的第一屆本科生和研究生，所以在趙樸初、正果法師等人的努力下，將淨慧法師調至中國佛教協會。1978 年冬由中央統戰部發函，將淨慧法師等中國佛學院畢業的部分學員調到北京工作。

2.4.3　僧裝和戒律的恢復

　　1979 年 2 月 8 日，淨慧法師重回北京，先被安排在廣濟寺照顧明真法師，平日每天 5：00 上早殿，6：00 清掃衛生，8：00 整理文物，有外賓來參觀就接待外賓。廣濟寺雖然有早晚上殿功課，主要工作仍是接待外賓，僧裝也未完全恢復，只在接待來賓和法事活動時候穿著。不久，佛源法師來北京照顧明真法師，淨慧法師負責照顧法尊法師。法尊法師當時是中國佛學院的院長，於 1980 年 12 月 14 日圓寂——這天距離「文革」後召開的第四屆全國佛教代表會議僅僅相隔一天，但那時淨慧法師等僧眾亦不能每日身著僧裝，平常仍是俗裝，故而中國佛教協會的工作人員多稱他為「小黃」〔註 171〕，也有的知道他是僧人，稱他為「淨慧師」「淨慧法師」〔註 172〕。

　　那時，北京佛教界的風氣仍然比較保守，佛教主要是以接待外賓為中心任務——「文革」之後的佛教恢復也正是以此為契機才實現的。就如趙樸初所指示的，將僧尼集中起來，做三項工作：「1. 宗教工作，早晚功課，念三次佛。時間不要太長；2. 園林工作，適合宗教徒做的工作，保護文物古蹟；3. 有外賓來，做接待工作。」他還特別強調，「外賓如是宗教徒，我們就用宗教儀式、宗教制度、宗教語言接待。信教加友誼，本身就是政治，不必另談政治。」〔註 173〕

　　長期以來，獨身、素食、僧裝都是中國漢傳佛教的顯著標誌，尤其剃髮僧裝是出家僧尼與俗眾不同的外在形象。但是，「文革」期間，僧尼被趕出寺廟還俗，蓄髮俗裝。1978 年 11 月 19 日，趙樸初在江蘇視察鎮江定慧寺、江天禪寺時，曾特就出家僧尼服裝與茗山法師諮商。趙樸初問：「僧尼穿什麼服

〔註 171〕有關法尊法師的憶述，詳見淨慧：《分享》（2007 年 7 月 26 日），載《夏令營的腳步：柏林禪寺生活禪夏令營》，趙州柏林禪寺，2014 年，第 350～351 頁。

〔註 172〕茗山法師 1982 年的日記，就是同時稱呼「淨慧法師」「黃建東（即淨慧師）」。見茗山：《茗山日記》，上海：上海古籍出版社，2002 年，第 226、285 頁。

〔註 173〕茗山：《茗山日記》，上海：上海古籍出版社，2002 年，第 15 頁。

裝？你的意見怎麼樣？」茗山法師說：「平時就著中褂，外賓來，宜穿黃袍接待，較爲莊重。在園林裏遊人看見幾個和尚僧裝，也可點綴風景。」〔註174〕可是，那時僧眾普遍恢復僧裝仍面臨著一定的社會壓力和政治風險，他們也不敢貿然穿著僧裝。例如，佛源法師 1979 年 4 月 22 日在北京期間寫給慈學法師的信中，描述了北京佛教當時的面貌，他對當時寺廟和住眾頗有看法：

> 法源寺現在只有幾個人，眞正沒有家眷的只有一人……現在佛教徒在北京的外貌是耍把戲一樣，接待外賓是穿僧服，平時都是便服……早些天北京的比丘尼均已動員落髮，重現比丘尼相……觀空老法師與明（眞）上人、正果老法師、巨贊法師仍是獨立孤峰，作象蹴踏。其他則是千變萬化，神妙莫測也。〔註175〕

而從四川成都來京參加 1980 年第四屆中國佛教代表大會的隆蓮法師也憶述了當時情景。她在臨去北京參加會議之前，就自己動手將被迫蓄長的頭髮重新剃去。可是，當她和靜師父二人「完全以尼僧的形象，出現在『文化大革命』後的第一次中國佛教協會代表大會上時，竟引起了人們的驚訝……原來許多僧人剛剛從『文化大革命』的陰影中走出來，尚心有餘悸，不敢恢復僧人的模樣。特別是那些比丘尼代表，更是驚魂未定，憂心忡忡，依然留著長髮，穿著在家人的衣服」。〔註176〕

直到第四屆中國佛教代表大會之後，僧裝才較爲普遍地恢復起來。並且，中斷許久的傳戒也重新恢復了。1980 年 12 月 31 日廣濟寺傳戒，是「文革」之後的第一次公開傳戒。本來，漢傳佛教傳戒，以寶華山系統最爲規範完善，是明清佛教三壇傳戒公認的典範。例如，臺灣佛教自 1954 年獅頭山元光寺舉辦三壇大戒，確立臺灣佛教傳戒基本範式，就是按照大陸寶華山的傳戒制度。其順序爲沙彌十戒、比丘、比丘尼具足戒、在家五戒、菩薩大戒等。〔註177〕但是，1980 年這次傳戒乃是依照一切有部傳戒，乃是專爲中國佛學院學僧授比丘戒，並且趙樸初會長主張不燒戒疤。茗山法師 1980 年 12 月 9 日的日記

〔註174〕茗山：《茗山日記》，上海：上海古籍出版社，2002 年，第 15 頁。

〔註175〕釋明向、馮煥珍編：《佛源妙心禪師廣錄》，上海：上海古籍出版社，2014 年，第 2003～2005 頁。

〔註176〕裘山山：《當代第一比丘尼——隆蓮法師傳》，上海：上海辭書出版社，2007 年，第 141、227 頁。

〔註177〕鄭志明：《臺灣宗教的發展與變遷》，臺北：文津出版社出版，2011 年，第 131～132 頁。

對此有詳細的記述：

　　　　趙樸老（說）：這裡佛學院要受比丘戒，我想請法尊法師爲戒
　　和尚，觀空、明眞、正果、傳印和你法師，只有六位戒師。（中國佛
　　教協會第四屆代表）大會期間，請你們六位商量一下，再留四位清
　　淨持戒的長老，共成十師，大會圓滿後爲學僧們授比丘戒。

　　　　（趙樸初）說：「我主張不燒戒疤，因戒疤從元朝開始，古代
　　也不燒。」

　　　　我（茗山法師）說：「燒戒疤是捨身供佛，這在《梵網經》《藥
　　師經》《法華經》《華嚴經》中都有說明。再者已成是否眞假和尚的
　　標誌，世俗習慣以此辨認僧俗。而且我聞學僧有人要求燒戒疤者。」

　　　　他（趙樸初）說：「請你們幾位戒師商量辦吧！」

　　　　晚與法尊法師商量，他說：「這次傳戒依一切有部傳授，不必
　　依《傳戒正範》，宜簡單，不要燒戒疤。因爲比丘戒不需要燒。菩薩
　　戒在《梵網經》主張燒，《瑜伽菩薩戒本》沒有燒疤之說。」

　　　　我想：他是主，我是客，隨他去吧！等以我爲主時，我當依《四
　　分律》做法。〔註178〕

　　趙樸初早年在《佛教常識問答》中也說：「除了漢族，其他民族都沒有
燒戒疤的規矩。」〔註179〕加之倡導一切有部的法尊法師原定擔任得戒和尚，
所以這次傳戒沒有依照明清佛教傳戒的《四分律》範式。由於佛教剛剛恢復
不久，傳戒時間和受戒人數、儀式規模都有所控制，只針對中國佛學院的學
僧，佛寺儀軌等也十分匆促，不甚規範。傳戒只是 12 月 31 日和元旦，共計
一天半時間。由於法尊法師突然圓寂，得戒和尚由淨嚴法師擔任，寬霖法師
任羯磨和尚，正果法師任教授和尚，超明法師、遍能法師、茗山法師、竺霞
法師、淨如法師、永光法師、惟因法師爲尊證師，傳印法師等擔任引禮師。
茗山法師非常高興這次傳戒，表示佛教傳續有了接班人，但他也不甚認可依
一切有部傳戒，說倘若以後自己傳戒，一定依照《傳戒正範》來，保證戒期，
事先演習、教理、講開示。茗山法師「他是主，我是客」的說詞，表面上是
圍繞戒疤之爭，實際上反映的是秉承的戒本之不同。

　　並且，作爲中國佛教協會會長的趙樸初居士，當時更爲關心的是佛教在

〔註178〕茗山：《茗山日記》，上海：上海古籍出版社，2002 年，第 120 頁。
〔註179〕趙樸初：《佛教常識答問》，《法音》，1982 年第 2 期。

接待外賓方面的作用，對於屬於佛教內部教務方面的傳戒儀軌並不太看重。例如，1978 年 11 月 19 日，趙樸初爲接待外賓事宜視察鎮江定慧寺、江天禪寺時，與茗山法師說：「我們老了，國際交往不是短期的，接待外賓後繼要有人，而且辦事也需要青年人。」茗山法師說：「目前僧尼都老了，沒有青年人。」趙樸初說：「你可以帶徒弟嘛！」茗山法師說：「這要黨和政府許可，又要有地方傳戒、講教才行。」趙樸初說：「政府方面我要去談的，傳戒，十大德就可以了。現在還有青年想學佛想出家嗎？請你注意吸收。」〔註 180〕從趙樸初和茗山法師的談話中，可知趙樸初對傳授比丘戒在意的是十師，而非授戒儀軌及戒律學習。所以，1980 年這次傳戒戒期極短，只是爲中國佛學院學僧專門傳了比丘戒，共 16 壇，計 47 人。

　　1983 年 12 月，中國佛教協會第四屆理事會第二次會議通過了《關於漢族佛教寺廟剃度傳戒問題的決議》，明確提出：「我國漢族地區僧尼受菩薩戒時在頭頂燙香疤一事，是唐以後逐漸形成的一種習慣，並非佛教原有的儀制，因有損身體健康今後一律廢止。」〔註 181〕同時，明確傳授三壇大戒，要由省級佛教協會報請省級宗教事務部門批准，並報中國佛教協會備案，由省級佛協會頒發中國佛協會統一印製的戒牒。會議之後，中國佛教協會於 12 月 13 日至 14 日，再次舉行傳戒，仍是主要針對中國佛學院的學僧。這次傳授沙彌戒、比丘戒、菩薩戒三壇大戒，戒期只有二日，第一日傳沙彌戒和比丘戒，第二日傳菩薩戒。傳戒三師七證爲淨嚴法師、寬霖法師、圓拙法師、明開法師、靜如法師、茗山法師、遍能法師、明學法師、妙湛法師、印廣法師。淨慧法師就是在這次戒期中重新補受比丘戒的，與他一同重補受戒的還有妙善法師、覺海法師、寬忍法師、通果法師等，他們在「文革」期間都曾被迫捨戒還俗，這次又受戒，正式恢復出家比丘身份。〔註 182〕

　　這次傳授三壇大戒，還是短短二天，戒期十分倉促，如茗山法師就在日記中寫下三點不如法處，反思不足：「1. 得戒師年老（90 歲的淨嚴老）不能說戒，由兩膀撐著拐杖的正果代說；又福建圓拙由明學代說，浙江土音又低又快，聽不清，新戒答詞也含糊不清。2. 儀式太簡單，僅一日，什麼儀規也

〔註 180〕茗山：《茗山日記》，上海：上海古籍出版社，2002 年，第 14 頁。
〔註 181〕《中國佛教協會第四屆理事會第二次會議　關於漢族佛教寺廟剃度傳戒問題的決議》，《法音》，1984 年第 2 期。
〔註 182〕茗山：《茗山日記》，上海：上海古籍出版社，2002 年，第 336 頁。

不教，無堂師指導，合掌、跪拜、衣具收展皆不上規矩，不莊重。3. 七尊證全不開口，羯磨不問：『作白成否？』尊證也不回：『成！』」〔註183〕

　　如果按照以前最規範的寶華山傳戒儀軌，依見月律師《傳戒正範》，三壇大戒戒期要足足 53 天，每日都要教導新戒學習律儀。戒期的長短，關係到受戒是否如法如律、規範嚴謹。近代以來，戒期短促的「濫傳戒」一直飽受詬病，被認為是造成佛教衰落的重要原因。中國佛教協會 1980 年、1983 年的兩次傳戒，戒期都僅僅 2 日，十分倉促，這或許是因為佛教恢復不久儀式不甚完備和重視，或許是因為針對的是中國佛學院的學僧——他們在佛學院還有機會系統學習戒律的緣故。

　　中國佛教協會主辦的這兩次傳戒活動，完全廢除了漢傳佛教燒戒疤的習俗，將其視為具有民族歧視和損害身心健康的「陋習」。〔註184〕在 1984 年 4 月 20 日，中國佛教協會正式公布並實施《關於漢族佛教寺廟剃傳戒問題的決議》，在全國範圍內「一律廢止」燒戒疤的舊俗，要求「全國漢族佛教寺廟必須遵照執行」。〔註185〕本來，燒戒疤是僧眾為了捨身供養或斷除我執，而在頭頂燃香所留的疤痕。《梵網經‧菩薩心地戒品》甚至說：「若不燒身、臂、指供養諸佛，非出家菩薩。」〔註186〕戒疤有一、二、三、六、九、十二個等多種，根據個人發心而燃香數量不同，菩薩戒一般需燃頂 12 個香疤。例如，虛雲老和尚擔任得戒和尚傳戒，就要求受戒者必須一律燃頂 12 柱香。解放前期南華寺傳戒，個別新戒擔心國共戰事不明，擔心一旦燃頂後還俗會遭遇歧視，結果遭致虛雲老和尚震怒，將不願燃頂者一律遷單，取消受戒資格。〔註187〕可見，歷史上佛教對燃戒疤十分重視，甚至視之為合格僧人之所必需及區別僧俗的標誌。儘管中國佛教協會聲明廢除了燒戒疤，但是新戒中每每仍有發

〔註183〕茗山：《茗山日記》，上海：上海古籍出版社，2002 年，第 336 頁。
〔註184〕例如，這是當時介紹戒疤的一則常見文字：頭頂燙香疤，在傳戒時進行，故名戒疤，亦名「燃頂（燃頂）」，作為出家終身誓。以這種殘害身體的苦行來表示內心的篤誠，本是印度婆羅門教的傳統，與佛教教義相悖。佛教傳戒並無燒戒疤的儀軌，傳入漢族地區亦無此舉，鑒真、玄奘造像，其頂均無戒疤。燒戒疤始於元代，傳云志德和尚受尊崇於元世祖，他傳戒「燃頂」，以作區別喇嘛標誌，有歧視漢僧之意，而後人竟盲目相承，直至建國前。
〔註185〕《中國佛教協會第四屆理事會第二次會議　關於漢族佛教寺廟剃度傳戒問題的決議》，《法音》，1984 年第 2 期。
〔註186〕《梵網經‧菩薩心地戒品》。
〔註187〕懷西：《回憶師尊二三事——為紀念虛公老人上生兜率二週年而作》，《虛雲和尚全集》第 7 冊《追思錄》，鄭州：中州古籍出版社，2009 年，第 281 頁。

願燃頂者，實際上仍是遵從受戒者的個人發心意願來燒若干個戒疤，只是不再作爲強制性規定。這一習俗，至今延續。

由於中國佛教協會的引領、示範和指導作用，80 年代初期佛教傳戒時間被大規模縮短、儀式簡化、不強制燒香疤、受戒人數較少。這似乎還成爲傳戒的一種「革新」。

例如，1981 年盧山東林寺果一法師主持傳授沙彌戒和三皈五戒，戒期爲半月，11 月 14 日至 27 日「爲寺內沙彌及在家二眾共五十餘人舉行了傳戒儀式」〔註188〕。再如，1984 年武漢歸元寺昌明法師在中華人民共和國成立以後的首次傳三壇大戒，戒期也減至半月。他將傳戒新的特點總結爲：

第一，精簡傳戒儀軌，縮短歷來儀遵《弘》《範》(《弘戒法儀》與《傳戒正範》) 五十三天爲十五天，佛事由數十堂減爲十堂，隨除繁就簡，但不失律儀。

第二，遵循中國佛協會第四屆理事會第二次會議《關於漢族佛教寺廟收徒傳戒問題的決議》，廢止了在頂上燙香疤的陋習，恢復了傳戒佛制。

第三，對求戒者進行審查，杜絕濫傳戒的弊端。

第四，沙彌頭尾，在新戒中擇優而任，不徇私情。

第五，大膽啓用優秀的青年僧侶任引禮……顯示釋門新鮮血液的作用。〔註189〕

美國學者維慈在《毛澤東時代的佛教》〔註190〕一書中，注意考察社會主義制度下佛教信徒、佛教制度、佛教儀式等方面的變化。對照《近代中國佛教的制度》〔註191〕和《中國佛教的復興》〔註192〕，更能從歷史層面發現中華人民共和國時期佛教的特點。同樣地，1978 年改革開放，中國政治和社會結構的變化也對佛教恢復和發展影響巨大。在此背景下，佛教儀式也在悄然地

〔註188〕《簡訊》，《法音》，1982 年第 1 期。

〔註189〕昌學湯：《漢陽歸元寺史話》，武漢：華中師範大學出版社，1989 年，第 86 頁。

〔註190〕Holmes Welch, Buddhism under Mao. Cambridge: Harvard University Press, 1972.

〔註191〕Holmes Welch, The Practice of Chinese Buddhism: 1900-1950.Cambridge: Harvard University Press, 1967.〔美〕唯慈（Holmes Welch）著，包可華、阿含譯：《近代中國的佛教制度》，臺北：華宇出版社，1988 年。

〔註192〕Holmes Welch, The Buddhist Revival in China. Cambridge, Massachusetts: Harvard University Press, 1968.〔美〕霍姆斯・維慈（Holmes Welch）著，王雷泉、包勝勇、林倩等譯：《中國佛教的復興》，上海：上海古籍出版社，2006 年。

發生著一定改變。

　　淨慧法師在「文革」期間曾經被迫捨戒還俗，但他即使在鄉間務農，也是勞動之餘用功讀書修行。他雖然身著俗裝，佛教信仰一直非常堅定，用逆境來磨練自己的心性和修行。淨慧法師如同「三武一宗」法難中的禪師，隱匿世間，隨緣度眾，爲佛教保留重興的種子。淨慧法師 1969 年還俗〔註 193〕，直到 1983 年才終於有條件再次出家得戒〔註 194〕，所以他分外珍惜，後半生奮發有爲，孜孜不倦。〔註 195〕

　　重回北京，來到中國佛教協會工作，可以說是開啓了淨慧法師一個新的人生篇章。從 1979 年他調到中國佛教協會工作開始，也親身參與並且見證了中國佛教的復蘇、發展和變化。

小　結

　　淨慧法師從 1951 年遭遇「雲門事變」之後，歷經各種政治運動。筆者主要考察了淨慧法師的親身經歷，以微觀的視角折射出 50 年代中期至改革開放以前佛教的曲折坎坷歷程，並剖析了政教關係張力作用下佛教徒個體的心理衝突和身份抉擇。

　　「雲門事變」帶給青年淨慧法師的恐懼心理是巨大的，這是他第一次直接感受到政治的衝擊。也是他形塑政治觀念的一個起點。後來，接連發生的「上海佛青事件」「上海金剛道場事件」，對佛教界震動很大，連雲居山傳戒也遭到波及，虛雲老和尚出於安全考慮，權宜之下開許自誓受方便戒。政治

〔註 193〕據明海法師《入泥入水菩提路　亦詩亦禪自在人——紀念恩師淨慧上人》，《法音》，2013 年第 5 期。

〔註 194〕茗山：《茗山日記》，上海：上海古籍出版社，2002 年，第 336 頁。

〔註 195〕現在對淨慧法師的僧臘和戒臘介紹，是依照他 1947 年拜宗樵法師爲師出家、1951 年在雲門依虛雲老和尚得戒而計算的。例如，淨慧法師示寂訃告寫的是「享年 81 歲，僧臘 67 載，戒臘 63 夏」（黃梅四祖寺：《一代宗師淨慧長老圓寂訃告》，http://www.hmszs.org/134/2013/04/20130420319.html。）傳印法師在淨慧長老追思紀念會上的發言也是「世壽 81 歲，僧臘 67 載，戒臘 63 夏」。（傳印：《在淨慧長老示寂追思大會上的講話》，《法音》，2013 年第 5 期。）這也是現在通行的說法，81 歲是以民間常用的虛歲而言，實爲 80 周歲。但是筆者認爲，淨慧法師從未及 2 歲出家，至 80 周歲捨報圓寂，中有 14 年捨戒，實際計僧臘應爲 64 年；1951 年 18 歲受戒，至 80 周歲捨報圓寂，中有 14 年捨戒，實際計法臘應爲 48 年。淨慧法師在很多自述文字、講話中，也常說自己 1 歲 5 個月出家。七八歲以下幼童出家，佛教名爲「驅烏沙彌」。

對佛教、對個體的影響是無所不在的。

在政治主導一切的年代，作爲佛教徒的個體身份是非常邊緣的，宗教身份被認爲是不重要的私事，只是強調公民身份和政治身份。因此，每個人都必須無條件服從國家政治，站穩人民立場。1958 年「反右運動」中，淨慧法師還很年輕，他那時尚未成長爲佛教領袖或高僧，他也未能明確自己的佛教身份所需承擔的社會角色，他的所思所想和所作所爲必須接受和服從國家政治安排。1959 年虛雲老和尚圓寂之後，淨慧法師悔恨交加，這種負疚之情也讓他後來更以百倍之努力投身於佛教弘法事業之中。他是中國佛學院第一批本科生和研究生，正當大展宏圖、報效國家、弘揚佛法之時，卻被打成了「右派」，遣送原籍務農勞作。在這種巨大的落差下，淨慧法師反而有機會能夠沉下心來進行檢討和自省，進而明確自己應當承擔的責任和使命——傳續佛法命脈。因此，「文革」後期他就又萌生了出塵之志，落實宗教政策之後立即重新披剃出家。從 1980 年回到北京在中國佛教協會工作，直到圓寂，他都很清晰自己作爲出家僧人的身份角色，必須堅持以佛教信仰爲本位，弘法利生。

這段負疚、波折和苦難的經歷，也造就了淨慧法師對現實、對政治、對時代、對眾生的深切關懷，同時也使他始終能對佛教與政治關係保持冷靜而理性的認識，把握時機變被動爲主動，實踐佛教主體性價值。儘管這只是他個人的經歷，同時也是社會和時代的縮影，是 50 年代至 80 年代佛教與社會主義社會不斷調適過程中的「陣痛」。而佛教、佛教徒從完全的政治性身份回到宗教性身份的抉擇轉變，亦體現了當代佛教主體意識的覺醒。

第三章 生活禪與人間佛教傳統的接續

3.1 人間佛教傳統在大陸的中斷和接續

3.1.1 人間佛教傳統在大陸的一度中斷

　　人間佛教思想，是 20 世紀漢傳佛教面對佛教現代化思考的智慧結晶。
〔註1〕人間佛教理念，雖在諸多佛教經典和祖師論著中早有體現，但是作為
一個專有名詞而被廣泛接受，實是源自近代太虛大師的倡導和推動。〔註2〕
他於 1933 年 10 月在漢口市商會的講演《怎樣來建設人間佛教》中，首次闡
發了自己對人間佛教的定位，「人間佛教，乃是以佛教的道理來改良社會，
使人類進步，把世界改善的佛教」，呼籲信眾「從國難救濟中來建設人間佛
教」「從世運轉變中來建設人間佛教」。〔註3〕在太虛大師的理想中，人間佛
教是引導世間人類改善向上進步的，乃人人可走的坦路，是因世人的需要而
建立人間淨土。他強調「佛法應於一切眾生中特重人生」，因而力倡「人生
佛教、人間佛教、建設人間淨土、人乘直接大乘、由人生發達向上漸進以至
圓滿即為成佛等」。〔註4〕

〔註1〕 參見鄧子美：《20 世紀中國佛教智慧的結晶──人間佛教理論的建構與運
　　　　作》，《法音》，1998 年第 6 期、第 7 期。

〔註2〕 詳見鄧子美、陳衛華、毛勤勇：《當代人間佛教思潮》，蘭州：甘肅人民出版
　　　　社，2009 年，第 74 頁。

〔註3〕 太虛：《怎樣來建設人間佛教》，《海潮音》第 15 卷第 1 期，1934 年 1 月。收
　　　　錄於黃夏年主編：《民國佛教期刊文獻集成》第 186 卷，北京：全國圖書館文
　　　　獻縮微複製中心，2006 年，第 11 頁。

〔註4〕 太虛：《再議印度之佛教》（1943 年 8 月），《海潮音》第 26 卷第 10 期，1945
　　　　年 10 月 1 日。收錄於黃夏年主編：《民國佛教期刊文獻集成》第 202 卷，北

太虛大師在民國時代即已被尊為「人間佛教導師」，儘管他晚年更多地使用「人生佛教」一詞，弟子將其相關論述也編纂名為《人生佛教》一書，但是「人間佛教」「人生佛教」本質上並無二致，都是為了對治當時「重死」「重鬼」的流弊。

太虛大師的人間佛教理論，是與佛教改革運動相伴隨而逐漸成熟的。他將人生佛教的目的和效果依次定為人間改善、後世勝進、生死解脫、法界圓明。〔註5〕他說：「今倡人生佛教，旨在從現實人生為基礎，改善之，淨化之，以實踐人乘行果，而圓解佛法真理，引發大菩提心，學修菩薩勝行，而隱攝天乘二乘在菩薩中，直達法界圓明之極果。」他將人生分為狹廣二義，狹義單指的是人類整個的生活，而廣義來說「人是人類，生是九法界的眾生」，而「人類是九法界一切眾生的中樞」，「為九法界眾生的總代表」，「即人即菩薩而進至於成佛，是人生佛教之不共行果」。「直依人生增進成佛」或「發達人生進化成佛」，是名即人成佛的真現實論。〔註6〕

中華人民共和國成立之後，巨贊法師繼續太虛大師未竟的佛教改革事業。他雖非太虛大師的學生弟子，卻是依太虛大師介紹而出家。他非常贊同和擁護太虛大師人間佛教理念，是太虛大師佛教改革事業的追隨者和實踐者。作為中國佛教協會主要的領導者，巨贊法師倡導「生產化」「學術化」的新佛教運動，力圖實現佛教在社會主義中國的「徹底革新」，汰除外道和迷信，純化佛教信仰。因受到「土地改革」的影響，大量寺廟失去了賴以生存的經濟基礎，很多僧尼也分得土地紛紛還俗。巨贊法師認為僧尼質量比數量要更加重要，他衷心擁護黨和政府的方針政策，認為佛教革新只有在社會徹底革新之後才能夠實現。50 年代開始，國家號召勞動生產、政治學習，中國佛教協會也倡導佛教界以愛國主義和社會主義為出發點，愛國愛教，發揚大乘菩薩的積極濟世精神，為國家和人民服務，建設人間淨土。在當時，

京：全國圖書館文獻縮微複製中心，2006 年，第 193 頁。

〔註5〕 太虛：《人生佛教之目的》，載《人生佛教》第一章第四節，《海潮音月刊》社，1945 年。但是，太虛大師 1944 年秋在世界佛學苑漢藏教理院《人生佛教開題》說的是「人生改善、後世增勝、生死解脫、法界圓明」。（太虛：《人生佛教開題》，《海潮音》第 36 卷第 1 期，1945 年 1 月 1 日。收錄於黃夏年主編：《民國佛教期刊文獻集成》第 202 卷，北京：全國圖書館文獻縮微複製中心，2006 年，第 36 頁。

〔註6〕 太虛：《人生佛教之目的》，載《人生佛教》第一章第四節，《海潮音月刊》社，1945 年。

僧尼信眾「思想改造」和勞動生產被認為是最符合時代精神的修行。

　　然而，佛教內部革新和「學術化」「生產化」的人間佛教運動因一系列社會政治運動影響而中斷了。趙樸初 1993 年在《中國佛教協會四十年》中回顧了中國佛教協會正常發展、曲折與挫折、恢復與振興的歷程。他概括說，1953 年至 1956 年是中國佛教協會工作正常開展，1957 年到「文革」開始是經受曲折和挫折，「文革」期間所有工作停頓癱瘓，粉碎「四人幫」特別是中共十一屆三中全會以來是佛教事業恢復與振興的新的歷史階段。〔註7〕這其實也代表了當代佛教的歷史。從 1957 年開始，各種政治運動接踵而來，尤其「文革」爆發，整個大陸佛教遭受了毀滅性衝擊，「漢族地區佛道教寺觀，解放初有僧道和宗教活動的大約有六萬多座，到『文化大革命』前，尚有八千多座。經過十年動亂，遭受很大破壞，作為宗教活動場所的寺觀所剩無幾」。〔註8〕直至落實宗教信仰自由政策，中國佛教才又逐步回到了太虛大師所倡導的人間佛教傳統，繼續邁進佛教現代化道路，逐漸恢復和發展。

3.1.2　大陸教界和學界重新肯定太虛大師

　　1949 年之後，由於太虛大師與蔣介石關係密切，擁護三民主義和國民政府〔註9〕，當時的社會輿論迫使太虛門下連其名字都不敢提。直到 80 年代初期，「太虛」的名字仍然比較敏感和隱諱，在公開刊物上絕少出現。〔註10〕之

〔註7〕趙樸初：《中國佛教協會四十年——在中國佛教協會第六屆全國代表會議上的報告》，《法音》，1993 年 12 期。

〔註8〕《國務院宗教事務局關於確定漢族地區佛道教全國重點寺觀的報告的通知》。

〔註9〕太虛大師 1947 年圓寂，民國政府 1947 年 6 月 16 日特頒令褒揚：「釋太虛精研哲理，志行清超，生平周歷國內外，闡揚教義，願力頗宏。抗戰期間，組織僧眾救護隊，隨軍服務，護國之忱，尤堪嘉尚。茲聞逝世，良深軫惜，應予明令褒揚，以彰忠哲。此令。」（《國民政府令》，《海潮音》第 28 卷第 7 期，1941 年 7 月 1 日。收錄於黃夏年主編：《民國佛教期刊文獻集成》第 203 卷，北京：全國圖書館文獻微縮複製中心，2006 年，第 415 頁。）此外，《人間佛教》1947 年第 7、8 期合刊等也刊登了此政府令。

〔註10〕例如趙樸初 1983 年在《法音》發表的《佛教常識答問》，最後一部分是「發揚人間佛教的優越性」，這是他在「文革」之後公開倡導人間佛教。可是，也只表述為「前人名之為人間佛教」，用「前人」代替了太虛大師之名。而淨慧法師發表有關太虛大師人間佛教思想的文章，用的也都是筆名。惟賢法師在 1981 年寫成的《漢藏教理院與太虛大師》文稿，一直秘藏，到 1988 年才重新審定修改，於 1992 年公開發表。（載於釋惟賢：《慈雲文萃》，重慶南岸區慈雲寺，1992 年。）

後，兩岸關係有所改善，在趙樸初、正果法師、妙湛法師等的努力下，1987年太虛大師圓寂四十週年之際，中國佛教界開始關注與探討太虛大師，〔註11〕但還只僅限於佛教內部太虛大師門下。直到 1989 年太虛大師誕辰百年，「太虛」之名才眞正脫敏。這一年，實踐太虛大師人間佛教思想的臺灣佛光山星雲法師訪問大陸，他所開創佛教事業堅定了大陸佛教建設人間佛教的信心。同年，佛教界和學術界也舉辦了紀念太虛大師的系列活動，其中影響最大的是 1989 年 12 月在香港召開的「太虛誕生一百週年國際會議」。這次會議，不僅從學術方面高度認可太虛大師對現代佛教的卓越歷史貢獻，而且開啓了大陸學術界和佛教界對太虛大師的關注和研究，同時也加深了社會層面對太虛大師的認識和理解。

3.1.2.1 趙樸初的努力

十一屆三中全會之後，趙樸初 1980 年在中國佛教協會第三屆理事會工作報告中呼籲要發揚佛教的優良傳統，報國土恩，報眾生恩，建立「人間淨土」。〔註12〕之後，在 1983 年第 4 期《法音》他進一步闡述「發揚人間佛教的優越性」〔註13〕，提倡菩薩行，建設人間淨土。隨後，他又於 1983 年 12 月 5 日中國佛教協會第四屆理事會第二次會議《中國佛教協會三十年》的報告中，明確提出「應當提倡一種思想，發揚三個傳統」〔註14〕，「一種思想」即人間佛教思想，「三種傳統」即農禪並重的傳統、注重學術研究的傳統和國際友好交流的傳統，從而將人間佛教思想確定爲中國佛教發展的總體指導思想。這樣，從 1984 年開始，福建、江蘇、浙江、上海、湖北、湖南等地佛教協會首先傳達貫徹中國佛教協會第四屆理事會第二次會議會議精神，中國佛教協會《法音》刊物也對各地情況進行報導。〔註15〕

20 世紀 80 年代初期時候，雖然還不敢公然提倡學習太虛大師，但是趙樸初最大貢獻是把「人間佛教」置於整個中國佛教的指導地位，強調了「人間

〔註11〕聖凱：《人間佛教思想文庫‧趙樸初卷》導言，北京：宗教文化出版社，2017年，第 6 頁。

〔註12〕趙樸初：《中國佛教協會第三屆理事會工作報告》（1980 年 12 月 16 日），《法音》，1981 年第 1 期。

〔註13〕即連載的《佛教常識問答》的第五部分。

〔註14〕趙樸初：《中國佛教協會三十年》，《法音》，1983 年第 6 期。

〔註15〕《提倡人間佛教思想　發揚佛教優良傳統　開創佛教徒爲八十年代三大任務服務的新局面　各地佛協認眞傳達貫徹全國佛協四屆二次會議精神》，《法音》，1987 年第 2 期。

佛教」思想的普遍意義。〔註16〕這是太虛大師當年未能做到的。此後，「人間佛教」思想成爲指導大陸佛教恢復與振興的旗幟。

　　在趙樸初的積極努力下，中國佛教協會倡導建設人間佛教，學習和紀念太虛大師的活動也順勢開展起來。例如，1984 年，中國佛學院翻印太虛大師《佛學概論》作爲教材；廈門南普陀寺重建了太虛大師舍利塔，並由趙樸初題寫塔額「太虛大師之塔」等。〔註17〕《法音》從 1984 年起也開始刊登有關人間佛教主題的論文，如《人間佛教思想資料選編》《人間佛教寄語》《佛陀的人間生活》《我對人間佛教思想的認識》等。〔註18〕

3.1.2.2　1987 年紀念太虛大師圓寂四十週年

　　1987 年，太虛大師圓寂四十週年之際，中國佛教界開始有意識地紀念和學習太虛大師，《法音》登載一些有關太虛大師的文章。如第 1 期發表游有維居士的《論太虛法師對印度佛教史三期劃分的意義》；第 4 期開闢專欄進行紀念，並在開篇插頁中登載太虛大師遺像及趙樸初重書 1947 年挽詩。太虛大師的學生、中國佛教協會副會長的正果法師以個人身份發表了《恪遵遺教　緬懷盛德——紀念太虛法師圓寂 40 週年》，追思太虛大師對近代佛教的卓越貢獻，並號召：「應該繼承和發揚（太虛）法師的積極思想和菩薩精神，大力提倡人間佛教……這樣來紀念太虛法師，才能與法師的思想相應。」〔註19〕游有維居士撰寫的《太虛法師略傳》一文，表彰太虛大師一生爲國家、爲佛教之大願大行。〔註20〕這期《法音》上還登載了太虛大師《人生佛教開題》全文。〔註21〕

〔註16〕陳兵、鄧子美：《二十世紀中國佛教》，北京：民族出版社，2000 年，第 215 頁。
〔註17〕蔡吉堂：《太虛大師紀念塔落成始末記》，《法音》，1985 年第 6 期。一些學者據此文發表時間而誤認爲建塔時間是 1985 年，但文中明確說「去年海外諸法侶，發起募集淨財，於南普陀寺後山太虛臺上，重建紀念塔」。另虞愚《太虛法師石塔銘》落款：「佛曆二五二八年歲次甲子浴佛節。」所以，南普陀寺太虛大師舍利塔建成時間應爲 1984 年。
〔註18〕一思：《佛陀的人間生活》，《法音》，1984 年第 3 期。拾文：《人間佛教思想資料選編》，1984 年第 5 期。正果：《人間佛教寄語》，《法音》，1984 年第 5 期。聖輝：《我對人間佛教思想的認識》，《法音》，1984 年第 6 期。
〔註19〕正果：《恪遵遺教　緬懷盛德——紀念太虛法師圓寂 40 週年》，《法音》，1987 年第 4 期。
〔註20〕游有維：《太虛法師略傳》，《法音》，1987 年第 4 期。
〔註21〕太虛法師：《人生佛教開題（1944 年秋在重慶漢藏教理院講）》，《法音》，1987 年第 4 期。

　　相應地，太虛大師學生和弟子也在各地宣講人間佛教。例如，惟賢法師1987 年 5 月 1 日在重慶市佛教培訓班講《人間佛教講話提綱》，強調佛陀在人間應世，佛教和佛教徒在現代社會必須是人生的、科學的、實際的、愛國的、胸懷全球的，呼籲貫徹愛國愛教、農禪並重和學術研究，同時做好接待工作及寺廟文物管理工作、綠化衛生工作、社會福利事業等。〔註22〕茗山法師 1987 年 6 月 22 日在棲霞寺講堂講《太虛大師愛國愛教精神》，總結太虛大師的貢獻：在愛國方面，支持辛亥革命，問政而不干治；以佛教救國，提倡人生佛教；抗日期間倡組僧眾救護隊，出訪東南亞各國宣傳抗日爭取外援。在愛教方面，革新佛教教理、教規、教產；護持佛教，請願，辦刊；辦佛學院培養僧才；在國內外各地弘揚佛法。〔註23〕

　　1987 年，佛教界之所以能夠公開紀念太虛大師，一是因為已將人間佛教思想確立為指導原則，同時也是一定程度上利用了國家統戰工作需要的契機。1987 年 2 月 23 日至 3 月 1 日中國佛教協會第五屆全國代表會議舉行，按照政策要求，修改了《中國佛教協會章程》，特別將「積極開展同港澳臺同胞和海外僑胞中佛教徒的聯誼工作」增列為新的工作任務。〔註 24〕太虛大師的門人學生，遍布港臺和東南亞，很多已是一方領袖和棟樑，因此紀念太虛大師，高舉人間佛教，也有團結海內外佛教徒的統戰意義。

　　1988 年，重慶佛教界在縉雲山也為太虛大師重新立塔紀念，趙樸初親題塔額「太虛大師之塔」，並為作聯：「智通三藏，機應五乘，曠代高僧傳千載；學貫古今，名揚中外，四海弘法第一人。」〔註25〕

　　這一時期，學習和紀念太虛大師主要還是在佛教內部，尤其是太虛大師門下及有關寺廟道場。不久之後，學術界也隨之關注太虛大師，為其正名，研究太虛大師的論文也開始出現。

3.1.2.3　臺灣佛光山星雲法師訪問大陸

　　1989 年 3 月 27 日至 4 月 24 日，臺灣佛光山星雲法師率「臺灣國際佛教促進會弘法探親團」一行近 200 人訪問大陸。星雲法師這次大陸之行，對兩岸交流意義深遠，其歷時之長、人數之多、級別之高、影響之廣，是前所未

〔註22〕惟賢法師：《人間佛教講話提綱》（1987 年 5 月 1 日），《慈雲全集》第三卷《人間佛教編》，北京：北京華藏圖書館，2009 年，第 164～169 頁。
〔註23〕茗山：《茗山日記》，上海：上海古籍出版社，2002 年，第 555 頁。
〔註24〕熊自健：《中共政權下的宗教》，臺北：文津出版社有限公司，1998 年，第 67 頁。
〔註25〕趙樸初：《趙樸初韻文集》下冊，上海：上海古籍出版社，2003 年，第 820 頁。

有的。〔註26〕國家主席楊尚昆單獨會見星雲法師，全國政協主席李先念會見星雲法師一行主要成員〔註27〕，所到之處各省領導均親切會見，〔註28〕《人民日報》《文匯報》《法音》等都進行了連續報導。

在中國佛教協會 3 月 27 日的歡迎大會上，星雲法師就講到：「太虛大師遠在本世紀初，就提倡人生佛教，唯因客觀條件限制，理想未能變成現實。直至今天，佛教才逐步與社會人生相結合，為越來越多的心靈所坦然接受。」〔註29〕《法音》也宣傳了佛光山的十大性格。〔註30〕趙樸初會長在歡迎宴會上還特別表達「我們十分讚賞星雲大師提倡的『佛光山的十大性格』，即人間的性格、大眾的性格、文化的性格、教育的性格、國際的性格、慈濟的性格、菩薩的性格、融合的性格、喜樂的性格和包容的性格」。〔註31〕星雲大師及其開創的佛光山弘法事業，讓大陸佛教看到了人間佛教的實踐成效，一定程度上也促使太虛大師被重新公開認可。

星雲法師在首都期間，還應清華大學思想文化研究所、北京大學哲學系、中國人民大學哲學系、中國社會科學研究院世界宗教研究所、中國文化書院和中國佛教文化研究所聯合邀請，在北京圖書館報告廳作《禪學與人生》主題演講。他非常強調佛教與社會人生相結合，重視生活、重視人生。他說「現代社會裏，我們擁有豐富的物質生活，而且還有種種文學的、藝術的精神享受，如果再增加了『禪』，生活的意義一定能夠更充分地顯露」〔註32〕。這次

〔註26〕 中國佛教協會：《本會關於接待臺灣高僧星雲法師率國際佛教促進會弘法探親團的情況報告（摘要）》，《會務通訊》，1989 年第 2 期，第 15 頁。轉引自聖凱：《重建中國佛教》，《人間佛教思想文庫‧趙樸初卷》，北京：宗教文化出版社，2017 年，第 11～12 頁。

〔註27〕 照片載於《中國佛教協會成立四十週年紀念文集》，中國佛教協會編印，1993 年，彩頁第 13 頁。

〔註28〕 星雲法師弘法探親團先後訪問了北京、西安、敦煌、成都、重慶、武漢、上海、蘇州、南京、揚州、鎮江、宜興、杭州等 8 個省市 13 個城市。陝西省副省長孫達人、四川省副省長絡通達、湖北省政協主席沈因洛、上海市長朱鎔基、江蘇省代省長陳煥友、浙江省副省長許行貫等，都會見星雲法師及弘法探親團主要成員。

〔註29〕 星云：《星雲大師在中國佛協歡迎大會上的講話》（1989 年 3 月 27 日），《法音》，1989 年第 6 期。

〔註30〕 星云：《佛光山的性格》，《法音》，1989 年第 2 期。

〔註31〕 趙樸初：《萬里香花結勝因——趙樸初會長在歡迎星雲大師宴會上的講話》（1989 年 3 月 38 日），《法音》，1989 年第 6 期。

〔註32〕 明非：《星雲大師在京舉行佛學演講會》，《法音》，1989 年第 6 期。

講演，吸引力很多學者、專家和高校學生參與。這種具有佛教文化特質和通俗學術風格的講演模式，也帶給當時北京佛教界帶來了耳目一新的觸動。如後來淨慧法師提出生活禪，也是對星雲大師弘法理念的共識。星雲法師的這次講演，是多年來第一次由一個佛教徒在社會上作佛學演講。〔註33〕據星雲法師晚年回憶：「這次『弘法探親團』的成就，是一場歷史性的破冰之旅。所謂牆內才可以談佛教，牆外不可以談傳教，有關方面希望我只在寺廟裏弘法；後來幾經協商，終於由北京大學、清華大學、中國人民大學聯合邀請我在北京國家圖書館做了一次講演。」〔註34〕同樣地，星雲法師在南京也應南京禪學會等 6 個團體邀請，於政協大禮堂作《禪學與人生》講演，強調「禪，就是生活，是大自然，是心」。〔註35〕

　　大陸佛教界將星雲法師視爲太虛大師人間佛教思想在臺灣的傑出繼承者和實踐者，更是大陸人間佛教發展的榜樣。例如，曾陪同星雲法師訪問半月的淨慧法師就感言：儘管昔日「太虛大師的理想並沒有全部實現，他的人生佛教的主張也沒有變成現實」，但是星雲大師「將太虛大師倡導的人生佛教思想奉爲圭臬……他所開創的佛光山事業實際上是實現人生佛教和佛教時代化的一個系統工程，可以稱之爲『星雲模式』……爲振興中國佛教提供了一個成功的範例」；並且，星雲大師在各地「多次同文化界座談佛學，對大學生講演佛法，這種弘法形式就大陸佛教而言，具有開風氣之先的積極意義」。〔註36〕

　　星雲法師訪問大陸，在大陸佛教界影響很大。如《法音》報導中都尊稱他爲「星雲大師」。星雲法師昔日的老師茗山法師也在他訪問焦山定慧寺時稱

〔註33〕 明非：《星雲大師在京舉行佛學演講會》，《法音》，1989 年第 6 期。
〔註34〕 星雲大師口述，佛光山書記室記錄：《百年佛緣》第 6 冊，北京：生活‧讀書‧新知三聯書店，2013 年，第 353 頁。
〔註35〕 茗山：《茗山日記》，上海：上海古籍出版社，2002 年，第 685 頁。
〔註36〕 淨慧：《應機施教與時代精神──星雲大師率團回大陸弘法探親感言》，《禪》，1989 年第 2 期，第 45～46 頁。淨慧法師是最早在大陸稱佛光山事業爲「星雲模式」的，表達他對星雲法師佛教弘法實踐的高度推崇。1988 年美國西來寺落成，邀請臺灣、大陸高僧擔任三師七證，共同傳授三壇大戒。並且，同時舉辦「世界佛教徒友誼會第十六屆大會」。這次會議，是臺灣和大陸佛教代表首次一同參加會議，也促進了海峽兩岸佛教界直接交流，這被譽爲是兩岸交往的「星雲模式」。大陸佛教代表有明暘法師、眞禪法師等。但是，這次會上提出的「星雲模式」主要是強調在兩岸佛教交流方面的創舉，而淨慧法師概括的「星雲模式」則是側重佛光山在弘法實踐方面的成功範式。

其爲「活普賢菩薩」「星雲大師」〔註37〕。也正是在中國佛教協會大力報導星雲法師期間，《法音》1989 年第 7 期在封面刊載《趙樸初會長與星雲大師》的大幅照片同時，將「提倡人間佛教，發揚優良傳統，啓迪智慧，淨化人生」標識在了刊物封面醒目的位置。「這應該說是當代大陸佛教第一次明確地積極弘揚太虛大師開創的現代人間佛教傳統的一個標誌性事件。」〔註38〕

3.1.2.4　1989 年紀念太虛大師誕辰一百週年

1989 年，太虛大師誕辰一百週年之際，公開紀念和學習太虛大師的活動不再侷限於佛教界，學術界也參與進行了較有規模的研討交流。這標誌著太虛大師在大陸終於實現了政治脫敏。

3.1.2.4.1　閩南佛學院及《閩南佛學院學報》紀念專號

福建廈門南普陀寺是太虛大師佛教改革運動的重鎮之一。太虛大師曾擔任閩南佛學院院長，閩院畢業的學僧遍布東南亞和美加等地。改革開放以後，由於南普陀寺重要的國際地位，很快恢復開放，並且得到海外佛教界捐助修繕，復辦佛教養正院和閩南佛學院。這是太虛大師所辦佛學院中，最早實現復辦的，其圖書館即名「太虛圖書館」以示紀念。

1985 年，閩南佛學院在南普陀寺方丈妙湛法師的努力下復辦。1989 年 9 月第 2 期的《閩南佛學院學報》，是「紀念太虛大師誕生一百週年學術專刊」，刊登太虛大師《我的自證境界》《南普陀題石》《禪關漫興》三文，並收錄學術論文 19 篇。其目錄，分別是：妙湛《僧教育的新構思》、誠信《太虛大師的法界圓覺思想淺析》、方興《太虛大師的中觀思想》、濟群《太虛大師的唯識思想》、昌願《太虛大師的眞現實主義思想》、定恒《〈眞現實論〉釋》、了法《太虛大師僧教育的宏圖與實踐》、普願《僧教育應將德育擺在首位》、湛如《論中國佛學的特徵》、單培根《讀太虛大師三宗說之感想》、達義《怎樣判攝一切佛法》、道嚳《淺述太虛大師的人間佛教思想》、賢心《論僧制的改革》、成敬《佛教的道德觀》、蔡吉堂《佛化家庭是人間淨土的基石》、普照《提倡在家學佛》、道仰《佛學與美學》、陳全忠《佛學與醫學》、演啓《太虛大師與閩南佛學院》。〔註39〕這是大陸佛教界第一次以學術研究的方式集體紀念太

〔註37〕茗山：《茗山日記》，上海：上海古籍出版社，2002 年，第 685 頁。

〔註38〕柴愛新：《「人間佛教」與「生活禪」：何建明教授追憶淨慧長老》，《中國宗教》，2016 年第 4 期。

〔註39〕閩南佛學院：《閩南佛學院院報》，《閩南佛學院學報》編輯部，1989 年 9 月。

虛大師。

3.1.2.4.2　中國佛教協會及《法音》紀念專欄

1989 年，中國佛教協會爲了紀念太虛大師誕生一百週年，特將太虛大師《佛說彌勒下生成佛經講要》《佛說十善業道經講要》《佛說善生經講錄》合成一冊，由《法音》發行組流通，扉頁是趙樸初題寫的「紀念太虛大師誕生一百週年」。〔註40〕未久，中國佛教協會、中國佛教文化研究所又流通發行太虛大師所著的《中國佛學》。〔註41〕

與此同時，1989 年第 11 期《法音》開篇特設「紀念太虛大師誕辰一百週年」專欄，刊登南普陀寺方丈妙湛法師的《僧教育的新構想》、中國佛學院方興的《太虛大師的中觀思想》、華中師範大學何燕生的《太虛大師在武漢的弘法活動及其新的佛教思想》、閩南佛學院演啓法師的《學習太虛大師佛教人生觀》等論文，其中前三篇還是封面文章。當期封面照片爲太虛大師之塔，封二爲太虛大師造像、遺墨和趙樸初題字，篇首《佛言祖語》爲太虛大師的《中國佛學之重建》，可見這期《法音》主旨非常明確——紀念太虛大師，弘揚人間佛教。

這是中國佛教協會繼 1987 年之後，對太虛大師又一次大規模宣傳介紹，倡導學習太虛大師，建設人間佛教。當時，佛教界對人間佛教思想仍存在一些誤解，《法音》專欄發揮了正本清源的作用。

3.1.2.4.3　「太虛誕生一百週年國際會議」

1989 年 12 月，「太虛誕生一百週年國際會議」在香港召開。這是自太虛大師 1947 年圓寂之後，海內外學界圍繞太虛大師思想與實踐召開的規模最大的一次學術會議，也眞正從學術意義上肯定了太虛大師對中國現代佛教的重大貢獻。

這次會議，由香港佛教法住學會主辦，中國佛教協會佛教文化研究所、北京大學哲學系、臺灣「中華佛教協會」佛教文化研究所、臺灣「中華佛教百科文獻基金會」等機構協辦。參會學者 40 餘人，其中大陸學者代表有：中央民族學院王堯、中國人民大學方立天和張立文、山東大學劉大鈞和王曉毅、武漢大學何燕生和羅福惠、復旦大學王雷泉、南京大學賴永海、國家文物局

〔註40〕太虛大師講：《佛說彌勒下生成佛經講要　佛說十善業道經講要　佛說善生經講錄》，中國佛教協會出版、《法音》發行組流通，1989 年 8 月。
〔註41〕太虛大師：《中國佛學》，中國佛教協會、中國佛教文化研究所出版，1989 年 9 月。

郭朋、武漢歸元寺昌明法師等。〔註 42〕港臺學者代表有：佛教法住學會霍韜晦、唐端正、李潤生、譚世保，世界佛教友誼會港澳區高永霄，法住文化學院寬運法師、屈大成、陳偉強，臺灣新文豐出版事業有限公司高本釗，臺灣「中央研究院」陳儀深，《慈濟》雜誌社陳慧劍，佛光山游祥州，臺南妙心寺傳道法師，臺灣大學楊惠南，臺灣「中華佛教百科文獻基金會」藍吉富。海外學者代表有：加拿大冉雲華，美國關泰和、古鼎儀、唐力權。

　　會議論文集收錄文章 32 篇，分爲「太虛與時代」、「思想與生平」、「人生佛教」、「佛教事業與佛教運動」、「佛教與現代中國」、「緬懷」等專欄，及「附錄：太虛誕生一百週年國際會議簡介」。

　　與會學者高度肯定和讚揚太虛大師對近百年佛教的地位和意義，認爲太虛大師倡導和推進的佛教革新運動，影響了中國佛教近百年發展軌跡，佛教的現代化進程至今仍是基本沿著他開闢的道路前進。〔註 43〕會後，方立天先生將這次會議綜述發表在了淨慧法師主編的《禪》刊，也促使更多的人重新理解和學習太虛大師。〔註 44〕可以說，這次會議掀起了關注和研究太虛大師的熱潮。

　　除此之外，在紀念 1989 年太虛大師百年誕辰之際，太虛大師門人弟子也紛紛撰文紀念，如眞禪法師回憶太虛大師與玉佛寺等歷史而寫成《紀念太虛大師誕生一百週年》等。〔註 45〕而且，太虛大師著作也在社會上公開發行。1990 年，慕容眞將太虛大師佛學基本思想和有關中國佛教史方面的演講文字選輯《佛學入門》，由浙江古籍出版社正式出版。〔註 46〕而且，關於太虛大師的研究，也漸成爲後來學術界近現代佛教領域的重中之重。

3.1.3　作爲中國佛教協會指導思想的人間佛教

3.1.3.1　趙樸初提出人間佛教的社會政治環境

〔註 42〕何燕生：《緬懷霍韜晦先生，曾爲兩岸學術交流搭橋的「新儒家」》（澎湃新聞，2018-06-12，https：//www.thepaper.cn/newsDetail_forward_2189140），與此有異。今據《太虛誕生一百週年國際會議論文集》所附「與會代表名錄」。

〔註 43〕內容詳見《太虛誕生一百週年國際會議論文集》，香港：香港法住學會，1990 年。

〔註 44〕方立天：《歷史的迴響——評「太虛誕生一百週年國際會議」》，《禪》，1990 年第 2 期。

〔註 45〕眞禪：《紀念太虛大師誕生一百週年》，上海：華東師範大學出版社，1990 年，第 269～307 頁。

〔註 46〕太虛著，慕容眞選輯：《佛學入門》，杭州：浙江古籍出版社，1990 年。

　　十一屆三中全會以後，各級黨和政府落實政策，陸續開放一些寺院。80年代，落實中共中央 19 號文件《關於我國社會主義時期宗教問題的基本觀點和基本政策》和 1982 年《憲法》精神，國家保護正常的宗教活動，保障公民宗教信仰自由，逐步恢復宗教活動場所，大陸佛教重建開始有序進行。

　　然而，在這期間，佛教在社會層面，仍未擺脫封建、迷信、落後的標籤。有關宗教方面的一些理論和實踐認知，也還是被「宗教鴉片論」所籠罩，學術界也瀰漫批判宗教的「左」的風氣。如任繼愈就主張宗教學研究應當批判神學和信仰主義，認為這是馬克思主義宗教學的任務。他將宗教視為社會主義現代化進程中的「障礙」，需被「掃除」。〔註47〕1979 年創刊的《世界宗教研究》初期就體現出了這種明顯的傾向。趙樸初為了扭轉這一誤區，特別撰述長文《對宗教方面的一些理論和實踐問題的認識和體會》，發表在中共中央黨校《理論動態》，澄清宗教工作的重要性，認為宗教信仰自由政策不僅是個佛教徒關心的問題，還是個「維護社會主義民主和法制的問題」，宗教存在消亡都有自身規律，不能用宣傳無神論來掃除宗教。他引用《光明日報》特約評論員文章，「馬克思主義對於宗教的批判，其主要矛頭，是指向那種需要宗教來維護其社會制度，而不是廣大的信教群眾」〔註48〕，對「宗教即鴉片」簡單觀點也進行駁斥，認為對馬克思「宗教是人民的鴉片」一語需要正確理解，而不應將其看成是「『向宗教進軍』的熱情口號」。趙樸初強調，政府應當貫徹落實宗教信仰自由政策，將宗教界愛國人士和宗教徒團結到社會主義現代化建設方面來。〔註49〕

　　因此，趙樸初倡導中國佛教建立「人間淨土」，認為佛教「人間淨土」的思想含有社會主義思想因素〔註50〕，鼓勵佛教徒參與社會主義建設。他針對佛教的現實和發展，提出人間佛教思想，並將其作為中國佛教的指導思想寫

〔註47〕任繼愈：《為實現四化掃清障礙》，《人民日報》，1979 年 5 月 1 日。不過，至任繼愈在 1988 年《關於宗教與無神論問題》一文，其「左」的觀點已經得到明顯修正。（見任繼愈：《關於宗教與無神論問題》，載於《宗教‧道德‧文化》寧夏：寧夏人民出版社，1988 年，第 1～18 頁。）

〔註48〕王奕文：《信仰自由是黨在宗教問題上的一項根本政策》，《光明日報》，1980年 11 月 30 日。

〔註49〕趙樸初：《對宗教方面的一些理論和實踐問題的認識和體會》，《理論動態》，1981 年第 1 期。

〔註50〕趙樸初：《發揚佛教優良傳統，為祖國社會主義事業而獻身》（1981 年 12 月 3日在全國政協五次世界會議宗教小組的發言），《趙樸初文集》上卷，北京：華文出版社，2007 年，第 499 頁。

入《中國佛教協會章程》，是希望處理當代中國佛教所迫切需要解決的兩個問題，即：「在當今的時代，中國佛教向何處去？」「什麼是需要我們發揚的中國佛教的優良傳統？」〔註51〕第一個問題，是關乎佛教的發展方向、整體路線。第二個問題，關係到佛教和社會關係，如何繼承發揚佛教優良傳統造福社會眾生。

2001年趙樸初去世後，茗山法師在焦山定慧寺舉行佛七追薦法會。他總結了趙樸初對於佛教的六大功德，分別是：

　　一、協助政府落實宗教政策，促進恢復全國重點大寺及焦山定慧寺。

　　二、提倡愛國愛教，1980年恢復中佛協，提出宗教要與社會主義相協調的方針。

　　三、1983年全國佛教代表大會上提倡人間佛教：1.農禪並重，2.學術研究，3.國際交往。

　　四、1993年全國佛教代表大會上，提出五個自身建設：1.信仰，2.道風，3.人才，4.教制，5.組織。

　　五、倡辦佛學院、《法音》佛刊，恢復金陵刻經處等佛教文化機構，弘護佛法。

　　六、提倡「莊嚴國土、利樂有情」，「愛國守法」，「獨身、素食、僧裝」等佛教總方向。〔註52〕

其中，一、二兩條都是宗教與政治、政策的具體調適。「佛教要與社會主義建設相協調」就是「宗教與社會主義社會相適應」的早期提法。〔註53〕趙樸初自己也說過：「我提『人間佛教』實際就是從使佛教與社會主義社會相適應、相協調的角度提的。」〔註54〕這是佛教必須面對和處理的理論問題和實際問題。而佛教與社會主義社會相協調，主要有兩方面工作，「一方面是要貫徹宗教信仰自由，一方面佛教徒要參加社會主義建設」〔註55〕。

〔註51〕趙樸初：《中國佛教協會三十年》，《法音》，1983年第6期。

〔註52〕茗山：《茗山日記續集》（2000年5月25日），上海：上海古籍出版社，2003年，第732頁。

〔註53〕茗山：《蹤跡念前人　檢點往來心——憶樸老》，《佛教文化》，2001年Z1期。

〔註54〕趙樸初：《關於佛教與社會主義精神文明建設的關係》（1986年3月31日），《趙樸初文集》下卷，北京：華文出版社，2007年，第757頁。

〔註55〕趙樸初：《關於佛教與社會主義精神文明建設的關係》（1986年3月31日），《趙樸初文集》下卷，北京：華文出版社，2007年，第757頁。

社會主義時期的佛教，應該如何結合時代發展為兩個文明建設服務呢？重要的是要吸取佛教文化的菁華，要發揚「人間佛教」的精神。〔註56〕

人間佛教思想主要是不要脫離現實的思想。我們生活中今天這個時代，這塊國土，這個地球上，不要脫離這個現實。佛教徒應該為世界和平人類幸福做貢獻。〔註57〕

也正是在宗教信仰自由政策落實、愛國愛教、正確處理佛教與社會主義社會關係等政治背景下，趙樸初才不失時機地提出要倡導人間佛教，並作為中國佛教協會指導原則，在服務國家社會、建設人間淨土的過程中也提高佛教自身建設。例如，《法音》慶祝中華人民共和國成立三十五週年的寄語就是「提倡人間佛教，獻身四化建設」。〔註58〕另一方面，趙樸初也非常強調佛教是文化，佛教發展具有學術化、藝術化和社會化的特點，是中國文化不可分割的組成部分。〔註59〕這有助於推進「宗教鴉片論」向「宗教文化論」的認知轉變，從而發揮佛教在社會現實中的積極價值。

3.1.3.2　趙樸初人間佛教思想內涵

趙樸初在很多講話和著述中，都提到過「人間佛教」這個詞彙。但是主要有兩個層面的語境涵義，不可混同。其一，是將「人間佛教」作為唐代以後，尤其是以慧能大師和禪宗為代表的佛教社會化、人間化的歷史傳統和發展方向。例如，他說：「到了禪宗六祖慧能提出『佛法在世間，不離世間覺』的思想……在實際行動上實現了釋迦牟尼的『成熟有情，莊嚴剎土』的理想，使大乘真正發展為『人間佛教』。」又說：「我們千多年的歷史經驗證明，佛教在中國大地上……沿著這一人間佛教的發展方向發展，取得極其巨大的成功」。〔註60〕「人間佛教是原始佛教本來具有的思想，不過在中國大乘佛教中得到充分的發展和體現罷了，這個思想運動已經歷了一千多年的歷程」，

〔註56〕趙樸初：《佛教與中國文化的關係》（1986年），《趙樸初文集》下卷，北京：華文出版社，2007年，第808頁。

〔註57〕趙樸初：《接受日本〈讀賣新聞〉社記者小林敬和採訪時的談話》（1989年11月10日），《趙樸初文集》下卷，北京：華文出版社，2007年，第978頁。

〔註58〕《提倡人間佛教　獻身四化建設——慶祝中華人民共和國成立三十五週年》，《法音》，1984年第5期。

〔註59〕趙樸初：《佛教和中國文化》（1984年8月），《法音》，1985年第2期。

〔註60〕趙樸初：《佛教和中國文化》（1984年8月），《法音》，1985年第2期。

這種「以人爲中心的『人間佛教』思想」事實上「非後人所創立」。〔註61〕
其二，是將「人間佛教」近於太虛大師「人生佛教」「人間佛教」或「人乘
佛教」含義，作爲當代中國佛教的指導原則。〔註62〕例如，他秉承太虛大師
五乘判教，倡導菩薩行，建設人間淨土，將人乘、天乘判爲世間法，將聲聞
乘、緣覺乘、菩薩乘判爲出世間法，「世間法是世人易學而能夠做到的，也
是應該做到的，前人名之爲人間佛教」〔註63〕。這裡的「前人」指的就是太
虛大師。

　　在第二種含義上，趙樸初指出：人間佛教思想「它的基本內容包括五戒、
十善、四攝、六度等自利利他的廣大行願」。〔註64〕五戒、十善著重在淨自己
的身心，六度、四攝著重在利益社會人群。〔註65〕他認爲，佛法的學習和發
揚，應當「結合人們生活實際，有益於社會道德和精神文明的建設」。〔註66〕
在世間法來說，若人人依照五戒十善的準則行事，則可人民和平康樂、社會
安定團結、國家繁榮昌盛，從而實現和平安樂、高度精神文明的世界——
「這就是人間佛教所要達到的目的」。〔註67〕在出世間法來說，大乘佛法說一
切眾生都能成佛，人間佛教倡導學菩薩行，「成佛必須先要做個好人，做個清
白正直的人，要在做好人的基礎上才能學佛成佛……上求佛道，下化眾生，
以救度眾生爲己任」。〔註68〕他特別闡發倡導菩薩行的人間佛教之意義，從個
體自覺建立高尚道德品行做起，每個人都如此，則能夠利樂有情，淨化世間，
建設人間淨土。佛法在化導世間方面的功用，即「莊嚴國土」，包括物質的莊
嚴和精神的莊嚴。〔註69〕因此，他說：中國佛教協會成立之後提出的「莊嚴

〔註61〕趙樸初：《中國佛教的過去和現在》（1987年5月9日），《法音》，1987年第4
　　　　期。
〔註62〕趙樸初人間佛教和太虛大師不同之處，可以參見鄧子美、陳衛華、毛勤勇：《人
　　　　間佛教思潮》，蘭州：甘肅人民出版社，2009年，第95～96頁。
〔註63〕趙樸初：《佛教常識答問》，《法音》，1983年第4期。
〔註64〕趙樸初：《中國佛教協會三十年》，《法音》，1983年第6期。
〔註65〕趙樸初：《佛教與中國文化的關係》（1986年），《趙樸初文集》下卷，北京：
　　　　華文出版社，2007年，第808頁。
〔註66〕趙樸初：《佛教常識答問》，《法音》，1983年第4期。
〔註67〕趙樸初：《佛教常識答問》，《法音》，1983年第4期。
〔註68〕趙樸初：《佛教常識答問》，《法音》，1983年第4期。
〔註69〕趙樸初：《〈佛教嘉言書法集〉序》（1991年12月），《趙樸初文集》下卷，北
　　　　京：華文出版社，2007年，第1117頁。趙樸初：《佛教常識答問》，《法音》，
　　　　1983年第4期。

國土，利樂有情」的思想，也就是人間佛教思想。〔註 70〕他其實是有意識地在大乘佛教的傳統中彰顯人間佛教的現代價值。

3.1.3.3　趙樸初人間佛教之神聖性確立

趙樸初在《佛教常識問答》中提出「人間佛教優越性」，他的身份更多的是一位佛教學者；而他在中國佛教協會全國代表大會上提出「提倡人間佛教思想」時，他的身份是中國佛教協會會長，顯然主要是一位政治家。然而，佛教傳統一直是以佛、法、僧三寶為核心，弘法之責歷來應由僧伽承擔，居士只是作為護法。在當代中國佛教界，趙樸初是唯一一位居士身份的會長，他的前二任分別是圓瑛法師和喜饒嘉措大師，繼任者先後為一誠法師、傳印法師和學誠法師。趙樸初畢竟是居士身份，即使他可以用政治身份和行政命令提出「人間佛教」口號，但若僅僅如此，必然會缺少宗教權威的神聖性。趙樸初提出人間佛教能夠得到佛教界普遍擁護，這種神聖性的確立，很大程度上是基於他與太虛大師的法緣關係。

趙樸初與太虛大師結識很早，兩人至少在 1929 年時就已經通過關絅之的介紹而認識。1929 年 6 月 5 日太虛大師到上海出席中國佛教會第一次常務委員會會議，太虛大師是臨時主席，趙樸初是大會記錄。〔註 71〕之後，趙樸初在太虛大師蒞臨上海時多次任記錄、翻譯等。不過，在 1949 年之後，他迫於政治形勢的壓力，也絕少公開提及太虛大師的名字，即使 1978 年之後文字著述中也鮮見「太虛」之名。可是，在非公開場合，他卻經常談起和太虛大師的一段往事。據說，1979 年元旦當天，他夢到太虛大師，不禁想起 1947 年在玉佛寺相見最後一面的場景，於是恍然大悟——原來太虛大師所說的去無錫和常州，便意味著「無常」——「無（錫）」「常（州）」，指的即是死亡；而護法護教則是太虛大師的臨終囑託。〔註 72〕1987 年《法音》紀念太虛大師圓

〔註70〕趙樸初：《接受日本〈讀賣新聞〉社記者小林敬和採訪時的談話》（1989 年 11 月 10 日），《趙樸初文集》下卷，北京：華文出版社，2007 年，第 988 頁。

〔註71〕據《六月五日第一次常務委員會會議記》：「出席常委：仁山、惠宗、圓瑛、寂山（道香代）、太虛、鍾康厚、謝建、王一亭（絅代）、關絅之。列席執行委員：大悲、德浩。臨時主席：太虛法師。記錄：趙樸初。」詳見《中國佛教會公報》第 1 期，1929 年 7 月。收錄於黃夏年主編：《民國佛教期刊文獻集成》第 19 卷，北京：全國圖書館文獻縮微複製中心，2006 年，第 488 頁。

〔註72〕鳳凰網：《獨家視頻：「國寶」趙樸初的傳奇一生》，http://fo.ifeng.com/a/20171027/44732779_0.shtml。這部紀錄片，採訪了趙樸初妻子陳邦織，相關記錄比較可靠。

寂四十週年之際，趙樸初特將 1947 年《太虛大師挽詩》重書，並注云：「《太虛法師挽詩》，一九四七年舊作，一九八七年爲紀念法師示寂四十週年書，應《法音》編輯部之屬（囑）。——趙樸初」又補注云：「師（太虛大師）逝世前十日，以電話召余至玉佛寺相見，欣然若無事，以所著《人生佛教》一書見贈，勉余今後努力護法，不期遂成永別。聞人言：師數日前告人，將往無錫、常州。初未知暗示無常也。——樸注」〔註 73〕這些書法並文字，刊登在了《法音》封二整版，於是他與太虛大師臨終這段往事，也就廣爲人知流傳開來了。之後，他在很多場合對人談及此事，如 1988 年對惟賢法師講過〔註74〕，1994 年對星雲法師講過〔註 75〕，1998 年對茗山法師也講過〔註 76〕，等

〔註73〕《法音》，1987 年第 4 期，封二。

〔註74〕 據惟賢《從人生佛教到人間佛教》(《中國宗教》2008 年第 9 期)：「1947 年 3 月 17 日，太虛大師因病在上海玉佛寺圓寂，在圓寂前 4（10）天派人把趙樸初居士找到身邊，把新編好的《人生佛教》送給他並說：「這本書，經過多年編輯，現在才成功，我把它交給你，希望你好好學習，好好弘揚。我不久以後要離開上海，到無錫、常州去。」什麼叫無錫、常州？無常。趙樸老知道這是太虛大師的遺囑，授意他繼承發揚大師提出的人生佛教。——以上這件事情，是趙樸老本人親自向我講的。那是在 1988 年，我請趙樸老進川協助落實寶頂山聖壽寺的宗教政策時，全程陪同了他好幾天。在這期間，他親自給我講的。」（其中，「10 天」被誤聽成了「4 天」。）另外，惟賢法師在 1988 年在聽過趙樸初談及這段往事之後，也將之寫入《漢藏教理院與太虛大師》一文中：「一九四七年三月十七日，太虛大師在上海病逝，臨終前，曾以菩薩學處諄諄教示弟子，並以《人生佛教》一書贈給趙樸初居士，囑託了畢生所寄的遺志。」（見釋惟賢：《慈雲文萃》，重慶南岸區慈雲寺，1992 年。）

〔註75〕 據朱洪《步步蓮花：趙樸初佛緣人生》（當代中國出版社 2011 年版）：1994 年 4 月 1 日會見星雲法師時，「樸老說：『我最近忽然想通了一件事情，1947 年某一天，太虛大師在上海玉佛寺打電話給我，叫我到寺裏見他，哪知見了面，只是囑咐我要好好護持佛教，說他要去無錫和常州。當時只覺得奇怪，爲何爲了這點事，太虛老要我大老遠趕來，百思不解，自覺力量不夠，無法扛下這個重擔，但看太虛老非常認真的樣子，乃直下承擔了這項護法交代。十天以後，太虛大師突然心臟病發圓寂了。直到現在才體會太虛大師原來在暗示他的無（錫）常（州）已到，希望我好好護持中國佛教。』」

〔註76〕 據《茗山日記續集》（上海古籍出版社 2003 年版）：1998 年 4 月 1 日，茗山法師至北京醫院看望趙樸初。「樸老說太虛大師了不起！太虛在上海玉佛寺臨終前，找樸老去談話。他說：『我將去無常去，囑託你要護持佛法！』並送樸老一本《人生佛教》書。太虛大師有預知預見呀！他真是太虛菩薩。」而據同時在場的君岡記述：「趙樸老對茗山法師說起了與太虛法師之間的那段往事，茗老當場說：『這是太虛法師把弘揚人間佛教的事託付給你了。』」（見君岡：《護法人——讀〈九十二生日賦答諸親友〉有感》，《佛教文化》，1998 年第 6 期。）

等。尤其在和星雲法師講述時，還特別表示這是「最近忽然想通」，「直到現在」才了悟太虛大師說「將往無錫、常州」的隱喻，以及相授《人生佛教》勉力護持佛教之囑託。

在這些「故事」中，暗示「無常」和囑託「護法」，是兩個非常關鍵的細節元素。可是這些偏偏與他1947年原詩自注有所出入。1947年《覺有情》刊載的文字為：

太虛大師挽詩

旬前招我何為者，付我新編意倍醰。

遺囑分明今始悟，先幾隱約話頭參。

神州風雨沉千劫，曠世光華掩一龕。

火宅群兒應不捨，再來仁見兩優曇。

　　旬日前，得葦一法師電話云：大師約談。往謁，無他語，出贈新印《人生佛教》一書，囑撥冗常到佛教會。又謂葦師云：陰曆二十四日後，當離此赴無錫、常州。及期化去，葦師云：「蓋示現無常也。」──弟子趙樸初和南。〔註77〕

對比1987年和1947年兩個注釋文字，以及趙樸初對他人的講述，有幾個地方值得注意：

1. 1987年注釋提及「勉余今後努力護法」，而1947年未載，只說「囑撥冗常到佛教會」。但他對人所言，則說太虛大師要他護持、弘揚。

2. 1947年注釋是太虛大師對葦一法師說將去無錫、常州；1987年注釋是太虛大師對他人說；而他後來對惟賢法師、星雲法師和茗山法師等人所講，則是太虛大師親口對自己說將去無錫、常州。

3. 1947年提及是葦一法師來電，且葦一法師已經領悟無錫、常州隱喻「無常」，而1987年注未提葦一法師。

4. 1994年趙樸初對星雲法師說，自己是「最近」才參悟到太虛大師說將往無錫、常州的密義──但實際上，他應該是早就知道的。1947年注釋則表明，儘管太虛大師說無錫、常州時候大家尚不知他將圓寂，但是他去世之後，葦一法師即已發現此是太虛大師預示無常。至少在趙樸初撰寫挽詩的時候，

〔註77〕趙樸初：《太虛大師挽詩》，《覺有情》，1947年第8卷第15～16號，第7版。載於黃夏年主編：《民國佛教期刊文獻集成》第89卷，北京：全國圖書館文獻縮微複製中心，2006年，第131頁。

他其實就已經知道無錫、常州為「無常」的暗示，他的原注中也有寫到「預示無常」。

　　趙樸初提及這段往事，一方面是表達深切懷念，同時更是強調《人生佛教》一書乃是太虛大師親贈，弘揚人間佛教乃是太虛大師臨終所託；另一方面，這也為太虛大師的神聖性加注，因為預知時至往生是佛門得道高僧一個很重要的標誌，意味著生死自在。太虛大師是公認的高僧、聖僧，而他臨終將《人生佛教》交給趙樸初，也順理成章地確立了趙樸初的宗教地位——作為太虛大師的合法繼承者，承擔著發揚人間佛教的神聖使命。這種神聖性，使趙樸初後來也確實獲得了太虛大師門人的認可和擁護。比如，惟賢法師認為，「趙樸初居士所倡導的人間佛教是對太虛大師人生佛教的直接繼承」〔註78〕，他還曾特別作詩讚揚：「太虛倡導菩薩行，人格完成即佛成；樸老契合新時代，二諦圓融獨創新。」〔註79〕茗山法師也認為太虛大師此舉是這代表著將人間佛教事業「託付」給了趙樸初。〔註80〕趙樸初去世之後，他撰文緬懷說：「樸老「人間佛教」的思想一直是我們中國佛協的努力方向」，要「繼續沿著樸老開拓出的道路前進」。〔註81〕

　　諸如惟賢法師、茗山法師、星雲法師等這些聽聞者及認同者，又將太虛大師和趙樸初的這段往事不斷重複，進一步擴大傳播範圍，強化了趙樸初繼承太虛大師的這種宗教神聖性地位。而趙樸初的中國佛教協會會長以及政協全國委員會副主席、政協全國委員會民族和宗教委員會主任等政治身份，則在推動宗教政策落實、佛教恢復建設中發揮了巨大作用——堪稱是「當代中國佛教第一人」，很多著名寺廟至今仍懸掛著他題撰的匾額和聯語，佛教界普遍尊稱他為當代的「維摩詰」「老維摩」，視他為佛門大護法，甚至是「菩薩化身」。如茗山法師就讚趙樸初曰：「大願大行，菩薩化身……人天共敬。」〔註82〕他的宗教地位和政治身份，都促成了人間佛教思想的推廣和落實。

　　趙樸初對與太虛大師最後一面往事的講述和演繹，在客觀上實現了三個

〔註78〕惟賢：《從人生佛教到人間佛教》，《中國宗教》，2008年第Z1期。

〔註79〕惟賢法師：《人間佛教點明燈》之五，載《慈雲全集》第五卷《詩文雜著編》，北京：北京華藏圖書館，2009年，第623頁。

〔註80〕君岡：《護法人——讀〈九十二生日賦答諸親友〉有感》，《佛教文化》，1998年第6期。

〔註81〕禪林：《花落還開　水流不斷——茗山法師深情追憶趙樸老》，《法音》，2000年第7期。

〔註82〕倪強、黃成林：《趙樸初傳》，北京：人民出版社，2017年，第73頁。

效果，即：第一，強化了太虛大師的神聖性，預知往生，並且預見《人生佛教》一書思想會得到弘揚。第二，強化了趙樸初自己作爲太虛大師直接繼承者的神聖性——此係太虛大師臨終親自所託，囑咐護持佛教。第三，強化了人間佛教思想的神聖性，此乃太虛大師未竟之遺志。

並且，趙樸初同時強調，提倡人間佛教，「這在佛教教義上有根據。當然，這是提倡的重點，並不包括佛教的全部內容。」〔註83〕他以《增一阿含經》「諸佛世尊，皆出人間」以及《六祖壇經》「佛法在世間，不離世間覺」等，闡明佛法與世間的關係，來論證人間佛教神聖性。〔註84〕這樣，不僅將人間佛教拉回中國大乘佛教傳統，而且符合佛教歷史本源和佛陀本願精神。

3.1.3.4　對人間佛教的一些誤解和排斥

80年代，中國佛教協會倡導人間佛教的口號正式提出之後，佛教界和社會上存在不少誤解。有的人反對這個口號，怕佛教日益世俗化；有的人從「左」的方面來反對這個口號，擔心提倡人間佛教，將來佛教會在這個口號上有所發展；還的人是對這個口號進行歪曲，認爲既然是人間佛教，和尚爲什麼不吃葷成家呢？〔註85〕也有的人表示疑惑，若提倡人間佛教，佛教本來就是人間的，哪些不是人間的呢？這不是和什麼也沒說一樣嗎？

這些疑惑、誤解、排斥，甚至是否定，概括起來主要圍繞以下三個錯誤觀點。

其一，有的觀點認爲，人間佛教屬於「人天乘」，在佛法上不究竟，無法實現圓滿解脫。

這種觀點，自太虛大師時代即有，〔註86〕反映出社會及佛教內部對人間佛教一直存在較深的誤解。其實，人間佛教是「菩薩乘」，是由人而菩薩而佛向上增進的。

〔註83〕趙樸初：《關於佛教與社會主義精神文明建設的關係》（1986年3月31日），《趙樸初文集》下卷，北京：華文出版社，2007年，第757頁。

〔註84〕趙樸初：《中國佛教的過去和現在》（1987年5月9日），《法音》，1987年第4期。

〔註85〕淨慧：《普茶》（1995年7月23日），載《柏林禪話》，趙州柏林禪寺2015年版，65頁。

〔註86〕太虛大師言：「人格的圓滿，是要到佛才圓滿。」（太虛：《中國佛學之重建》，《海潮音》第26卷第8、9期，1945年9月1日。收錄於黃夏年主編：《民國佛教期刊文獻集成》第202卷，北京：全國圖書館文獻縮微複製中心，2006年，第168頁。）

太虛大師對此早就有所闡述:「十善六度爲標準,此通於出世善法,從初發心,以至於等覺,無不依此修行,佛則於此十善六度已圓滿,而利他亦仍在此。」〔註87〕趙樸初也說人間佛教「包括五戒、十善、四攝、六度」,這些是主要內容,但是還有「自利利他的廣大行願」,而且「佛教無常觀的世界觀和菩薩行的人生觀的具體實踐,這也是人間佛教的理論基礎」。〔註88〕趙樸初和太虛大師一樣,倡導學菩薩行,從做好人做起,最終實現人間淨土。

茗山法師 1984 年 1 月在無錫市佛教協會傳達中國佛教協會人間佛教號召時,曾專門講解趙樸初會議報告中提出的「五戒、十善、四攝、六度」,並且駁斥對人間佛教的種種誤解。他指出:「五戒十善的人天乘和四攝六度的菩薩乘,最爲適應當前的時代環境」,提倡人間淨土也不是否定西方淨土,此是效仿阿彌陀佛的大願,將娑婆世界建設成爲人間極樂淨土。〔註89〕而聖凱法師亦曾撰文進行剖析,認爲趙樸初「人間佛教的本質是菩薩行,而非人天乘法」。〔註90〕

其二,有的觀點認爲,人間佛教「過於世俗」「過重人本」,缺少佛教超越性精神。

這種觀點認爲,人間佛教是佛教的「世俗化」「庸俗化」,甚至將佛教商業化、信仰淡化、戒律鬆弛、不重修持等問題都歸結爲是人間佛教所導致的「惡果」。但是,事實上,佛教很多實際問題,都是與社會經濟發展相伴生的。

人間佛教絕非僅僅世俗一面,而是具有具有超越性的指向,即以實現人間淨土和解脫成佛爲終極目的。並且,太虛大師還曾特別指明,人間佛教雖以人爲主,卻不能僅僅謀求「現實人間」之樂,不可「將佛法割離餘有情界,孤取人間爲本」,否則會落入「人本之狹隘」。〔註91〕在太虛大師和趙樸初看

〔註87〕太虛:《學佛之簡明標準》(1932 年 6 月),《正信》第 1 卷第 8 期,1932 年 7 月 5 日。收錄於黃夏年主編:《民國佛教期刊文獻集成》第 60 卷,北京:全國圖書館文獻縮微複製中心,2006 年,第 278 頁。

〔註88〕趙樸初:《佛教常識答問》,《法音》,1983 年第 4 期。

〔註89〕茗山:《五戒·十善·四攝·六度——茗山法師講於江蘇省無錫市佛教協會》,《法音》,1985 年第 1 期。鄧子美:《茗山法師的人間佛教思想》,《佛教文化》,2006 年第 5 期。

〔註90〕聖凱法師:《趙樸初「人間佛教」思想的內涵與意義》,中國佛教協會、加拿大佛教會、美國佛教聯合會「首屆中加美三國佛教論壇」論文集,2017 年。引自鳳凰網:https://fo.ifeng.com/a/20170607/44635206_0.shtml。

〔註91〕太虛:《再議印度之佛教》,《海潮音》第 26 卷第 10 期,1945 年 10 月 1 日。收錄於黃夏年主編:《民國佛教期刊文獻集成》第 202 卷,北京:全國圖書館

來，學佛修行當從做人開始，做一個人格完善的好人是成佛的基礎，以此增進，行菩薩道，而成佛道。人人如此，則人間即成佛國淨土。所以，不應將現今存在的佛教現實問題歸因為是倡導人間的緣故；相反地，人間佛教恰恰是要對治、解決這些現實問題。

其三，有的觀點認為，趙樸初提出人間佛教乃是為了迎合政治需要，亦偏離了太虛大師人間佛教路線。

這種觀點認為，趙樸初人間佛教「偏離了太虛大師的人間佛教」，其「核心是讓佛教適應某種特定的人間」，而非改造人間，他對佛教公共角色的定位是「突出的是佛教世俗的功用性，而不是神聖的超越性」。〔註92〕例如，趙樸初說「要以『人間佛教』入世度生的精神，為社會主義四化建設服務」〔註93〕，主張佛教可以與社會主義社會相協調，號召佛教界為國家和社會多做貢獻。但是，如若認為趙樸初提出人間佛教是政治附庸，這實在是一種誤解。趙樸初希望佛教服務國家社會，利益人群，多做入世的事業，是因為「中國佛教這種積極入世的態度，增強了自身在社會中的地位」〔註94〕。換言之，這並非世俗化，乃是他在當時特定的歷史境遇下，為爭取佛教存在和發展的正當性依據而加以強調的，這樣能使佛教在政治上和社會上易於接受。

趙樸初和太虛大師一樣，都主張佛教要與時代、社會、政治關係相適應。太虛大師也同樣是希望結合當時的社會政治制度來建立人生佛教，「依三民主義文化建由人而菩薩、而佛的人生佛教」，促使人生改善和化導世俗，特別強調「依著人乘正法，先修成完善的人格，保持人乘的業報，方是時代的所需，尤為我國的情形所宜。」〔註95〕趙樸初也將佛教發展置於時代和國情考量，不失時機地提出人間佛教，帶領佛教徒愛國愛教、遵紀守法，引導佛

文獻縮微複製中心，2006 年，第 193 頁。

〔註92〕汲喆：《人間佛教、生活禪與「化現代」公案》，載李四龍編：《指月者：淨慧長老與生活禪》，北京：生活・讀書・新知三聯書店，2015 年，第 171 頁。

〔註93〕趙樸初：《佛教與中國文化的關係》（1986 年），《趙樸初文集》下卷，北京：華文出版社，2007 年，第 808 頁。

〔註94〕趙樸初：《中國佛教的過去和現在》（1987 年 5 月 9 日），《法音》，1987 年第 4 期。

〔註95〕太虛：《我怎樣判攝一切佛法》，《海潮音》第 21 卷第 10 號，1940 年 10 月 15 日。收錄於黃夏年主編：《民國佛教期刊文獻集成》第 200 卷，北京：全國圖書館文獻縮微複製中心，2006 年，第 194 頁。

教與社會主義社會相協調，接受黨和政府的領導，擁護社會主義制度，不斷提高佛教自身建設。〔註96〕尤其是他在 1993 年 10 月中國佛教協會第六屆全國代表大會上，把佛教自身建設作爲今後全國佛教界的工作重點，號召加強信仰建設、道風建設、教制建設、人才建設和組織建設。這與太虛大師當年佛教「教理」「教制」「教產」三大革命理想的根本出發點是也是幾乎一致的。

　　整個 80 年代，大陸佛教處於百廢待興的重建時期，各地忙於佛教寺廟硬件恢復，人間佛教思想雖然在佛教界取得一定共識，但在很多地方卻也只停留在「口號」上。對於中國佛教協會而言，這一時期學術研究和國際交往等方面取得很大成績，可是作爲佛教核心的僧伽，尚未在人間佛教的義理和修證層面取得明顯進展。這一局面，直到淨慧法師生活禪的產生才取得實質性突破。

3.2　佛教主體性的覺醒

3.2.1　佛教主體性的內涵

　　佛教主體性，是指佛教的自我身份認同、身份表達，以及佛教與社會關係中積極自覺的能動性。這種能動性既表現爲適應時代價值和社會需求，也堅持佛教核心價值的神聖性、超越性和引導性。主體性有很多層面的意涵，既包括在存在論意義上的「我是誰」「我應當做什麼」的能動性身份定位，以及與其他「非我」對象相區別的界限標誌；也包括實踐論意義上的自我身份表達、與社會對象建立互動關係的自覺意識及實踐活動；還體現爲功能論意義上的社會價值、社會責任等。

　　佛教主體性的問題，不單純是一個學術理論問題，更是一個現實問題，尤其在當代佛教的復興、發展的背景下，更是日趨重要。對於佛教主體性的理解，佛教界和學術界不完全相同。最初是臺灣佛教先熱議佛教主體性有關問題。如臺灣昭慧法師側重「佛教的主體性意識」，這表現爲堅持佛教本位，防止佛教被政治和社會所邊緣化。所以凡是遇到損害佛教利益的事件發生，她都會第一時間挺身而出口誅筆伐。而學者江燦騰討論臺灣佛教主體性則更側重作爲「臺灣佛教」的本土意識，指的是去殖民化之後臺灣本土佛教的自

〔註96〕參見趙樸初：《在福建視察工作時的講話》（1990 年 10 月），《趙樸初文集》下卷，北京：華文出版社，2007 年，第 1052 頁。

主性意識和實踐，臺灣佛教的自我認同既區別於日據時代佛教，也區別於傳統明清佛教。他認為臺灣佛教主體性意識覺醒，是在解嚴以後佛教團體擺脫政治管控束縛，尤其是在開放大陸探親活動之後，因兩岸佛教現況對比之後，才清晰地浮現的。而重建當代臺灣佛教主體性與關懷幫助大陸佛教，是同時並存的。〔註 97〕而臺灣佛教主體性建設，亦即如何探索出一條適應民主時代和多元文化，符合社會發展和民眾心理的現代佛教之路。〔註 98〕

　　在大陸，佛教主體性問題是伴隨著改革開放以後佛教恢復，為了協調和適應社會主義社會關係，以及對治所出現的世俗化、庸俗化、商業化等現象而日益突顯出來的。宗性法師認為，「所謂佛教的主體性，簡單地說，就是佛教的核心理念及真正精神」，〔註 99〕是佛教與其他對象所「不共」的本質屬性。王雷泉以佛教為例，將宗教從內至外分為信仰、社會、文化三大層圈，由此形成宗教、政治、學術三極相互制衡的互動關係。〔註 100〕何建明將宗教主體性作為神聖性、超越理性的個體或群體實踐，又在王雷泉三大層圈基礎上進一步完善，將宗教主體性分為三種，即：居於核心層的指向信徒及其宗教生活的信仰主體性，居於中間層發揮文化傳承功能的文化主體性，以及居於最外層承擔社會責任的社會主體性。這種觀點，也被佛教界所吸收。〔註 101〕具體如下：

> 　　宗教的主體性有三種，即信仰主體性、社會主體性和文化主體性。宗教的信仰主體性是指宗教的信仰生活而言的，更主要的是指宗教的神聖性。宗教的信仰生活或其神聖性修證固然重要，並在宗教信仰中佔據非常重要的、乃至核心的地位，但是，它並非宗教主

〔註97〕 江燦騰：《臺灣近代佛教的變革與反思──去殖民化與臺灣佛教主體性確立的新探索》，臺北：東大圖書有限公司，2003 年。

〔註98〕 詳見江燦騰：《臺灣佛教文化的新動向》，臺北：東大圖書股份有限公司，1993 年，第 105～115 頁。

〔註99〕 宗性法師：《當代中國大陸佛教傳播面臨的機遇與挑戰──兼論佛教主體精神與世俗化傾向的調適》，載宗性：《問學散論》，北京：宗教文化出版社，2008 年，第 314～314 頁。

〔註100〕 王雷泉：《佛教在市場經濟轉軌中的機遇與挑戰──兼論當代中國宗教的若干理論問題》，《佛學研究》，1995 年，第 1～9 頁。

〔註101〕 何建明教授和王雷泉教授的闡述有所不同。他們認為核心是信仰，但是最外層和中間層有所差異。中國佛教協會副會長明生法師在 2017 年「首屆中加美三國佛教論壇」發表論文《菩薩信仰與人間生活──兼談佛教的三個主體性》，即完全採用了何建明教授三個主體性範式。詳見鳳凰網：https://fo.ifeng.com/a/20170609/44636598_0.shtml。

體性的全部，它也不能代表宗教主體性的其他方面──宗教的文化
主體性和宗教的社會主體性。沒有文化性和社會性而只有神聖性的
宗教，它不可能產生，也不可能延續，更不可能發展。

　　所謂宗教的社會主體性，就是指宗教的社會屬性──即拯世
救民性質，是宗教徒信仰宗教的社會責任和在社會中所擔當的角色
特徵……任何一種宗教都有一種強烈的拯世救民的社會責任，並力
求擔當合適的社會角色……任何一種宗教都只能是社會的宗教，宗
教的社會性決定了宗教必須擔當起自己特有的社會主體性角色。
〔註102〕

　　宗教的社會角色（角色責任和身份表徵），即宗教的社會主體
性身份……宗教不是被動地迎合社會的需要，而是積極的服務社會
的需要、拯救社會的苦難、引導社會的良善和提升。〔註103〕

3.2.2　從政治身份回歸到佛教身份

　　身份，是衡量主體性的一個重要參數。人們（或組織）對某一身份的選
擇和認同，其背後必然體現一系列社會規則、社會價值，這些因素使人在生
活中不斷接受某些原則和理念，形成認同並達成一致。

　　1949年之後，大陸佛教經歷了相當坎坷的發展歷程，從50年代社會主義
改造運動開始，一直在努力使自身符合政治要求，用政治思想來支配佛教信
仰。在那個時代，作為公民的政治身份是被公開認可和突顯的，而佛教徒的
宗教身份則相當邊緣，被認為是個人的私事。佛教徒強調國家認同和公民身
份，淡化或隱匿自己的宗教身份，這樣的身份定位，其實反映出在國家和社
會框架下，佛教主體性的整體缺位。

　　儘管國家和政府沒有專門針對佛教採取任何「取締」「消滅」的法令，
但是在一系列政治、經濟和社會運動中，佛教也幾乎完全失去了原來的生存
基礎。土地改革中，大批的僧尼還俗，寺廟被改成辦公場所、學校和工廠，

〔註102〕何建明：《公益事業與宗教的社會主體性（論綱）》，「首屆宗教公益慈善論壇」，
　　　　北京：中國人民大學，2007年。（http://www.xinde.org/feature/Charities2007/
　　　　hjm.html）。

〔註103〕何建明：《宗教的社會主體性與善行的社會意義》，臺灣慈濟慈善事業基金會會
　　　　議論文，2012年，慈濟慈善事業基金會網站：http://www.tzuchi.org.cn/html/2012
　　　　tzuchiforum/1_1.pdf。

很多信徒也不再實踐宗教生活。這對佛教幾乎造成了毀滅性的破壞——尤其是動員僧尼還俗。然而，這在社會上以及佛教界內部卻並未像清末和民國兩次廟產興學那樣遭致強烈反對和抵抗。一些政府幹部到寺廟動員年輕僧尼還俗，還爲他們組建家庭提供幫助，這被認爲是「進步」的——大量僧尼還俗，被視作純粹的個人意志和自願選擇，於是導致了僧眾數量迅速減少。例如，解放前成都一二百人的叢林，至 1951 年只剩二三十人。〔註 104〕但是，大量僧尼還俗情況在巨贊法師等佛教領袖看來，乃是一次千載難逢的佛教純化運動——他們認爲只有憑藉社會改革契機才能眞正實現徹底的佛教改革，汰除不合格僧侶，所謂寧要質量，不要數量。巨贊法師認同太虛大師的僧制改革，認爲傳統中國佛教最大的弊端是家族性太深，唯有徹底破除寺產私有，「化家產的僧寺成公產的僧團」，〔註 105〕才能建設現代中國佛教的基礎，進而實現佛教的振興。太虛大師甚至希望行政力量介入僧制改革，爲了「要使一部分成爲僧團公產」，不惜「一部分索性成爲還俗之在家佛徒私產」，希望以此打開局面，徹底「改良剃度以成爲公度，或亦消除剃派、法派的子孫傳統」。〔註 106〕然而改革傳統佛教制度困難巨大，太虛大師之理想未能實現。及至中華人民共和國成立，儘管黨和政府沒有急於發動改革佛教的運動，但巨贊法師等佛教進步人士認爲佛教必須適應時代進行改革，故而主動要求佛教徒接受社會主義改造，以求「新生」。這樣，經歷土地改革、社會主義改造等運動之後最直接的後果就是導致寺廟經濟的崩潰和僧團的瓦解。之後，政府將少數堅持不還俗的僧尼集中在特定寺廟，將無主寺廟改作他用，也就理所應當了。比如：武漢在 1958 年將全市 272 座寺廟的僧尼集中到了 16 座寺廟，不久又將寺廟合併至 14 座。〔註 107〕長春地區 1936 年共有佛寺 110 座，至1954 年減至 16 座。〔註 108〕

〔註 104〕戒圓：《長沙僧尼展開寺產整理工作》，《現代佛學》，1951 年第 5 期，第 34～35 頁。

〔註 105〕太虛：《建設現代中國佛教談》（1935 年 12 月），《海潮音》，1936 年第 17 第 4 期，第 36 頁。收錄於黃夏年主編：《民國佛教期刊文獻集成》第 193 卷，北京：全國圖書館文獻縮微複製中心，2006 年，第 178 頁。

〔註 106〕太虛：《建設現代中國佛教談》（1935 年 12 月），《海潮音》，1936 年第 17 第 4 期，第 36 頁。收錄於黃夏年主編：《民國佛教期刊文獻集成》第 193 卷，北京：全國圖書館文獻縮微複製中心，2006 年，第 178 頁。

〔註 107〕湖北省地方志編纂委員會編：《湖北省志・宗教志》，武漢：湖北人民出版社，1997 年，第 157 頁。

〔註 108〕長春市地方志編纂委員會編：《長春市志・宗教志》，長春：吉林文史出版社，

　　1950 年，法舫法師曾經給巨贊法師寫信，有人在世界佛教大會上提出選毛澤東主席、李濟深（李任潮）副主席擔任佛教的保護者，故請巨贊法師聯絡徵詢二人意見。這仍然是效仿帝制時代國主作爲佛教最高保護者，希望通過以這種方式來保全佛教盡可能免遭磨難。這一提議未獲實現，李維漢、陳其瑗等高層領導向巨贊法師轉達了不適宜選毛主席爲佛教保護者的決定。〔註 109〕

　　中華人民共和國成立伊始，邁進新時代，主流意識形態是馬克思主義無神論，宗教被視爲毒害人民的鴉片，所以佛教的處境非常艱難。佛教被打上了封建迷信、消極落後、「鴉片」的標籤，佛教僧尼被視爲不勞而獲的「寄生蟲」。但是，佛教徒作爲國家公民，則是可以被改造進步的，國家號召佛教僧尼走入社會，參加生產勞動，和普通人一樣在工廠做工、到地裏種田，成爲「新時代自食其力的勞動者」。作爲佛教徒個體，宗教身份被認爲是個人私事隱而不彰，只有作爲公民的政治身份被不斷強化──愛國愛教，但明確只有唯一的「人民立場」，沒有所謂的佛教立場或是中間立場。

　　與此同時，佛教界也亟需扭轉封建、落後的不利形象，努力改造自身。如巨贊法師強調：「新時代的佛教徒，無論男女老幼，在家出家，如果都走上了『新的道路，則每一個人都能和爲人民服務的新政治結合在一起，爲著實現共產主義的社會而奮鬥。』」〔註 110〕他在《現代佛教》號召佛教全體信眾要擁護土地改革，積極參加生產勞動，參與愛國運動。儘管也有僧尼存在顧慮、迷茫和疑惑：「僧尼參加了勞動，做一個單純的工人，是否是蛻變俗化？」「是否紡一輩子麻、做一輩子麻袋，就算是一個新時代的佛教徒了嗎？」〔註 111〕「佛教的前途在哪裏？」「寺庵能否存在？」「做工就是修行了嗎？」「不停地勞動就可以解脫嗎？」〔註 112〕但是，大部分僧尼信眾還是積極響應號召，鼓足幹勁參加生產勞動，自力更生，並極其誠懇地接受思想改造和

1993 年，第 38～39 頁。

〔註 109〕法舫：《法舫法師致巨贊法師書》，陳其瑗：《陳其瑗致巨贊法師書》，李維漢：《李維漢致巨贊法師書》，《巨贊法師全集》第三卷，北京：社會科學文獻出版社，2008 年，第 1293～1295 頁。

〔註 110〕巨贊：《關於「新的道路」》，《現代佛學》，1952 年第 2 卷第 8 期。

〔註 111〕巨贊：《從大雄麻袋廠的加工訂貨略談佛教的前途》，《現代佛學》，1952 年第 2 卷第 8 期，第 3～5 頁。

〔註 112〕戒圓：《土改時期湖南的寺廟和僧尼生活》，《現代佛學》，1951 年第 1 卷第 7 期，第 31～32 頁。

政治學習。有些僧眾消極應對政治學習，認為這是世間法，與「解脫」「了生死」無關，趙樸初特在中國佛教協會第二屆全國代表大會上闡發時事政治學習和教理學習的關係，即是「世法」和「佛法」的關係：忽視時事政治學習，在佛法上是將佛法和世間法對立、將菩提和眾生分成兩橛，在世法上是「與中華人民共和國公民的權利和義務不相應」；而只重視時事學習而忽視教理學習與禪修誦持，則又是另一個極端。〔註113〕不過，在現實中，政治學習顯然是一再被鼓勵和強調的。〔註114〕如 1953 年中國佛教協會成立之後，「首先著重之工作就是指導並推動全國佛教徒進行關於愛護祖國和保衛世界和平的學習」，增強佛教信徒對時代的認識和對自己責任的認識，積極響應「莊嚴國土，利樂有情」的號召。〔註115〕「文革」前的中國佛教協會第三屆全國代表會議，「加強佛教徒的（政治）學習」仍是列為第一的首要工作，要求「佛教徒應該特別強調愛國主義和社會主義學習……繼續加緊學習時事、學習政策，根據六項政治標準，進行思想改造，做到全心全意地接受共產黨的領導，走社會主義道路，這樣才能跟得上時代……」〔註116〕

此外，佛教界需要向政府和社會論證佛教存在的合理性，也利用了愛國運動、佛教民間外交功能，為佛教爭取存在的空間。巨贊法師主張結合愛國運動，各地佛教界成立「保衛世界和平、反對美國侵略委員會」，用以團結信徒，開展工作。他以自己在北京的經驗為例，雖然沒有「佛教會」，但是組織了「北京市佛教界保衛世界和平、反對美國侵略委員會」，佛教界的一

〔註113〕趙樸初：《中國佛教協會第一屆理事會工作報告》（1957 年 3 月 26 日），《現代佛學》，1957 年第 5 期，第 4 頁。

〔註114〕法尊法師在 1957 年中國佛教協會第二屆全國代表會議發言就指出：「幾年來各處組織政治學習，使原來最不關心政治的佛教徒提高了政治認識，加強了愛國思想，這是很好的；但缺點是比較忽視了佛教教理的學習，今後既要學習政治，也要學習教理。」茗山法師也代表江蘇佛教發言說：「過去學習是偏重於政治方面，今後希望在佛教教理方面加以注意。」這些，反映出佛教界 50 年代學習政治、偏廢教理和修行的情況。(《中國佛教協會第二屆全國代表會議上的代表發言（摘要）》，《現代佛學》，1957 年第 5 期，第 13、17 頁。)

〔註115〕趙樸初：《中國佛教協會第一屆理事會工作報告》（1957 年 3 月 26 日），《現代佛學》，1957 年第 5 期，第 4 頁。

〔註116〕趙樸初：《中國佛教協會第二屆理事會工作報告》（1962 年 2 月 13 日），載於《中國佛教協會五十年　歷屆全國佛教代表會議文獻彙編》，南京：金陵刻經處，2005 年，第 151 頁。

切事宜，都由這個委員會去做，其實也等於是「佛教會」。〔註 117〕同樣，寺廟中的宗教儀式，也在社會政治影響下有所改變，「宗教儀式不再是單純的宗教活動，而是被賦予了時代內容，如祈禱世界和平、抗議侵略、愛國捐獻等」。〔註 118〕中國佛教協會的宗旨，對自身定位表達得更為明確：「本會是中國佛教徒的聯合組織，其宗旨為：團結全國佛教徒在人民政府的領導下，參加愛護祖國及保衛世界和平運動；協助人民政府貫徹宗教信仰自由政策；並聯繫各地佛教徒，發揚佛教優良傳統。」〔註 119〕雖然有提到「發揚佛教的優良傳統」，實際指的是佛教教育、學術、文化工作，「為了佛教事業的開展，為了祖國的文化建設，為了國際的文化交流」〔註 120〕，側重的還是功能性作用，服務於國家政治。並且，最有佛教內涵的「發揚佛教優良傳統」這句話，還是毛澤東主席親自給《中國佛教協會章程》補加上的。〔註 121〕1972 年中國佛教協會恢復工作，首先就是圍繞佛教外交任務展開的。

　　這種強調佛教和佛教徒政治身份的問題，直到 1978 年以後才有所好轉。80 年代開始，佛教主體性逐漸覺醒，佛教僧尼和廣大信眾在認同國家公民身份的同時，也積極尋求作為一種宗教的佛教身份定位，以及作為佛教徒的身份表達。一些僧尼首先自發地恢復了僧裝，如被譽為當代第一比丘尼的隆蓮法師就自己動手剃去長髮，重披袈裟。她回憶道：

　　　　造反派進了愛道堂，讓我們和尚自己動手砸佛像，不允許我們穿僧衣，讓我們重新留起了頭髮。那 10 年對我來說，是個中斷。但並沒能改變我的信仰。1978 年一落實宗教政策，我第一個帶頭剃掉了頭髮，我是自己給自己剃的。〔註 122〕

　　佛教僧尼信眾，很快對佛教發展和國家建設重新燃起了熱情。茗山法師曾直言：「我本來的思想，是關起房門一句阿彌陀佛，以了殘生。但由於您老

〔註 117〕巨贊：《問題商討》，《巨贊法師全集》第 2 卷，北京：社會科學文獻出版社，2008 年，第 832 頁。

〔註 118〕唯慈：《宗教在中國的多面性》，《亞洲觀察》（Asian Survey），1970 年。

〔註 119〕《中國佛教協會章程》，1953 年 6 月 3 日。《中國佛教協會章程》，1957 年 3 月 31 日。

〔註 120〕趙樸初：《中國佛教協會第一屆理事會工作報告》（1957 年 3 月 26 日），《現代佛學》，1957 年第 5 期，第 8 頁。

〔註 121〕倪強、黃成林編：《趙樸初傳》，北京：人民出版社，2017 年，第 91 頁。

〔註 122〕裘山山：《隆蓮法師傳》，上海：上海辭書出版社，第 141、227 頁。

（趙樸初）來訪，又調動了我的社會主義積極性了。」〔註123〕而佛源法師曾一度對佛教未來非常失望，還勸慈學法師爭取退休並「裝病」「裝傻」清修，保全自己。然而他不久駐錫雲門寺之後，則立即投身佛教建設。1983年他邀請慈學法師前來傳戒，信中由衷感歎：「處此偉大的盛世，應全力為國為佛教服務。」〔註124〕

趙樸初也號召佛教在服務國家和社會的過程中，要發揮自身優良傳統，提高自身建設，做到「廟要像廟，僧要像僧」，〔註125〕建立人間淨土。各地對此都進行學習貫徹，如茗山法師記錄了中國佛教協會關松來棲霞寺傳達講話：要「廟像廟，僧像僧；要實行民主集中制，要做個愛國愛教、有理想、有道德、有文化、守紀律的社會主義新僧。既作佛教事業的接班人，也要做社會主義接班人。」〔註126〕雖然，「廟像廟，僧像僧」，最初針對的是佛教管理規範以及僧眾內部戒律鬆弛腐化問題，但是其中也蘊含提升佛教自身建設的含義，保持佛教本有的風貌和傳統，回到佛教作為佛教的身份定位。因此，「做佛教事業的接班人」被放在了「做社會主義接班人」的前面，而趙樸初將佛教工作重心明確為「培養人才」。

大陸佛教佛教主體性從沉寂缺位到驟然覺醒，是與「文革」後佛教百廢待興的現實局面密不可分的。1980年4月19日，鑒真和尚像在揚州展覽開幕，當天《人民日報》上發表了鄧小平《一件具有深遠意義的盛事》，倡導學習鑒真和尚精神，促進「中日兩國人民世代友好事業」。〔註127〕在「文革」之後，「左」的陰影仍有殘餘的情況下，鄧小平公開發表讚揚鑒真的文章，讚揚佛教界為中日友好所作出的努力，並接見日本佛教界友人，這對佛教界是莫大的欣慰和鼓勵。〔註128〕

當時，落實宗教信仰自由政策，是佛教界迫切要求的第一位工作。1980年修改《中國佛教協會章程》宗旨時，特別將「協助人民政府貫徹宗教信仰

〔註123〕茗山：《茗山日記》（1978年11月20日），上海：上海古籍出版社，2002年，第17頁。

〔註124〕釋明向、馮煥珍編：《佛源妙心禪師廣錄》，上海：上海古籍出版社，第2008～2009、2025頁。

〔註125〕這原是中央統戰部副部長張執一在 1980 年中國佛教協會第四屆全國代表會議期間中央統戰部茶會上提出的。

〔註126〕茗山：《茗山日記》，上海：上海古籍出版社，2002年，第454頁。

〔註127〕鄧小平：《一件具有深遠意義的盛事》，《人民日報》，1980年4月19日。

〔註128〕朱洪：《步步蓮花：趙樸初佛緣人生》，北京：當代中國出版社，第151頁。

自由政策」移置最前面，突顯第一位，「以此作爲當務之急」。〔註129〕這也反映出佛教與政治的關係由完全附庸轉變爲對話互動，與政府協商爭取宗教訴求，明確：「宗教活動場所和宗教組織本身的事，應由宗教徒和宗教界人士自理。作爲宗教活動場所的寺廟，應由住在裏面的僧尼自己負責管理。」〔註130〕各地寺廟信眾也強烈要求落實宗教信仰自由政策，歸還、修繕、開放寺廟，開展正常的宗教活動。而中國佛教協會在指導、幫助各地寺廟團體在爭取合法權益，收回寺廟開放宗教場所方面，確實發揮了很大作用。《中國佛教協會章程》宗旨的第二條，修改爲「團結全國各民族佛教徒發揚佛教優良傳統，積極參加社會主義現代化建設和促進祖國統一、維護世界和平的事業」，將「發揚佛教優良傳統」由原來的最末尾表述前置，顯示出佛教本位價值的重要性，並且是在發揚佛教優良傳統的基礎上來努力實現服務國家和社會，而不再一味以參與政治運動來表達佛教自身優良傳統。這看似平常的改動，反映出佛教主體性的意識，與50年代中後期和60年代過分強調政治的特點具有顯著的區別，已經著力在佛教自身建設，逐漸回歸佛教本位。如1980年中國佛教協會第四屆全國代表會議決議也強調：「在培養僧伽人才及推進佛學研究方面，尤其應盡我們最大的力量。」〔註131〕

　　1983年，趙樸初在中國佛教協會第四屆理事會第二次會議上明確提倡人間佛教思想，發揚農禪並重傳統、學術研究傳統和國際友好交流傳統。〔註132〕這既包括了佛教自身建設，又明確了未來發展路線。「農禪並重」，其實是以漢傳佛教爲本位而提出的。這種以漢傳佛教爲本位的信仰主體性建設，其實延續了太虛大師民國時代的努力。太虛大師等已經有意識地在弘揚

〔註129〕正果：《關於〈中國佛教協會章程〉修改草案的說明》（1980年12月16日），《法音》，1981年第1期。

〔註130〕趙樸初：《中國佛教協會第四屆全國代表會議決議》，《法音》，1981年第1期。張執一的原話是：恢復宗教活動場所應當堅持一個基本原則，「凡是按宗教活動場所恢復的寺廟應該以僧尼爲主。應做到廟像廟，和尚像和尚。」而《人民日報》對此的報導文字是：「中央統戰部副部長張執一、國務院宗教事務局局長肖賢法……著重指出，宗教活動（如燒香、拜佛、念經等）和宗教組織本身的事，應由宗教徒和宗教界人士自理。凡作爲宗教活動場所的寺廟應由其寺廟的僧尼自己負責管理。」（《中國佛教協會第四屆全國代表會議今天閉幕》，《人民日報》，1980年12月26日。）

〔註131〕《中國佛教協會第四屆全國代表會議決議》（1980年12月23日），《法音》，1981年第1期。

〔註132〕趙樸初：《中國佛教協會三十年——在中國佛教協會第四屆理事會第二次會議上的報告》，《法音》，1983年第6期。

漢傳佛教八宗同時注意吸收和揀別藏傳佛教和南傳佛教內容，同時也在日本佛教中汲取弘法經驗。「攝小歸大、八宗平等」，是太虛大師堅持的佛法立場。他主張要堅持「中國佛教（華文佛教）本位的新」——「以佛教為中心而適應現代思想文化所成的新的佛教」，「掃去中國佛教不能適應中國目前及將來的需求的病態」，「揭破離開中國佛教本位而易以異地異代的新謬見」。〔註133〕所以，「人間佛教」的道路選擇，以及堅持「農禪並重」（修行）、「學術研究」（義理）優良傳統，基本確立了大陸漢傳佛教的發展走向——仍然是以漢傳佛教為本位，而非走向早期印度佛教或是試圖從南傳佛教、藏傳佛教中謀求解脫道路。

整個 80 年代，佛教百廢待興，最迫切的任務是「落實宗教政策」。1988年趙樸初代表宗教界在全國政協七屆一次會議上的發言，呼籲「繼續落實政策」「進行體制改革」「加強法制建設」〔註134〕，要求歸還寺廟教堂，並由宗教徒自己管理，依法保障正當權益。之後，隨著寺廟場所的恢復和開放，強化自身建設很快成為佛教界的中心議題。

1993 年，中國佛教協會成立四十週年之際，趙樸初提出佛教界僧尼和信徒要加強自身建設，強調「信仰建設是核心，道風建設是根本，人才建設是關鍵，教制建設是基礎，組織建設是保證」〔註135〕。為此，要求寺院僧尼必須堅持學修，信仰生活、佛教儀式、戒律制度等方面都要制度化、規範化、日常化。《法音》編輯部還對趙樸初的講話進行解讀，「自身建設的重點是以戒為師」，而「自身建設的關鍵在於培養佛教人才，提高四眾素質」。〔註136〕

不過，值得注意的是，政府宗教部門對「加強佛教自身建設」的側重是與佛教界不太一樣的。如趙樸初一再強調培養人才的重要性，「佛教工作最重要最緊迫的事情是培養人才」，是「當前和今後相當時期內佛教工作最重要、最緊迫的事情」。〔註137〕而國務院宗教事務局局長張聲作講話，「加強佛教自

〔註133〕太虛：《新與融貫》（1937 年 8 月），《海潮音》，1937 年第十八卷第九期，第14 頁。收錄於黃夏年主編：《民國佛教期刊文獻集成》第 197 卷，北京：全國圖書館文獻縮微複製中心，2006 年，第 363 頁。

〔註134〕趙樸初：《當前宗教工作三件大事》，《趙樸初文集》，北京：華文出版社，2007年，第 883～885 頁。

〔註135〕趙樸初：《中國佛教協會四十年——在中國佛教協會第六屆全國代表會議上的報告》，《法音》，1993 年第 12 期。

〔註136〕本刊編輯部：《振興象教 繼往開來——祝中國佛教協會第六屆全國代表會議在京召開》，《法音》，1993 年第 10 期。

〔註137〕趙樸初：《在全國漢語系佛教教育工作座談會的講話》，《趙樸初文集》，北京：

身建設」的相關闡述是：僧人要「擁護黨、擁護社會主義、有宗教學識、作風正派」，信教群眾要進行「愛國主義、社會主義和民族團結教育」及「民主法制和政策教育」，不斷「提高政治思想覺悟和法制觀念」等。〔註138〕張聲作的講話發言代表了官方對於「佛教加強自身建設」的期待和支持，而佛教界的側重點是在佛教本位的角度，與政府部門的著重點有所不同，但這其實也反映出了佛教主體性意識在這一時期的明顯增強。從 80 年代開始，佛學院教育以及傳戒活動，開始有序進行，漸成規模。重視人才培養，秉持「以戒爲師」，回歸宗教身份本位，這也是當代大陸佛教自身發展建設的關鍵所在。

3.2.3　從與氣功雜糅的狀態到倡導佛教正信

　　80 年代，氣功被政府、學界、軍方和社會普遍認可是「科學」。〔註139〕儘管不少氣功功法都夾雜了佛道教的元素和修行方法，氣功修習者也大多熱衷於佛道教，但相對於「宗教」來說，氣功則更有合法性地位和公開性身份。例如，華東師範大學教授、上海市道教協會副會長的潘雨廷先生就表示：「氣功和宗教有極密切的關係，與其研究宗教，不如研究氣功。宗教只在宗教場所可以研究，氣功在任何場所都可以研究。」〔註140〕「文革」之後，個體從政治運動中被釋放出來，開始關心身體和健康，氣功流行一方面是因其具有一定強身健體和治療疾病的功效，另一方面則是因爲氣功團體是唯一合法的社會大眾組織，滿足了民眾交往結社和表達心理情感的需要。〔註141〕所以，

華文出版社，2007 年，第 1119、1121～1122 頁。他將講話中，連續說到：「當前和今後相當時期內佛教工作最重要、最緊迫的事情，第一是培養人才，第二是培養人才，第三還是培養人才。」

〔註138〕張聲作：《在中國佛教協會第六屆全國代表會議和中國佛教協會成立四十週年紀念會上的講話》，《法音》，1993 年第 12 期。

〔註139〕1981 年，中國中醫氣功科學研究會成立；1986 年，中國氣功科學研究會成立，張震寰將軍任理事長；1986 年中國人體科學研究會成立，張震寰將軍任理事長，錢學森任名譽理事長。1988 年，世界醫學氣功學會在北京成立，衛生部崔月犁部長任會長。

〔註140〕1988 年 1 月 10 日，上海市氣功協會成立之日所說。見張文江：《潘雨廷先生談話錄》，上海：復旦大學出版社，2012 年，第 315 頁。

〔註141〕宗樹人（David A. Palmer）認爲，氣功成爲中國城市中人們表達社會與精神需求的主要途徑之一。城市人口中有 20%左右的人都熱衷於練氣功。氣功熱更多像是一種社會運動，它既非制度化宗教，亦非農村民間宗教，也不是有統一組織的新宗教運動。詳見 David A. Palmer, Qigong Fever: Body, Science, and Utopia in China / La Fièvre du Quigong: Guérison, Religion, et Politique en Chine, New

很多民眾是從修煉氣功才接觸到了佛教。

在氣功熱潮最爲興盛時期，全國氣功修習者多達 5000 萬人，〔註142〕辦有多種刊物，如《氣功》《氣功與科學》《中華氣功》《中國氣功》《東方氣功》等，〔註143〕而且在武術、中醫、體育以及佛道教刊物上也常刊載關於氣功的文章，流行的氣功類書籍常常是初版數就達萬冊甚至十幾萬冊。〔註144〕到了 80 年代中後期，民眾對氣功的狂熱已經近乎失去理智，成爲對各種氣功大師膜拜的造神運動。

佛教本來就承認神通的存在，一些寺廟還有修習武術的傳統，何況當時氣功屬於「科學」的範疇，佛教界很多大德法師居士都非常認可並推崇氣功、特異功能、人體科學等。如：1986 年中國人體科學研究會成立時，中國佛教協會會長趙樸初居士也做了大會發言。張寶勝等也曾應邀在廣濟寺給趙樸初及寺中法師表演過特異功能。中國佛教協會副會長巨贊法師本人是峨眉氣功的傳人，他 50 年代得峨眉鎮健居士周潛川先生親傳，十年動亂期間在獄中練功禪修頗有心得，著有氣功修煉方面的《峨眉指穴法三十六式》《延年卻病篇服氣訣》《關於藏密的氣功》等，60 年代曾將「峨眉十二樁功法」「天罡二十八指穴法」傳授予人，〔註145〕80 年代又讓學生傅偉代傳峨眉十二樁，僅在北京地區就有數百人學習修煉，〔註146〕其《「陰平陽秘」的試探》〔註147〕等文章還曾公開發表在《中華氣功》上。中國佛教文化研究所所長吳立民結合氣功、唐密和禪等方法，倡導藥師法門。他認爲東方主生，所以最適合修習藥師定，而主張用數息觀來持藥師咒，最後達到弘化的境界，其功法口訣有：「教在賢臺，歸在淨土。行在三迷，宗不思議。根於般若，證如來藏。推開

York, Columbia University Press, 2007./Paris, Editions de l'EHESS, 2005.

〔註142〕陳星橋：《略論佛教「氣功」》，《法音》，1997 年第 4 期，第 27～29 頁。

〔註143〕《氣功》是國内第一家氣功期刊，浙江省中醫藥研究院主辦，1980 年創刊。《氣功與科學》，廣州氣功科學研究協會主辦，1982 年創刊。《中國氣功》原名《北戴河氣功》，北戴河氣功療養院主辦，1984 年創刊，1986 年改名爲《中國氣功》。《中華氣功》，中華全國中醫學會氣功科學研究會主辦，1983 年創刊。《東方氣功》，北京氣功研究會主辦，1986 年創刊。

〔註144〕例如，蔣敏達等著的《氣功強身法》（上海教育出版社）1980 年一版一印數量就有 12 萬冊。

〔註145〕余克鈞憶述：《天罡指穴二十八法歌訣附圖》，《巨贊法師全集》，北京：社會科學文獻出版社，2008 年，第 2220～2227 頁。

〔註146〕張星：《巨贊法師談峨眉十二樁》，《中華氣功》，1983 年第 1 期。

〔註147〕巨贊：《「陰平陽秘」的試探》，《中華氣功》，1983 年第 1 期。

尾閭，視鼻端白。凝神入穴，安那般那……」〔註148〕江蘇省佛教協會會長
茗山法師，在長期腰痛時也接受過氣功推拿治療，感覺頗有效果。〔註149〕
這些對氣功支持者，有的希望借氣功來弘揚佛教，有的希望挖掘佛教、佛經
中的氣功和生命科學，有的希望吸收氣功方法來提升健康和修行。

　　不過，隨著佛教主體意識覺醒，佛教身份的強化，佛教與氣功的邊界也
開始清晰，一些佛教有識之士主張佛教與氣功是不共的，應當將佛教從與氣
功雜糅的狀態中剝離，純化佛教信仰。淨慧法師即比較早地意識到了將佛教
和氣功混同的問題，他不贊成將氣功與佛學相提並論〔註150〕，認為應當扭轉
氣功對佛教、對禪修的曲解，他主辦《禪》的最重要的一個原因就是要引導
氣功修煉者和佛學愛好者轉向佛教正信和禪修。

3.3　生活禪與人間佛教的關係

3.3.1　淨慧法師對生活禪與人間佛教關係的闡述

　　生活禪與人間佛教的關係，以及生活禪的定位，是當代佛教研究領域的
重要議題。有的學者將生活禪作為人間佛教的具體實踐方式之一，有的學者
將生活禪作為人間佛教的禪宗化，有的學者認為生活禪是超越禪宗的一種整
體性現代佛教形態，有的學者將生活禪作為一種禪修方式和佛教制度，也有
的學者認為生活禪是現代改良型的禪法、禪修或修行理念。〔註151〕

　　然而，這種在學術語境下的生活禪與人間佛教關係，實際上與淨慧法師本

〔註148〕吳立民講法視頻《吳老傳唐密藥師法》，土豆網：http://www.tudou.com/programs/
view/vU-0-LCYPzY/。
〔註149〕茗山：《茗山日記》，上海：上海古籍出版社，2002年，第596～598頁。
〔註150〕王雷泉：《走出圍牆的擦邊球大師——緬懷淨慧長老》，石家莊：第三屆河北
禪宗文化論壇，2013年5月24日至26日。https://www.douban.com/group/
topic/44687076/。
〔註151〕具體參見鄧子美：《二十世紀中國佛教智慧的結晶——人間佛教理論的建構
與運作（下）》，《法音》，1998年第7期，第16～22頁。陳兵：《中國佛教
的回顧與展望》，《法音》，2000年第2期，第6～12頁。張志軍：《生活禪
興盛之原因探析》，《禪文化》第一輯，鄭州：中州古籍出版社，2011年，
第586～591頁。聖凱：《禪宗現代轉型之路剖析——以安祥禪、現代禪、
生活禪為中心》，《中國禪學》第3卷，2004年。李四龍編：《指月者：「淨
慧長老與生活禪」學術研討會論文集》，北京：生活・讀書・新知三聯書店，
2015年。

人的想法並不完全一致。淨慧法師將人間佛教和祖師禪作為生活禪的兩個源頭，「生活禪是根據祖師禪的精神和人間佛教的思想而提出的法門」〔註152〕，因此更有必要從淨慧法師自身角度，探究他對二者關係的論述和思考。淨慧法師曾多次談及自己的想法，例如在第十屆生活禪夏令營時，他明確講到：

> 生活禪與人間佛教有什麼聯繫？從禪宗修行及實踐的角度來講，我覺得生活禪的理念就是在實踐上來落實人間佛教……它和人間佛教是不一不二的。〔註153〕

淨慧法師認為生活禪和人間佛教是「不一不二」的。「不一不二」這個表述，在佛門很常見，但也十分耐人尋味。若是「不二」，則如如平等無彼此分別，那麼單有人間佛教就足夠了，又何必再提出生活禪呢？若是「不一」，則二者分明有別，人間佛教是人間佛教，生活禪是生活禪，到底是兩種不同的東西，且有各自不同的時代使命，又如何自動發生關聯？這其中的關鍵，在於他是在不同的時期、不同的場合，是以不同的身份，面對不同的對象所講。因此，研究淨慧法師自己對生活禪和人間佛教關係的話語，必須注意到他在探討這個問題時候的主要身份和代表立場，以及是在什麼層面上來討論生活禪和人間佛教的關係。首先，要梳理清楚兩種不同層面的「人間佛教」，即：作為類意識形態化的人間佛教，以及純思想性的人間佛教。前者是作為當代中國佛教協會的指導思想，是原則性的，輕易不可改動；後者是佛教思想現代化的產物，是探索佛教發展與社會時代契理契機結合的思潮，是發展性的，可以因地制宜。然後，才能準確把握他對生活禪、乃至生活禪和人間佛教關係的定位。

3.3.1.1 作為中國佛教協會指導思想的人間佛教

自 80 年代趙樸初重提人間佛教以來，倡導人間佛教就成為中國佛教協會的歷史使命，被認為是當代佛教的發展道路。淨慧法師作為中國佛教協會副會長、河北省佛教協會會長，擁護和落實人間佛教思想是他義不容辭的責任。他也明確表態認同：「人間佛教的思想最契合佛陀的本懷和眾生的根機，

〔註152〕淨慧：《生活禪是大法門──「人生修養的四大選擇」講座前的題外話》（2000年7月），載於《夏令營的腳步──柏林禪寺生活禪夏令營》，趙州柏林禪寺印行，2014年，第152頁。

〔註153〕淨慧：《普茶》（2002年7月21日），載於《夏令營的腳步──柏林禪寺生活禪夏令營》，趙州柏林禪寺印行，2014年，第218頁。

是當今弘揚佛法的正確取向。」〔註154〕在中國佛教協會人間佛教主流話語體系下，人間佛教是一種指導性的原則，如同前進的旗幟和口號，但是其具體內涵是可以與時俱進的。淨慧法師認為，人間佛教的口號具有現實意義，提倡人間佛教的佛門大德（太虛大師、印順導師、星雲法師、趙樸初等）具有權威性，並且人間佛教這個口號不僅被整個華人佛教界所認同，也已經得到國外很多佛教派系的認同，並且受到政府的認同，人間佛教是佛教界的「中心概念」「主流思想」，因此這個口號不能輕易改變——一個宗教提出的中心理論必須具有穩定性和凝聚力。〔註155〕

　　而在落實人間佛教層面提出生活禪，則既符合中國佛教的現實，也使生活禪獲得合法性依據，容易獲得中國佛教協會和各級政府的支持，避免阻力。那時，人間佛教思想長期只是停留在「口號」上，在理論和實踐層面都沒有取得實質性進展，在佛教內部也遭致很多誤解和質疑。例如，中國佛教協會一次理事會上，就有藏族活佛請翻譯提出疑問：「佛教是了生脫死的，厭棄人間的，為什麼要倡導『人間佛教』呢？」〔註156〕趙樸初自己也曾聽說有人寫文章批評人間佛教，他晚年病榻上還在思考人間佛教，認為「人間佛教有些事還沒解決」。〔註157〕而淨慧法師對人間佛教的發展形勢具有清醒的認識，他不失時機地提出生活禪，希望在禪宗的角度落實人間佛教精神。但他同時也意識到趙樸初會長所提出的「人間佛教」過於簡單，缺乏修證層面的可操作性，而生活禪恰恰可以彌補這個空洞。淨慧法師從虛雲老和尚學禪，獲禪宗五家法脈，他對禪的理解以及修行體悟是相當深入的。因此，他以禪宗的方式，成功地將眾多氣功愛好者、佛學愛好者引入佛門。

　　淨慧法師說：「生活禪是在人間佛教思想的基礎上，以祖師禪為依歸，以現代人心所向為出發點，比較完整的禪宗現代修行理念。」〔註158〕「『生活禪』來源於祖師禪的精神和『人間佛教』思想，目的在於落實人間佛教的理念」，「生活禪作為落實和實踐人間佛教的一個法門」。〔註159〕他認為，人

〔註154〕淨慧：《禪者的對話——記淨慧法師訪「安祥禪」耕雲先生》，《禪》，1991年第3期。

〔註155〕仁嗣、超明：《淨慧長老訪談錄》，《江蘇佛教》，2011年第3期。

〔註156〕會議紀要手寫草稿還記錄了，對於「人間佛教」在少數民族佛教信眾中，儘量不提，若一定要提，必須注意譯詞含義。原件藏於河北趙縣柏林禪寺。

〔註157〕倪強、黃成林：《趙樸初傳》，北京：人民出版社，2017年，第292頁。

〔註158〕淨慧：《在生活中修行，在修行中生活》，《法音》，2012年第6期。

〔註159〕淨慧：《在第八屆生活禪夏令營開營式上的講話》（2000年7月20日），載於

間佛教理念不僅是「佛教現代化的理論基礎」，同時更是「佛教與社會主義社會相適應的基本思想」。〔註160〕這樣，在落實人間佛教思想的大前提下來倡導生活禪，不僅僅是實踐人間佛教思想的具體問題，也準確地把握住當代國情和宗教政策特點，很好地處理了佛教與社會主義社會相適應的現實問題，同時爲禪宗契合時代發展尋求到一個出路。

> 「人間佛教」是具有號召力的一個口號……「生活禪」是認識
> 到「人間佛教」提出來一個理論框架之後，缺乏實踐方法，於是在
> 「人間佛教」思想的實踐方面提出「生活禪」的修行理念。〔註161〕

並且，正如淨慧法師所講的：生活禪夏令營「逐步成爲向海內外宣傳宗教信仰自由政策和愛國愛教思想的一個窗口，逐步成爲貫徹中國佛協倡導的『人間佛教』積極進取精神的一個陣地，逐步成爲充實和完善『生活禪』修行理念的一種模式」，這是「積極探索佛教與社會主義社會相適應在教義教規上的契入點」。〔註162〕因此，生活禪得到河北省市縣各級政府以及中國佛教協會大力支持，〔註163〕作爲宗教與社會主義社會相適應的一個典範樣板，就絕非偶然了。

3.3.1.2　作爲現代佛教思想理念的人間佛教

淨慧法師認爲生活禪是繼承太虛大師現代人間佛教思想的實踐。而人間佛教的理念「是佛法的根本義趣，它是亙古而常新的」。〔註164〕他認爲生活禪提出，是源自太虛大師人間佛教的口號，充分發揮「中國佛學特質在禪」〔註165〕的特色，在實踐修證層面對人間佛教思想進行具體落實。他視人間

《夏令營的腳步──柏林禪寺生活禪夏令營》，趙州柏林禪寺印行，2014年，第150頁。

〔註160〕淨慧：《在第九屆生活禪夏令營開營式上的講話》（2001年7月20日），載於《夏令營的腳步──柏林禪寺生活禪夏令營》，趙州柏林禪寺印行，2014年，第178～179頁。

〔註161〕王志遠訪談，今朝錄音整理：《淨慧長老訪談錄》，《宗風》（己丑・春之卷），北京：宗教文化出版社，2009年。

〔註162〕淨慧：《在第十四生活禪夏令營開營式上的講話》（2006年7月20日），載於《夏令營的腳步──柏林禪寺生活禪夏令營》，趙州柏林禪寺印行，2014年，第318頁。

〔註163〕第三屆生活禪夏令營是由中國佛教協會直接參與主辦的。而對於生活禪夏令營活動報導等，也在《法音》刊物上頻頻登載。

〔註164〕淨慧：《生活禪，禪生活》（2001年7月20日），載於《夏令營的腳步──柏林禪寺生活禪夏令營》，趙州柏林禪寺印行，2014年，第193頁。

〔註165〕太虛：《中國佛學》，《太虛大師全書》電子版，印順文教基金會，2008年。

佛教爲「理念」「理論框架」，而生活禪則是「人間佛教的一個組成部分」。
〔註166〕

　　對於趙樸初重提人間佛教的背景，淨慧法師的體會是非常深刻的：在政治層面是尋求佛教與社會主義相適應；在佛教層面是發揚大乘菩薩行，堅持以社會人生爲本位；在社會層面是努力將佛教拉回現實生活和主流文化當中。然而，淨慧法師也對人間佛教理論和實踐的現狀不甚滿意，「離成熟的人間佛教還有一段比較長的距離」〔註167〕，所以他倡導生活禪，致力於推進落實。

　　淨慧法師認爲，人間佛教的「人間」包括佛教所說的有情世間、正覺世間、器世間三種世間，是因緣法的體系。〔註168〕廣義的人間佛教，包括一切佛法；而狹義的人間佛教思想，以太虛大師的論述爲代表。人間佛教思想特別強調「重視人生」和「以人爲中心」，倡導「佛法濟世利人」的積極精神。〔註169〕他認爲當今所提倡的人間佛教，仍然要學習借鑒太虛大師的理論實踐經驗，讓佛教「能夠有效地融入現實生活，融入主流文化，從而更有效地發揮它的教化功能」〔註170〕。

　　在《關於人間佛教的理論思考》一文中，淨慧法師將太虛大師人間佛教作爲「現代佛教的理想模式」和「中國佛教的出路」。他也指出，當前人間佛教理論建設力度不夠，需要在教理教法研究、僧團建設管理、佛法對治社會問題三個方面予以加強，探索出一套既符合佛教教理，又能適應時代需要，並且被社會大眾容易接受的方法。在淨慧法師看來，生活禪是用現代理念和語言來傳播禪法，生活禪的目的是實現禪生活〔註171〕，發揮佛教信仰對人生

〔註166〕淨慧：《在第十七生活禪夏令營開營式上的講話》（2010年7月20日），載於《夏令營的腳步——柏林禪寺生活禪夏令營》，趙州柏林禪寺印行，2014年，第383頁。

〔註167〕淨慧：《「生活禪系列叢書」總序》，載於《一行禪師佛學講演錄》，北京：中國國際廣播出版社，1999年。

〔註168〕仁嗣、超明：《淨慧長老訪談錄》，《江蘇佛教》，2011年第3期。

〔註169〕拙緇：《人間佛教與以戒爲師——學習太虛大師關於人間佛教思想的體會》，《法音》，1988年第8期。

〔註170〕淨慧：《融入生活，回歸當下——關於禪宗文化推陳出新的一點思考》，《法音》，2011年第11期。

〔註171〕淨慧：《在第十四生活禪夏令營開營式上的講話》（2006年7月20日），載於《夏令營的腳步——柏林禪寺生活禪夏令營》，趙州柏林禪寺印行，2014年，第318頁。

的引導性，與生活打成一片。但是，這種人間性、人間品格，並非一味順從迎合世間而脫離了生脫死的本懷，人間佛教最終是秉持出世的本懷的。人間佛教的基本理念是「以菩提心爲核心，以人乘正法爲基礎，以大乘菩薩行爲正行」，而生活禪「覺悟人生，奉獻人生」就是發菩提心，行菩薩道。而人乘正法乃學佛的基礎，不僅是世間善法，也是出世間法，通過上求佛道、下化眾生發菩提心，從而「世法和出世法、個體與社會、自了與利他、做人與成佛，達到了高度的統一」。〔註172〕

3.3.2 淨慧法師對太虛大師的仰慕和推崇

淨慧法師非常仰慕和尊崇太虛大師，他認爲太虛大師與慧能大師、道安大師是中國佛教歷史上的「三座里程碑」，他們分別代表了佛教的現代化、大眾化和中國化。而太虛大師對當今佛教的影響最爲深遠，他所開闢的現代佛教革新道路，仍然指引著中國佛教界不斷前行〔註173〕，甚至已成爲世界佛教發展的取向〔註174〕。

淨慧法師對太虛大師的情感是非常眞摯的。他很早就接觸並認同太虛大師人間佛教思想。淨慧法師青年時代在武漢三佛寺時就聽說過太虛大師事蹟，〔註175〕50年代在中國佛學院又受教於太虛大師弟子巨贊法師、正果法師、法尊法師等，因而對太虛大師的理解較一般僧人更爲深刻。

1980年，淨慧法師剛回到中國佛教協會工作時，就非常注意閱讀和學習太虛大師有關著作。那時，港臺佛教刊物、書籍已經可以順利寄達。淨慧法師當年的日記內容，就有不少是太虛大師及人間佛教的相關摘錄。例如：

> 1980年，閱讀《太虛年譜》民國三十五年一月一日，太虛題重慶《和平日報》（原名《掃蕩報》，此時改名）詩：十年掃蕩妖氛盡，一旦和慶到來。猶有和平暗礁在，迅速掃蕩勿遲回。

〔註172〕淨慧：《關於人間佛教的理論思考》，載於明海主編：《人間佛教思想文庫：淨慧卷》，北京：宗教文化出版社，2017年。

〔註173〕淨慧：《當代佛教契理契機的思考》，《法音》，1995年第4期。淨慧：《在第九屆生活禪夏令營開營式上的講話》（2001年7月20日），載於《夏令營的腳步——柏林禪寺生活禪夏令營》，趙州柏林禪寺印行，2014年，第178頁。

〔註174〕淨慧：《生活禪夏令營緣起》，《法音》，1993年第9期。

〔註175〕淨慧：《雲水舊蹤——淨慧老和尚訪談》，2004年4月於湖北當陽玉泉寺訪談，明海法師提供。

太虛法師撰聯集錦：

普門眾相原無相，悟道因言不在言——贈普悟

據千光座示心地，坐一微塵轉法輪——贈惠空

慧海翻瀾彰萬法，明星舒彩悟唯心——贈稚庵

願將佛手雙垂下，摩得人心一樣平——贈上海念佛社

接引逢三聖，虔誠秉一心——題西方三聖像

遙觀極樂天邊月，去作蓮花會上人——題蓮花會（《海（潮音）》

13.3）

人間淨土——愛國（莊嚴人間淨土）

極樂世界——愛教（成就上品上生）

人間莊嚴淨土，極樂上品上生。

太虛弟子：

大慈（黃葆蒼）、大愚（李時諳）、大勇、大智（嚴少孚）、大剛（王又農）、大悲（鄧天民）、大嚴（王亭虛）。此皆世俗知名之士，或曾為軍官，或曾充議員，或為教授名流，一時厭世捨俗，所謂半途出家者，雖各有成就，於現代中國佛教，無大影響。

（其有影響者，為：）法尊、芝峰、會覺、淨嚴、印順、嚴定、悲觀、墨禪、大醒、迦林、亦幻、談玄、超一、滿智、塵空、葦航、慈航、本光、道源、曇缽、敏智、竺摩、燈霞、白慧、福善等諸法師。〔註176〕

　　淨慧法師深知，太虛大師因為支持國民黨和三民主義，一度是非常敏感的人物，因此在「文革」以前，人間佛教的思想也是受批判的對象。趙樸初在《佛教常識答問》中重新提出了人間佛教的理念，當時淨慧法師擔任《法音》的主編。他自忖：「如果這個文章在《法音》上登出來，有關方面都能認同，那就是佛教的春天真正來了。」〔註177〕1983年趙樸初在中國佛教協會成立三十週年大會上正式提出倡導人間佛教思想之後，淨慧法師也以筆名「拾文」專門撰文，在1984年第5期的《法音》發表《人間佛教思想資料選編》。他選取的資料，不僅有《增一阿含經》《六祖壇經》《法苑珠林》等

〔註176〕淨慧法師日記《燈下雜抄》（八），1980年，崇諦法師等整理，明海法師提供。
〔註177〕柏林禪寺：《生活禪者》（紀錄片）下集，黃梅四祖寺：http://www.hmszs.org/145/2018/04/201804231081.html。

佛言祖語,而且也特別選入了太虛大師「仰止唯佛陀,完成在人格,人成即佛成,是名眞現實」的法偈,以及印順導師《妙雲集》學菩薩行內容,介紹佛教經論和祖師大德的經驗。但是,他採取的是廣義範圍的「人間佛教」涵義,很小心地將太虛大師偈語附在其中。1988 年,淨慧法師又以筆名拙緇發表《人間佛教與以戒爲師──學習太虛大師關於人間佛教思想的體會》,極力糾正佛教界提倡人間佛教而忽視戒律的修學,同時指出佛教在某些方面同現代人的根機、現代人的生活存在一定距離,需要因時制宜作出調節和適應。另一方面,他認爲現代佛教徒應當契理契機地開展弘法利生事業,使人信解佛法,實踐佛法。〔註 178〕他非常認可並推崇人間佛教,認爲人間佛教具有強盛的生命力。從這些早期的文章中,可以看出淨慧法師一直在思考佛教未來的發展及如何踐行人間佛教的問題。

淨慧法師說:「從上個世紀二三十年代起,一些受新文化影響的佛教學人即將『生活』一詞引入佛教,用於弘法修行之中。其中,用的最好、用的最嫻熟的、最圓滿的,就是太虛大師……『生活禪』這個概念,在我之前也有人提過……但是,他沒有將此作爲修行的一種體驗,進而反覆地探索與實踐。」〔註 179〕這說明淨慧法師提出的生活禪是建立在修行基礎上的,以佛教信仰爲本位,不同於普通的概念和知識,而這種生活化的取向,是直接繼承太虛大師的。淨慧法師最早系統展現自己生活禪思想的《生活禪開題》,也是仿效太虛大師《人生佛教開題》而作的。他主張佛教界應當順應太虛大師人間佛教這一主流思想,理解和修學佛法,去化導世間、建設世間、改善世間、覺悟世間。

3.3.3　生活禪對人間佛教的發展

淨慧法師的生活禪思想,也是對人間佛教理論的一個時代性的發展。淨慧法師認爲,「太虛大師的人間佛教思想爲中國佛教的未來發展指明了光明的道路」〔註 180〕,是中國佛教振興的必由之路。但是,人間佛教不僅僅是個理論問題,同時也是一個實踐問題,必須要從修證的角度,實現從自我淨化到

〔註 178〕拙緇:《人間佛教與以戒爲師──學習太虛大師關於人間佛教思想的體會》,《法音》,1988 年第 8 期,第 5～7 頁。

〔註 179〕淨慧:《關於生活禪》(2009 年 7 月 26 日),載於《夏令營的腳步──柏林禪寺生活禪夏令營》,趙州柏林禪寺印行,2014 年,第 376 頁。

〔註 180〕淨慧:《關於人間佛教的理論思考》,載於明海主編:《人間佛教思想文庫:淨慧卷》,北京:宗教文化出版社,2017 年,第 16 頁。

淨化社會大眾，解決每個人生命當下的困惑。所以，他主張將人間佛教思想
精神轉變爲具體修行理論，運用到廣大信眾的日常生活行動中，只有這樣，
才能眞正發揮佛教的作用。而提出生活禪、舉辦生活禪夏令營等一系列活動，
就是「探索佛教在現代生活環境中實踐的方法以及與社會溝通適應的方式」。
〔註181〕

　　在淨慧法師看來，生活禪的修行原則「將信仰落實於生活，將修行落實
於當下，將佛法融化於世間，將個人融化於大眾」就是人間佛教人乘正法、
菩薩行和菩提心的體現。而「在盡責中求滿足，在義務中求心安，在奉獻中
求幸福，在無我中求進取，在生活中透禪機，在保任中證解脫」則是「人間
佛教之精神實質的進一步展開」〔註182〕，有效統一了現實生活責任與個體修
行解脫。他認爲，生活禪以三學爲修學的總綱，以四攝爲利他的方便，以六
度爲修學的正行，以老實做人爲修學的起點，以輕安明淨爲修學的證驗等修
行理念，比較全面地提示了人間佛教的內涵。〔註183〕

　　淨慧法師倡導生活禪，在日常生活中實踐佛法信仰，他對人間佛教最重
要的一個貢獻是在社會層面推廣了生活禪理念——一種超越於佛教信仰的
普世性價值理念。淨慧法師很清楚地認識到，「建設人間淨土，與其把它看
作是一個遙遠的目標，還不如說它應當成爲現代人的一種生活方式和生活態
度」〔註184〕，因此他在傳播生活禪理念時有意地避免或淡化佛教色彩，儘量
使用通俗易懂的現代語言，這樣突破固有的佛教信仰群體，易於一般社會大
眾和文化人士理解、認同和接受。而佛教最核心、最精髓的慈悲、智慧精神，
以及建設人間佛教的願景，也就扎根於現實生活中了。

　　並且，在建設人間佛教方面，淨慧法師特別強調要處理好「僧團的自身
建設問題」以及「法的建設問題」〔註185〕，因而生活禪也不僅僅是修行理念，

〔註181〕淨慧：《在第九屆生活禪夏令營開營式上的講話》（2001年7月20日），載於
　　　　《夏令營的腳步——柏林禪寺生活禪夏令營》，趙州柏林禪寺印行，2014年，
　　　　第179頁。
〔註182〕淨慧：《關於人間佛教的理論思考》，載於明海主編：《人間佛教思想文庫：淨
　　　　慧卷》，北京：宗教文化出版社，2017年，第18頁。
〔註183〕淨慧法師：《發揚佛教慈悲濟世的精神維護世界和平》，載於《中國佛教與生
　　　　活禪》，北京：宗教文化出版社，2005年，第43頁。
〔註184〕淨慧：《關於人間佛教的理論思考》，載於明海主編：《人間佛教思想文庫：淨
　　　　慧卷》，北京：宗教文化出版社，2017年，第21頁。
〔註185〕淨慧：《關於「生活禪」理念提出二十週年的一點感想——在「首屆趙州禪·
　　　　臨濟禪·生活禪學術論壇」上的講話》，《法音》，2011年第6期。

它還包括對僧團教眾的管理、對社會現實問題的佛教方案、對傳統教義理念和修行方法進行現代闡釋等諸多方面。

無論是人間佛教思想還是生活禪，它們正在處理和關切的乃是當代中國的現實社會，是對「關於佛教如何與社會主義相適應這一重大時代課題在理念上和實踐上作出的一種積極的回應」〔註186〕，它們自身也是在不斷探索和完善的進程之中。而淨慧法師的生活禪思想與趙樸初提出人間佛教最本質的差別，在於他將人間佛教源頭拉回太虛大師，並且重新定位了「佛教」與「人間」的關係，〔註187〕突出佛教本位主體性，生活禪最終要實現禪生活，佛教現代化是為了化現代。

小　結

80年代，宗教政策逐步落實，趙樸初重提人間佛教，並將人間佛教確立為中國佛教道路方向，接續了大陸現代人間佛教傳統。這其中既有港臺佛教踐行太虛大師人間佛教的榜樣效應，也有趙樸初自己對太虛大師和人間佛教之認同，還有當時國家號召宗教界發揮統戰作用的社會政策因素。隨著中國佛教協會恢復各項工作，這一時期佛教主體性開始明確，堅持信仰為中心，逐漸與氣功等剝離，並與政府進行協商對話，爭取寺廟和僧尼信眾的合法權益。對於淨慧法師而言，在負責編輯《法音》接觸讀者來信來稿時，他也深切體會到廣大信眾的信仰需求和權利訴求。因此，他也一直思考現代佛教的發展，以及佛教的社會責任。

淨慧法師擁護人間佛教，因為這是中國佛教協會的倡導，而且更是出於他對太虛大師無比的尊崇和認同。淨慧法師非常敬仰太虛大師，認為他是佛教現代化運動的引領者，視之為佛教史上三座里程碑之一。然而，太虛大師當年的人間佛教理想畢竟沒有成功實現，並且隨著社會時代的發展，淨慧法師也必須面對和處理自己所處時代的具體問題。生活禪運動，一方面順應了大陸佛教倡導落實人間佛教思想的具體要求，同時也承續了傳統祖師禪的菁

〔註186〕淨慧：《在第九屆生活禪夏令營開營式上的講話》（2001年7月20日），載於《夏令營的腳步——柏林禪寺生活禪夏令營》，趙州柏林禪寺印行，2014年，第179頁。

〔註187〕汲喆：《人間佛教、生活禪與「化現代」公案》，載李四龍編：《指月者：「淨慧長老與生活禪」學術研討會論文集》，北京：生活·讀書·新知三聯書店，2015年，第167頁。

華。淨慧法師也主張用「人間佛教」這一口號來動員和凝聚佛教界共同前進，認為「人間佛教」已經是世界華人佛教的一個共識，但是具體理念實踐則可以多元靈活。因此，他對生活禪和人間佛教關係的理解和定位，就是在實踐層面從禪宗角度以禪的方式來落實人間佛教，以現代方式弘揚和振興禪宗，同時推進當代人間佛教理論尤其是學修方面的建設發展。